Volker Skierka

ARMIN MUELLER-STAHL

DIE BIOGRAPHIE

Hoffmann und Campe

2. Auflage 2026
Copyright © 2015 by Hoffmann und Campe Verlag,
Harvestehuder Weg 42, 20149 Hamburg, produktsicherheit@hoca.de
www.hoca.de
Satz: Dörlemann Satz, Lemförde
Gesetzt aus der Minion und Brandon
Druck und Bindung: Friedrich Pustet, Regensburg
Printed in Germany
ISBN 978-3-455-50389-0

HOFFMANN
UND CAMPE

Ein Unternehmen der
GANSKE VERLAGSGRUPPE

INHALT

ENGEL ÜBER TILSIT

Neulich habe ich eine alte Fotografie gefunden, darauf war ein kleiner Junge zu sehen, der hatte ein Nachthemd an, das ging ihm bis zu den Knien, er stand da einfach so und guckte nach oben, wie einer, der auszog, Sterntaler zu fangen. Da fiel mir eine Geschichte ein, die man sich in Ostpreußen erzählt:

Vor grauer Zeit hatte der liebe Gott seine Engel aus der Abteilung Kunst ausgeschickt, die Menschen zu beschenken, die flogen auch über Ostpreußen.

Der erste war der Engel der Musik. Seine Flügel waren mit vielen verschlungenen goldenen Notenschlüsseln besetzt, er flog also übers Land und rief: »Wer will Musik? Wer will Musik?«, und der kleine Junge, der da im Städtchen Tilsit in seinem Nachthemd stand, schrie: »Ja, ja! Ich, ich will sie, die Musik!«

Dann kam der nächste Engel, den der Herr geschickt hatte. Der wiederum hatte ganz bunte Flügel, flog so auch über Ostpreußen und rief: »Wer will die Malerei?« Der kleine Junge in seinem Nachthemd meldete sich wieder: »Die will ich! Ja, ja, will ich!«

Dann segelte der nächste Engel vorüber, mit etwas zerrupften Flügeln flog er über Masuren und auch über Tilsit und soufflierte: »Wer will hier Schauspieler sein?« – »Ich, ich«, rief der Kleine, »ich will ein Schauspieler sein, ja, ein Hamlet!«

Schließlich flog auch noch der vierte Engel, mit großen Buchstaben auf seinen Flügeln gedruckt, über die schöne Landschaft und wollte wissen, wer denn ein Poet werden wolle. Da rief der nachthemdige Junge in Tilsit: »Ich will das auch können.«

Die Engel trafen sich nach ihren weiten Flügen wieder auf der häuslichen Wolke, der liebe Gott kam vorbei und fragte: »Was zetert ihr denn hier so rum?«

»Ja, dieser eine Knabe da unten ist ja maßlos«, riefen die vier Engel besorgt dem Herrn zu. Daraufhin trat der liebe Gott ganz an den Rand des Himmels, schaute hinunter und sagte zu dem Kleinen:

»Minchen, es ist wohlgetan, du sollst es haben. Alles. Und wachse damit!«

Und das hat er getan, der kleine Hemdenmatz aus Tilsit; ein Sonntagskind. Er ist also das einzige und richtige Gesamtkunstwerk, der Armin Mueller-Stahl!

Welchen Weg dieser kleine süße Fratz getan hat, von Tilsit bis nach Hollywood, ist schier unglaublich, das kann nur mit aufwendigem Engelschutz zugegangen sein. Und der liebe Gott hat ihm auch schönen warmen Odem zugehaucht, damit er immer genug Luft unter seinen Flügeln habe.

Und die hatte er immer, sie hat ihn bis zum heutigen Tage getragen, das Kind im Hemd.

Jürgen Flimm

Jürgen Flimm, geboren 1941, deutscher Regisseur und Theaterintendant, 1985–2000 Intendant des Thalia-Theaters Hamburg; 2001–2003 Schauspieldirektor und ab 2006–2010 Intendant der Salzburger Festspiele, 2005–2007 Intendant der RuhrTriennale; seit 2010 leitet er die Deutsche Staatsoper Unter den Linden.

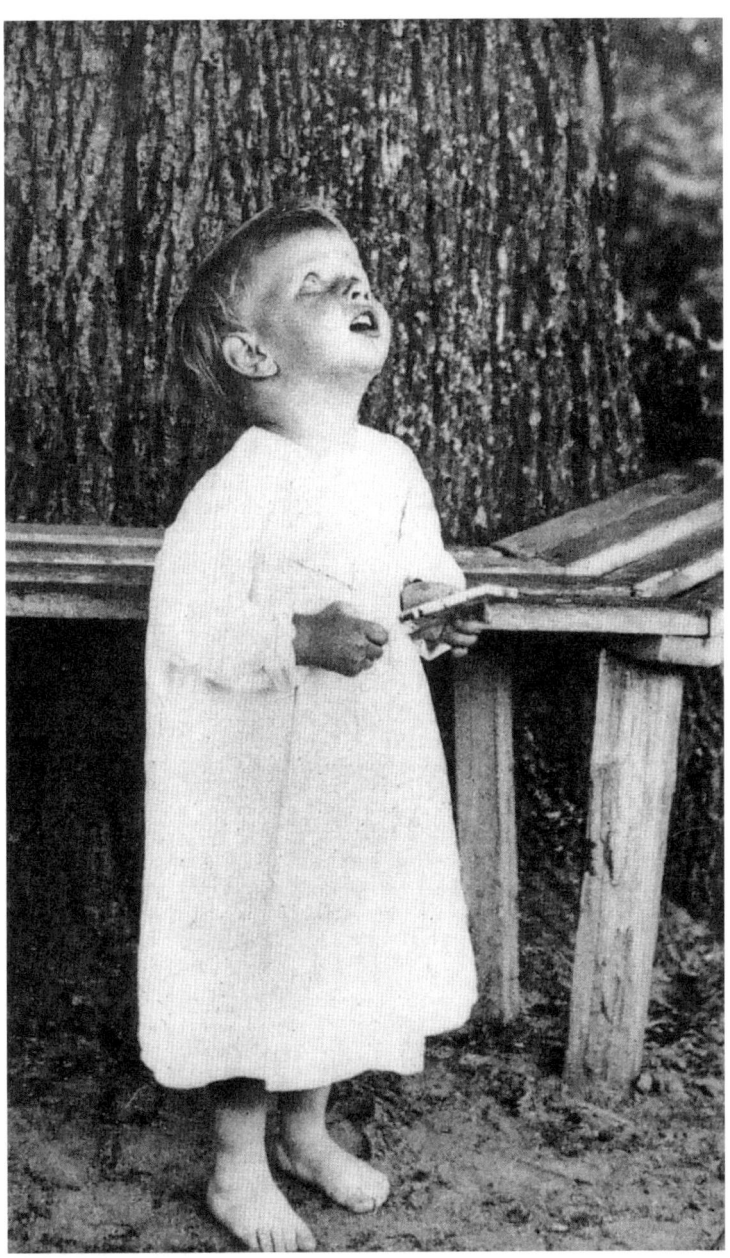

Armin Mueller-Stahl im Alter von drei Jahren

BEGEGNUNGEN –
EINE EINFÜHRUNG

Eines Abends im Jahre 1978 traf sich im Wohnbüro des Korrespondenten der britischen Nachrichtenagentur Reuters in der Schönhauser Allee in Ostberlin ein kleiner Kreis von West-Journalisten mit sogenannten »Kulturschaffenden« aus der DDR zum Essen und vertraulichen Gespräch. Mit dabei waren der prominente Schriftsteller Stefan Heym sowie der DDR-Schauspieler und Filmstar Armin Mueller-Stahl mit seiner Frau Gabi. Der Gastgeber, mein damaliger britischer Kollege Mark Brayne, der für den Reuters-World-Service bei der DDR-Regierung akkreditiert war, hatte auch mich hinzugebeten, der ich damals als junger Journalist für den Deutschen Dienst vom Westberliner Reuters-Büro aus die DDR-Berichterstattung mit besorgte. Bis zu jenem Treffen reicht meine Beziehung zu Armin und Gabi Mueller-Stahl zurück. Sie warteten damals auf eine Ausreisegenehmigung in den Westen. Wegen seiner Unterschrift gegen die Ausbürgerung des Liedermachers Wolf Biermann im Jahr 1976 war er bei den DDR-Oberen in Ungnade gefallen.

Nachdem die beiden schließlich die Mauer hinter sich gelassen hatten, trafen wir uns in Westberlin in ihrer Wohnung am Kleinen Wannsee wieder, später in ihrem Haus an der Ostsee, bei uns zu Hause in Hamburg, und sie waren Gäste meiner Hochzeit. Als sie nach Amerika gezogen waren und Armin Mueller-Stahl auch dort längst ein namhafter »Actor« war, blickten wir in Pacific Palisades von ihrer Terrasse über Los Angeles auf den Pazifik. Auf dem Nachbarhügel lebten einst Lion und Marta Feuchtwanger als Exilanten in der prächtigen Villa Aurora und etwas oberhalb am

Volker Skierka und Armin Mueller-Stahl

San Remo Drive Thomas und Katia Mann. Es war ein halbes Jahrhundert später, als auch wir, Armin Mueller-Stahl und ich, unter dem kalifornischen Sternenhimmel saßen und in Gedanken in Deutschland waren. Zu später Stunde holte er plötzlich ein altes Videoband von seiner DDR-Fernsehshow *Ich kauf' dir eine Blume* hervor, und ein paar Meilen von Hollywood entfernt amüsierten wir uns über seine herrlichen Sketche, die politisch zweideutigen Texte, kleinen Satiren und frechen Chansons über ein längst entschwundenes Land, und er erzählte von dem bevorstehenden Film *Die Manns*. Seither haben wir uns immer wieder gesehen, an der Ostsee, in Hamburg oder in Los Angeles, privat oder beruflich zu Interviews und Gesprächen, und meist war auch seine Frau Gabi dabei.

Stets geht von den beiden eine tiefe Herzlichkeit aus. Auch wenn man sich länger nicht gesehen hat, geben sie einem das Gefühl, als hätte man sich erst kürzlich voneinander verabschiedet. Unvergesslich meine Überraschung, als ich eines Tages in ihrem Haus an der Ostsee die neo-expressionistisch wirkenden Bilder an den Wänden bewunderte. Selten hatte ich so ausdrucksstarke zeitgenössische Porträts gesehen. Als ich Mueller-Stahl fragte, von wem sie seien, antwortete er lachend: »Von mir.« Doch er bat mich, darüber zu schweigen. Die Bilder, sagte er damals, seien nicht für die Öffentlichkeit, sondern nur für ihn und seine Familie bestimmt. Das Malen sei für ihn so etwas wie Entspannungstherapie. Nichts weiter.

Erst zu seinem 70. Geburtstag im Dezember 2000 entschloss Mueller-Stahl sich, bedrängt von Freunden und Bekannten, aber weiterhin zögernd und zweifelnd, im Filmmuseum Potsdam, unweit der Studios von Babelsberg, seiner alten Wirkungsstätte zu DDR-Zeiten, erstmals eine Auswahl seiner Malerei auszustellen. Es gab – leider – nicht einmal einen Katalog. Die öffentlichen Reaktionen waren überwältigend und nahmen ihm schließlich die Scheu, dem Potsdamer Experiment schon bald eine ähnliche Ausstellung im Burgkloster Lübeck folgen zu lassen. Gleichzeitig zeigte man im Buddenbrookhaus, dem alten Wohnhaus der Familie Mann, Mueller-Stahls während der Dreharbeiten zu *Die Manns* entstandenen Zeichnungen und Skizzen. Aus dieser Zeit stammt auch die Idee einer Biographie über Armin Mueller-Stahl. Sie erschien erstmals 2002 im Knesebeck-Verlag – als Bild- und Textband, in dem viele seiner Kunstwerke abgedruckt waren. Inzwischen sind fast anderthalb Jahrzehnte vergangen, im Leben der Mueller-Stahls hat sich seither viel ereignet, nicht nur auf dem Gebiet der Schauspielerei, sondern vor allem hinsichtlich der Entwicklung seiner Malerei. Längst ist sie ihm genauso wichtig geworden wie die Schauspielerei. Seine Vita konnte er anreichern um zahlreiche Ausstellungen in namhaften Museen und Galerien auch in Amerika. Zeit also, mit Blick auf den 85. Geburtstag Armin Mueller-Stahls im Dezember 2015, die facettenreiche Biographie zu aktualisieren und zu ergänzen.

Die Nähe zu einer Person macht eine solche Arbeit auf der einen Seite sehr leicht, auf der anderen Seite ist es mitunter schwer, die notwendige Distanz zu wahren. So habe ich versucht, einmal mehr aus unseren vielen – und für Armin Mueller-Stahl oftmals strapaziösen, seine Geduld und Ausdauer auf die Probe stellenden – Gesprächen sowie zahlreichen anderen Quellen, Büchern, Interviews und Artikeln ein journalistisch objektives wie spannendes Porträt zu verfassen, das auch sehr von Mueller-Stahls eigenen Worten und Gedanken lebt. Das Buch soll dem Leser ein lebendiges Bild von einem deutsch-deutschen Schicksal vermitteln, das auf den ersten Blick aufgrund der langen, abwechslungsreichen und schicksalhaften Lebensgeschichte wie aus der Zeit gefallen scheint, das aber zugleich so viel an nüchterner Lebenserfahrung birgt, dass es jüngeren Lesern Mahnung, Aufklärung und Anleitung zugleich sein kann. Es soll aber keine abschließende Bewertung des filmkünstlerischen und bildkünstlerischen Schaffens abgeben. Dies mag getrost jenen überlassen bleiben, die sich berufener fühlen und sich nicht gerne bevormunden lassen von Biographen. Erzählt und dokumentiert werden soll das außerwie ungewöhnliche Leben eines Künstlers und Weltbürgers, der wie nur wenige Zeitgenossen über ein überdurchschnittliches kreatives Talent verfügt, dessen Vielfach-Begabung und Karriereweg ziemlich einzigartig sind; ein Buch, welches die Phantasie der Leser und Betrachter anregen, sie überraschen und unterhalten soll. Dabei kommt es darauf an, die im Laufe des langen Lebens immer enger gewordene Verbindung seiner Schauspielerei mit dem Zeichnen und Malen, dem Schreiben, Dichten und Musizieren aufzuzeigen. Erst dieser Spannungsbogen von der Vielfältigkeit zur Vielschichtigkeit macht begreiflich, wie Armin Mueller-Stahl sich verstanden wissen will, wenn er immer wieder von sich sagt: »Ick bin schon gaukler über fuffzij jahr …«

Volker Skierka

WEGE NACH WESTEN

Die DDR liegt hinter ihm, Amerika noch vor ihm, als der Schauspieler Armin Mueller-Stahl in seinem Haus an der Ostsee in der Nähe von Lübeck Post aus Hollywood bekommt. »Leider hatte ich noch nicht Gelegenheit, Sie persönlich kennenzulernen«, schreibt unter dem Datum des 16. Oktober 1985 der berühmte Agent Paul Kohner, »hoffentlich können wir das in nicht allzu langer Zeit nachholen. […] Ich wüsste gerne, ob Sie irgendwelche Pläne haben, Amerika zu besuchen und nach Los Angeles zu kommen.«[1] Kohner, bekannt für seinen »guten Riecher«, glaubt, Mueller-Stahl würde gut nach Hollywood passen und wäre daher ein lohnendes Investment zu beiderseitigem Nutzen.

Schon als die Staats- und Parteioberen der DDR ihren lange gefeierten Star kaltgestellt und 1979/80 aus dem Land gedrängt hatten, träumte der am 17. Dezember 1930 im ostpreußischen Tilsit (heute: Sovetsk bei Kaliningrad/Königsberg) geborene Armin Mueller-Stahl von einer Karriere in Amerika. Er hatte im November 1976 eine Resolution von über hundert DDR-Schriftstellern, Schauspielern und bildenden Künstlern gegen die Ausbürgerung des Liedermachers Wolf Biermann unterzeichnet. Daraufhin bekam er fast nichts mehr zu tun, lebte isoliert mit seiner Frau Gabi und dem gemeinsamen Sohn Christian in seinem Haus in Berlin-Köpenick, von Stasispitzeln umzingelt. In der Not, seiner Verzweiflung und der scheinbaren Ausweglosigkeit der Situation griff er kühn nach den Sternen von Hollywood, wobei er »natürlich nicht wirklich damit gerechnet [hat], dort jemals einen Fuß ins Filmgeschäft setzen zu können«. Als es dann nur wenige Jahre später doch so kam, verblasste der neue Lebensmittelpunkt Bundesrepublik in den achtziger Jahren unversehens zu einer Zwischenstation auf dem Weg von den DEFA-Studios in Babelsberg zu den großen Studios in Kalifornien. Dabei hatte sich Mueller-Stahl nach ruhmreichen Theater- und Filmengagements in Ostdeutschland schon sehr bald in Westdeutschland die Startbedingungen für eine zweite Karriere erspielt, obschon er bereits über fünfzig Jahre alt war. Seine erste bedeutende Rolle nach der Übersiedlung von der eingemauerten DDR ins eingemauerte, aber freie Berlin bekam er in Rainer Werner Fassbinders Film *Lola* über die Wirtschaftswundergesellschaft im Nachkriegsdeutschland.

Weitere gute Rollen folgten. Dennoch fühlte sich Mueller-Stahl in Westdeutschland nicht recht heimisch und blieb ein eher misstrauisch beäugter Exot. Zum einen, weil er nicht wie sein ehemaliger DDR-Kollege Manfred Krug als *Liebling Kreuzberg* »Mainstream machen wollte«, wie er sagte. Zum anderen, weil er sich auch nicht wie Klausjürgen Wussow *(Schwarzwaldklinik)* in Fernsehserien für den Massengeschmack verschleißen lassen mochte. Sein Dilemma war ein wenig, dass die deutsche Filmindustrie es in jener Zeit nicht schaffte, gutes Kino für mehr als ein Minderheitenpublikum anzubieten. Als aber die beiden, mit ausländischen Regisseuren gedrehten deutschen Produktionen *Oberst Redl* (1984, Regie: István Szabó) und *Bittere Ernte* (1984, Regie: Agnieszka Holland), in denen Mueller-Stahl in Hauptrollen mitgewirkt hatte, 1986 überraschend und auch noch gleichzeitig für den Oscar nominiert wurden, war die Gelegenheit zum Sprung über den Atlantik plötzlich zum Greifen nahe. Nach dem lange zurückliegenden DDR-Film *Jakob der Lügner* (1974, Regie: Frank Beyer) waren es die zweite und dritte Oscar-Nominierung eines Films, in dem Mueller-Stahl mitgespielt hatte.

Das war der richtige Zeitpunkt, sich an den Brief aus Hollywood zu erinnern. »Da sind wir kurz entschlossen einfach rübergefahren.« Er, seine Frau Gabi und ihr Sohn Christian. Es war eine Reise mit ungewissem Ausgang, aber ganz nach Mueller-Stahls Selbstverständnis, das »Leben als Abenteuer« zu sehen. Die Star-

Agentur Kohner nahm sich ihrer an. Als sie nach Deutschland zurückkamen, waren die Ersparnisse zwar aufgebraucht, aber dafür hatte Mueller-Stahl ein lukratives, von Kohner vermitteltes Angebot in der Tasche. In dem Siebenteiler *Amerika* für das US-Fernsehen stand er schon wenig später in einer Hauptrolle vor der Kamera – als siegreicher sowjetischer General Samanov, der Washington erobert.

Das war der Start in seine dritte Karriere – mit knapp sechzig Jahren. Weitere Rollenangebote in den USA folgten. Plötzlich bekam Armin Mueller-Stahl die Chance, das zu werden, was er immer sein wollte: ein Weltbürger – mit Wohnsitz an der deutschen Ostseeküste und in Los Angeles am Pazifik. In den USA machte er schließlich, wie er bis heute findet, einige seiner besten Filme, zum Beispiel *Music Box* (1989, Regie: Constantin Costa-Gavras), *Avalon* (1990, Regie: Barry Levinson), *Night on Earth* (1991, Regie: Jim Jarmusch, Musik: Tom Waits) oder *Local Color* (2006, Regie: George Gallo). *Avalon* und *Night on Earth* erlangten in Amerika sogar Kultstatus. 1997 wurde Mueller-Stahl in der Rolle des Pianisten-Vaters Peter Helfgott in *Shine* (Regie: Scott Hicks) für den Oscar nominiert. Er ging schon auf die achtzig zu, als er schließlich an der Seite von Tom Hanks in dem Blockbuster *Illuminati* (Regie: Ron Howard) als Kardinal Strauss eine der Hauptrollen spielte und zur Höchstform auflief. Nach *Shine* wurde er sogar in den großen, gleichwohl illustren Kreis der Mitglieder der Academy of Motion Picture Arts and Sciences berufen, die alljährlich die Oscars verleiht.

Mit Mitte achtzig jedoch überrascht er im Gespräch mit einem »Geständnis«: »Um ehrlich zu sein: Ich habe in meinem ganzen Leben keinen Film gemacht, der mich so gepackt und interessiert hätte, wie der französische Film *Kinder des Olymp* von Marcel Carné. Den habe ich hintereinander drei-, vier-, fünfmal gesehen. Der Regisseur François Truffaut hat einmal gesagt: Ich hätte meine ganzen Filme nicht gemacht, hätte ich nur *Kinder des Olymp* machen können. Und ich sage: Ich hätte auch gern alle Filme nicht gemacht, hätte ich nur den machen dürfen. In der Rolle des Frédérick Lemaître oder noch mehr als Baptiste Deburau. Aber die waren so grandios gespielt von Pierre Brasseur und Jean-Louis Barrault, ob ich das so gut hingekriegt hätte ... – obwohl ich eine große pantomimische Begabung hatte. Ich habe ja immer nur diese ernsten Figuren hier gespielt, wie Thomas Mann. Den Deburau hätte ich für mein Leben gerne als Pantomime gespielt, alles dafür weggeschmissen. Bloß: Der Jean-Louis Barrault war darin so grandios. Unvergessen.« Es hätte sich die Chance allerdings nie ergeben, denn dieser Film über die auf einer wahren Geschichte beruhende Liebe von drei (im Film: vier) Männern zu einer Frau in der Zeit um 1830 kam bereits 1945 heraus, die Dreharbeiten hatten noch während der deutschen Besatzung Frankreichs begonnen. Mueller-Stahl kommt auf das Thema, als er und seine Frau davon schwärmen, wie sehr sie die von ihnen gerade gelesene Biographie von Klaus Harpprecht über die berühmte französische Schauspielerin Arletty gefesselt habe.[2] Sie war in der Rolle der Garance der Star jenes Films. Sie selbst kam übrigens wegen einer leidenschaftlichen Liebesbeziehung zu dem deutschen Luftwaffenoffizier (und späteren Schriftsteller und Mitinitiator der Gruppe 47) Hans-Jürgen Soehring zeitweilig als Kollaborateurin in Haft. Mueller-Stahl hat den *Kindern des Olymp*, einem der großen Klassiker der Filmgeschichte, mit einem 2009 realisierten Gemäldezyklus sein eigenes kleines Denkmal gesetzt.

In einem *ZEIT*-Interview wurde Mueller-Stahl einmal gefragt, was der Motor seines Erfolges gewesen sei, und er antwortete: »Ich hatte einfach Angst vor dem Scheitern. Aus mir hätte so leicht eine tragische Figur werden können: Im Osten früher einmal erfolgreich, aber im Westen hat er es nicht geschafft. Ich habe mich selbst unter Druck gesetzt: Wenn ich schon hier bin, muss ich ja was machen. Das hat dazu geführt, dass ich eigentlich ein sehr gehetztes Leben geführt habe.«[3]

Lange ist schon bekannt, dass der Schauspieler seit frühester Jugend Violine spielt, ursprünglich Musik studiert hat und die einzige ständige Begleiterin durchs Leben außer seiner Ehefrau Gabriele die Geige war und ist. Man weiß auch, dass er Lebenserfahrungen und Gedanken in Form von Romanen, Tagebüchern, Gedichten und Liedern einfühlsam zu Papier bringen kann. Weniger bekannt war über lange Zeit hingegen, dass Armin Mueller-Stahl malt, dass ihm Zeichenstifte, Pinsel und Farben mindestens so wichtig und vertraut sind wie der Geigenkasten: »Zeichnen ist für mich wie Schauspielern und Schauspielern ist wie Zeichnen. Mein Leben lang habe ich Haltungen beobachtet und übertragen. Auf der Bühne, vor der Kamera oder auf dem Papier. Ich spiele und zeichne sie. Oder umgekehrt.«

Mehr als ein halbes Jahrhundert lang hat er eher nebenbei Begegnungen – Gesichter, Charakterstudien, Figuren, Gesten, Alltagsszenen und Gedanken – in Tusche, Acryl und Öl festgehalten. So wie er als Schauspieler in seinen Rollen agiert, hält er es in seiner Malerei. »Die guten Filme erklären Menschen über kleine unverwechselbare Haltungen. Die sind wie ein Fingerprint des Charakters, wie eine Handschrift. Wie einer eine Tasse hält oder eine Zeitung umblättert oder geht.« Mit wenigen sparsamen Gesten und Strichen verleiht er Figuren und Bildern Ausdruckskraft. Als Mal- und Zeichenunterlage nimmt er das, was greifbar ist: alte Drehbuchseiten, Briefe, Faxe, Pappe oder Leinwand. Der Umgang mit dem Zeichenstift, mit Farbe und Pinsel ist für Mueller-Stahl ähnlich wie das Schreiben und Musizieren: »Ein therapeutischer Vorgang.« Er nennt es, »sich die Knoten aus der Seele malen«.

Entstanden ist so ein umfassendes Werk, das nach dem Urteil einer überraschten Fachwelt von hoher Ausdruckskraft und Qualität ist. Über Jahrzehnte hatte Mueller-Stahl sein bildkünstlerisches Werk jedoch versteckt. Es dauerte, bis er dem Drängen von Freunden nachgab und seine Arbeiten endlich der Öffentlichkeit zugänglich machte. So eröffnete sich für ihn, mit siebzig Jahren, eine weitere Karriere als Maler. Bis dahin hatte Mueller-Stahl nur seiner wenig bekannt gewordenen, 1998 publizierten Liebesgeschichte *Gedanken an Marie Louise* zwölf Gouachen in Form kräftig übermalter Liebesbriefe des Romanhelden beigefügt. Seine erwähnte erste Ausstellung Ende 2000/Anfang 2001 im Filmmuseum Potsdam war ein derart durchschlagender Erfolg, die Reaktionen auch unter Galeristen und Kunstkennern so ermutigend, dass er nicht mehr befürchten musste, von der Kritik als ein guter Schauspieler, »der nun auch malt«, abgetan zu werden. Und wenn – dann wäre es ihm auch egal gewesen. Vielleicht.

Eine wichtige Voraussetzung, um als Maler wahrgenommen und bekannt zu werden, ist, den richtigen Galeristen zu treffen. Das war anfangs nicht einfach, aber dann brachten ihn Freunde und der damalig Leiter des Buddenbrock-Hauses Hans Wißkirchen mit dem Mitinhaber des renommierten Kunsthauses Lübeck und Kunstsachverständigen Frank-Thomas Gaulin zusammen. Der »Profi« Gaulin erkannte sofort das Potenzial von Armin Mueller-Stahl. Seither kümmert er sich nicht nur professionell um das bildkünstlerische Gesamtwerk; die beiden Männer wurden auch gute Freunde. Das ging so weit, dass Gaulin seinen Ruhestand in weite Ferne verschob – aus Verantwortungsgefühl, wie er sagt, aber auch, weil ihm diese Arbeit einen enormen Spaß bereitet.

Längst ist Mueller-Stahl als Maler etabliert. Neben zahlreichen Ausstellungen, darunter eine große in der Municipal Art Gallery in Hollywood, hat es seit der ersten Ausstellung in Potsdam auch zahlreiche opulent gestaltete und aufwendig hergestellte Buchveröffentlichungen mit Texten und Bildern von Mueller-Stahl gegeben. Auch eine Reihe von Ausstellungskatalogen ist erschienen. Besonders beeindruckend unter den Buchpublikationen sind seine übermalten Drehbücher zu *Utz* (1991, Regie: George Sluizer), zu dem preisgekrönten deutschen Fernsehdreiteiler *Die Manns* (2001, Regie: Heinrich Breloer) und zu den *Buddenbrooks* (2008, Regie: Heinrich Breloer). Nicht zu vergessen seine im Aufbau-Verlag erschienenen Porträts und vor allem *Venice – Ein Amerikanisches Tagebuch*.

Eines seiner ihm stets wichtigsten Werke trägt den Titel »16. Januar 1991: The war just started«. Die Entstehungszeit des Bildes

»Ich besinge die Rinde ...« (Armin Mueller-Stahl, 1990)

reicht zurück an den Beginn seiner Karriere als Schauspieler. Eigentlich sollte es ein lustiges Bild werden, damals, 1952, als er es zu malen begann. Öl auf Pappe. Als Motiv schwebte ihm ursprünglich vor: »Es treffen sich die Klassenbesten, und jeder erzählt die schlechteste Tat seines Lebens«, erinnert Mueller-Stahl sich. Er arbeitete vier Jahre lang sporadisch daran, bis »Die Skatrunde« daraus geworden war. Wirklich fertig wurde das Bild aber erst Jahrzehnte später. Als er im Januar 1991 mit dem amerikanischen Kultregisseur Jim Jarmusch *(Down by Law)* in New York *Night on Earth* drehte und nach dem ersten Drehtag abends ins Hotel kam, empfing ihn der Fahrstuhlführer mit den Worten: »The war just started.« Es war der 16. Januar 1991, und der erste Golfkrieg hatte begonnen. Wieder zu Hause, kramte er die »Skatrunde« hervor, übermalte das erstarrte Kartenspiel und betitelte es nach der Schrecksekunde in dem New Yorker Hotelfahrstuhl. Der Betrachter findet sich wieder in einer neo-expressionistischen, düsteren Barszene voller gesichtsloser, langnasiger Figuren. Erkennbare Züge tragen nur eine laszive Lebedame mit vollen, rot geschminkten Lippen und eine kalte, bleiche Hitler-Figur. In der Mitte ist – in Anspielung auf das Kriegshandwerk – ein blutroter Fleck zu sehen.

»Das Bild hat nichts an Aktualität eingebüßt«, sagt Mueller-Stahl heute mit Blick auf den folgenreichen Terroranschlag am 11. September 2001 in New York und auf das, was seither an Kriegen folgte. Die Adolf Hitler ähnelnde Figur, die damals für Saddam Hussein gestanden haben mag, kann heute Osama bin Laden sein, morgen ein anderer Terrorist, Despot, Diktator. »The war just started« ist von zeitloser Aktualität. Und mitten hinein in die Gemengelage aus politischem Zynismus, Betroffenheit, Mitgefühl, Solidarität und Sorge vor dem, was die Zukunft an bewaffneten Konflikten und unschuldigen Opfern noch bringen mag, fordert Mueller-Stahl dazu auf, einen Moment innezuhalten: »Man muss diese Ereignisse auch in einen Kontext bringen: Immer noch verhungern an jedem Tag Abertausende von Kindern!«

Eine Partnerschaft fürs Leben

In dem an Begegnungen prallen Leben war für Armin Mueller-Stahl die wichtigste jene im Jahre 1968 mit Gabriele Scholz, einer hübschen, aufgeweckten Medizinstudentin aus Vacha bei Eisenach in Thüringen. Er war fast achtunddreißig und eben erst von seiner ersten Frau Monika Gabriel nach wenigen Wochen flüchtiger Ehe geschieden, und sie zählte gerade zwanzig, als sie sich kennenlernten: »Als ich ihn zuerst sah, hab ich mich einfach gefreut. Das war ein Mann, der Abenteuerlust versprach. Neugier auf das Leben, Humor, die Fähigkeit, sich in immer Neues reinzuwerfen. Mir hat seine Haltung gefallen, sein Lächeln, sein Blick, seine Sprache. Und bestimmt nicht bloß die stahlblauen Augen«, sagt sie heute.[4] 1973 heirateten sie. Gabi ist für Mueller-Stahl die große Liebe seines Lebens. Sie ist nicht nur Ehefrau, Partnerin und Vertraute, sie ist auch seine wichtigste Ratgeberin, so etwas wie die Managerin seines Kalenders und seines Lebens. Und sie ist die personifizierte gute Laune in allen Lebenslagen. Wenn er sie lachen sieht oder hört, geht es ihm sichtlich gut. Mueller-Stahl ist überzeugt, ohne seine kleine Familie hätte er dieses Leben fortwährender Wanderschaft Richtung Westen nicht führen können.

Hinter den Kulissen hat er immer ein stilles Leben geführt. Nie polterte er durch die bunten Blätter oder Werbespots wie andere. »Am zufriedensten bin ich, wenn ich nur ganz wenige Menschen um mich herum habe. Ich will weder die Egos sehen, noch will ich die Bespitzler sehen, noch will ich lauter Bewunderer um mich haben«, sagte er in einem unserer langen Gespräche. Armin Mueller-Stahl, der in der DDR, in der Bundesrepublik und in Amerika mit fast allen wichtigen Preisen geehrt wurde, ist ein stiller Star. Wo andere plappern, beobachtet er. Betrachtet Haltungen, zeigt Haltung. Er wirkt allein durch seine Rollenbilder und sie wirken durch ihn. Sein eigenes Inneres schließt er ab. Er lässt sich nicht gern durchschauen und stellt sich nicht zur Schau. Ergründen lässt er sich einzig durch seine Rollen, seine Bilder oder seine Musik.

In seinem vorletzten DDR-Film *Die Flucht* (1976/77, Regie: Roland Gräf), den er zu einer Zeit drehte, als er bei den Oberen schon in Ungnade gefallen war, spielte er den ehrgeizigen, schwierigen und einzelgängerischen Gynäkologen Dr. Schmith, der »nach drüben« in den Westen will, es sich aber nicht anmerken lässt. »Und so wie die anderen Ärzte nicht recht schlau werden aus dem verschlossenen Kollegen Schmith, so hat auch Mueller-Stahl Generationen von Journalisten zwar durchaus Antworten, aber immer auch Rätsel mit auf den Weg gegeben«, heißt es sehr treffend in Gabriele Michels Mueller-Stahl-Biographie.[5] Christoph Scheuring kam 1987 in einem Porträt im *Stern-TV-Magazin* zu dem Schluss: »Jeder, der den Charakter dieses Mannes mit einem Schlag kennzeichnen will, haut daneben. Jeder, der diesen Mann in eine Ecke drängen will, landet selbst im Abseits. Armin Mueller-Stahl erlaubt keine Einordnung. Nicht den anderen, nicht sich selbst. ›Nur politisch‹, sagt er, ›politisch bin ich eher links als rechts.‹ Aber auch dieses Raster zerstört er gleich wieder.«[6]

Als *Die Flucht* in die Kinos kam, gab es dazu ein rätselhaftes Filmplakat: Es zeigt Mueller-Stahls Oberkörper von vorne mit

Filmplakat zu
Die Flucht (1976/77)

Arztkittel und Stethoskop bis zum Hals. Aber darauf sitzt sein Hinterkopf. Das Gesicht bleibt verborgen. Man wollte dem im Volk populären Hauptdarsteller sein Gesicht nehmen. Mueller-Stahl war zur »Unperson« erklärt und gemacht worden. Allerdings machte man das Plakat auf diese Weise erst recht zu einem »Hingucker«, es erregte nun besondere Aufmerksamkeit, auch weil man ja wusste, wem da der Kopf verdreht worden war. Irgendwie hatte diese unbeholfene, versuchte Kränkung auch etwas ungewollt Tragikomisches und passte damit wieder zu Mueller-Stahl, dem bekennenden »Gaukler«. Denn seine liebsten Rollen waren ihm stets, wie er betont, die tragikomischen – im Film, auf der Bühne und im Leben. Björn Engholm, der ehemalige schleswig-holsteinische Ministerpräsident, schrieb im Frühjahr 2010 anlässlich einer großen Ausstellung von Mueller-Stahls Bildern in Regensburg in einem sehr einfühlsamen Gastbeitrag für den Katalog: »Mueller-Stahl ist ein großer, mehrsprachiger Erzähler.

Die Segmente seiner Erzählkunst – Darstellung, Bild, Text, Musik – sind sich nicht fremd, stehen nicht isoliert. Sie befruchten einander, bedingen sich. Aus der Vielfalt der ästhetischen Fähigkeiten wird eine Art Gesamterzählung: die Kunde vom Leben, seiner Geschichte, der Geschichten, die es schreibt, von Liebe und Hoffnung, von Angst und Not, Versagen und Erfolg, und immer wieder von Nachsicht, Verständnis und Vergebung. Kurzum, ein Gesamtwerk, das vom Geist der Humanitas getragen ist.«[7]

Das zentrale Bindeglied zwischen all seinen künstlerischen Tätigkeiten aber ist für Mueller-Stahl zeit seines Lebens die Musik gewesen. »Ich spiele immer noch Geige, um meine Seele zu reinigen. Musik, Literatur und Malen sind einige der wichtigsten Dinge in meinem Leben. Zum Malen braucht man eine Leinwand. Als Schriftsteller braucht man zum Schreiben Ideen. Musik aber hat nichts zu tun mit konkreten Dingen. Sie befreit dich. Sie gibt dir mehr Raum als jede andere Kunst. Musik ist zwischen Himmel und Erde.«[8]

Armin Mueller-Stahl hat in seinem Leben viele Leben gelebt und viele Rollen gespielt. Die größte Rolle war und ist jedoch sein eigenes gelebtes Leben. Vielfältig, vielschichtig, konstant und konsequent. Ein ungewöhnlicher Lebensweg in wechselndem Rollenspiel als Schauspieler, Musiker, Autor, Maler und als Mensch auf einer langen, abenteuerlichen Wanderung nach Westen, von Ostpreußen bis nach Amerika und zurück an die Ostsee. Aber so sehr er immer eine öffentliche Person war, sein Leben hat er nie zu einer öffentlichen Sache gemacht. Privates blieb stets privat. Intimes intim. Er hat sich einen unauffälligen Panzer aus distanzierter Freundlichkeit, Liebenswürdigkeit und – ab einem bestimmten Punkt – Unnahbarkeit zugelegt, hinter dem der andere, der sehr private Mueller-Stahl in Ruhe gelassen werden will. Kommt ihm dennoch jemand zu nahe, kann er mit Worten, Mimik, Gestik sperrig werden, in seinen Augen entschwindet die Empathie, über den Blick legt sich ein Schleier, wie um sich innerlich abzuschotten. Dann kann er distanziert und auch von oben herab spielen.

Zwar bleibt er in seiner Rolle stets höflich, kontrolliert und gut erzogen, ein Gentleman, gibt sich aber kühler temperiert und wortkarg, bis hin zu schlechter Laune. Nur in sehr vertrautem Kreis teilt er schon mal sehr direkt aus gegen Leute, die ihn verletzt haben, nennt er Namen und kippt mit bitterer Ironie manchen Ärger und Frust von der Seele.

Dabei ist Mueller-Stahl, wie man in Ostpreußen sagt, »kein Kind von Traurigkeit«. Für einen guten Witz, einen guten Spaß, eine komische Anekdote ist er stets zu haben, und er gesellt sich in großer Runde am liebsten dorthin, wo es lustig zugeht. Und wenn dieser nach außen so beherrscht und fast schon britisch distinguiert wirkende Mann lacht, aus vollem Herzen laut lacht, erlebt sein Gegenüber eine erstaunliche, ja verblüffende Verwandlung. Dann gluckst und prustet es aus ihm heraus, alle Züge, die Fältchen um die zusammengekniffenen Augen und von den Ohren abwärts geraten in Bewegung, furchen plötzlich eine völlig neue Landkarte in sein errötendes Gesicht, ziehen die markante Nase breit, verengen die Augen zu Schlitzen und zerknautschen das ganze wohlsortierte und kontrollierte Gesicht.

Stets hat er aber seine Familie zu schützen gewusst vor dem Voyeurismus des öffentlichen Klatsches. Er verachtet Leute, die private und intime Befindlichkeiten dem Geschnatter des Boulevards anvertrauen, um daraus Prominenz zu saugen. Und so kommen den Mueller-Stahls auch nur Freunde und Bekannte ins Haus, die dies zu respektieren wissen. Armin Mueller-Stahl will sich über seinen Beruf definiert und identifiziert sehen. Daher verwundert es nicht, dass man unter seinen der Öffentlichkeit zugänglich gemachten Kunstwerken kaum ein Bildnis seiner Frau, seines Sohnes oder der Verwandtschaft findet. Auch sind nur wenige private Fotos in Umlauf, und das Leben seines Sohnes ist ebenso tabu wie das der Enkeltochter.

Als ich die Mueller-Stahls vor wenigen Jahren im Rahmen einer Zeitschriftenreportage zusammen mit dem Starfotografen Martin Schoeller in ihrem Haus in Los Angeles besuche, stimmt der Schauspieler dem Fotoshooting nur unter der Bedingung zu, dass nichts Privates aufs Bild kommt. Eine entblößende »Homestory« wäre für ihn unvorstellbar. Dabei ist es keineswegs so, als hätte er etwas zu verbergen. Das für amerikanische Verhältnisse eher bescheidene Haus in den Hügeln von Pacific Palisades entspricht dem Wesen seiner Bewohner, wie übrigens auch jenes an der Ostsee. Es strahlt eine lichte und helle Atmosphäre aus, ist stilvoll modern, zugleich aber zweckmäßig eingerichtet. Spektakulär ist einzig die bühnengroße Terrasse vor den bodentiefen Fenstern mit dem endlosen Blick auf den Pazifik und weiter nach Westen, wo hinter dem Horizont irgendwo wieder Europa und sein Haus an der Ostsee liegen.

OSTDEUTSCHLAND

Der Vorhang geht auf

»Immer wenn der Vorhang aufging«, erinnert sich Armin Mueller-Stahl, »strömte so ein schöner Duft aus der Kulisse in den Zuschauerraum. Der Bühnengeruch. Jeder kennt ihn, der in den ersten Reihen des Theaters gesessen hat. Er erzählte mir etwas über die düstere Welt Shakespeares, über die Phantasie, die Gaukelei, die großen Schauspieler, über die Geheimnisse der Bühne. Es ist eine andere Welt, die neben der realen Welt existiert.« Der junge Musikstudent im Parkett des Deutschen Theaters in Ostberlin liebt diesen muffig-harzigen Geruch aus Holz und Leim, der Bühnenbilder aus Pappmaschee, der bunten Stoffe, der knisternden und raschelnden Kostüme und Ausstattungen aus dem Fundus, der sich mit dem Schweißgeruch des Lampenfiebers der Schauspieler vermischt. Dieser sehr spezielle »Theaterduft« trägt den jungen Mann fort in die Welt von *Romeo und Julia* oder *Hamlet*, den er zu spielen träumt. Er wünscht sich, selbst eines Tages auf der Bühne zu stehen und Shakespeare zu deklamieren. Aber die Wirklichkeit ist ernüchternd. Die Schauspielschule entlässt ihn nach einem Jahr wieder, wegen »Mangel an Begabung«.

Er sieht sich schon auf ein Leben als Konzertgeiger festgelegt, da stellt ihn sein fünf Jahre älterer Bruder Hagen dem Intendanten des Theaters am Schiffbauerdamm, Fritz Wisten, vor. Hagen ist dort Dramaturg, außerdem ist er mit Eva Wisten, der Tochter des Theaterleiters, verheiratet. Begleitet von Selbstzweifeln gibt Armin Mueller-Stahl in der Märchenvorstellung als singender Prinz in *Aschenbrödel* sein Debüt. Es ist nicht gerade die Rolle, die er sich erträumt hat. Mit eher gemischten Gefühlen liest er daher einen Brief, den er unmittelbar nach seinem 22. Geburtstag von seinem Intendanten erhält. »Lieber Mueller-Stahl!«, schreibt Wisten unter dem Datum des 18. Dezember 1952, »Ihr erster Schritt auf den Brettern, die uns die Welt bedeuten [...], steht zwar unter dem ungünstigen Stern, dass Sie sich nicht wohlfühlen, hat uns aber schon auf der Probe gezeigt, dass unser Entschluss, Sie mit der Rolle des Prinzen zu betrauen, der richtige war. Ich freue mich, dass ein solches Experiment, entgegen der Meinung des Kollegiums der Staatlichen Schauspielschule, auf Anhieb gelungen ist.« Auch für die Zukunft gibt Wisten sich zuversichtlich und stellt »mit Freude fest, dass Sie in so kurzer Zeit in Ihrer Entwicklung ein gutes Stück vorwärtsgekommen sind. Machen Sie weiter so!«[9]

Also versucht Mueller-Stahl gleich beim ersten Einsatz im Abendprogramm, weit mehr aus seiner Rolle herauszuholen, als sie hergibt. Den kurzen Auftritt in Friedrich Wolfs *Der Arme Konrad*, in dem er leider nur den einen Satz: »Der Herzog rückt an!« zu sprechen hat, verwandelt er zur Verblüffung seines Intendanten und des Kollegiums eigenmächtig in eine hingebungsvolle, Aufmerksamkeit erregende, wenn auch völlig unpassende Sterbeszene. »Der Anfang meiner Schauspielerkarriere war nicht leicht. Ich stellte mich sehr schwierig an«, gesteht er rückblickend. Dass es gut geht, verdankt er Wisten, der an ihn glaubt, zusätzlichem Schauspielunterricht und zu einem maßgeblichen Teil seinem Bruder Hagen: »Er war anfangs die führende Hand.« Mueller-Stahl beweist aber auch Talent und enttäuscht so seine Förderer nicht. Er beendet sein Musikstudium und wird 1953 fest in das Ensemble aufgenommen, das 1954 in die Volksbühne umzieht. Das Haus am Schiffbauerdamm wird nun von Bertolt Brecht übernommen.

Fast fünfundzwanzig Jahre gehört Armin Mueller-Stahl schließlich – unabhängig von seiner parallel entwickelten Kino- und Fernsehkarriere in der DDR – der Volksbühne in Ostberlin an. Schon bald steht sogar Shakespeare auf seinem Spielplan: 1954 tritt er im *Sommernachtstraum* als Elfenkönig Oberon auf. Schon als Jugendlicher hat er in einer Schulaufführung darin mitgewirkt. »Für meine Begriffe ist es eines der schönsten Stücke der Weltliteratur und eines der beiden, die mich besonders geprägt haben. Mein anderes Lieblingsstück ist ebenfalls von Shakespeare: *Hamlet*. Irgendwann konnte ich sie beide fast komplett rezitieren.« Nie wieder habe ihn *Hamlet* losgelassen. »Am Deutschen Theater zeigte Horst Caspar im *Hamlet* die beiden Grundcharakterzüge des Menschen – gut und böse – in einer Figur. Später erinnerte mich das sehr an die Phönix-Figuren, die über die DDR herrschten. Goethe meinte ja, Hamlet fehlte es an Tatkraft und innerem Heldentum. Aber ich habe immer gedacht, es fehle ihm lediglich die Fähigkeit zum Hassen. Hamlet kann nicht hassen und ist deshalb der Zögerlich, der sich nicht entschließen kann. Das habe ich sofort verstanden, weil ich auch nicht hassen kann. Dieses Wort ›Ich hasse‹ ist mir fremd, und ich habe Hass in meinem Leben weder selbst erlebt noch gespürt«, verrät Mueller-Stahl in seinen Memoiren *Dreimal Deutschland und zurück*.[10]

Herr Mueller, viel adlige Verwandtschaft und ein stahl(blauer) Zuname

Die schauspielerische Begabung haben die beiden Brüder, so glaubt Armin Mueller-Stahl, von ihrem Vater geerbt. »Er war Bankangestellter und stand tagsüber an der Kasse. Zu besonderen Anlässen spielte er Theater für die Familie.« Er improvisierte Sketche, spielte Szenen vor, sang Balladen von Carl Loewe oder las lustige Geschichten des Kabarettisten Marcell Salzer vor. »Das hat auf uns Kinder prägenden Eindruck hinterlassen. Er war ein positiver Mensch, und sein Traum war die Schauspielerei.« Weiter als zu einem Auftritt in einem Film brachte er es jedoch nicht, weil er eine Familie mit fünf Kindern ernähren musste. Über die Herkunft des 1898 geborenen Vaters ist nichts Genaues bekannt. Es gibt zwei Geschichten. Nach der einen Geschichte kenterte eines Tages auf der Memel ein Boot mit einer Wandertheater-Truppe. Nur ein Kind überlebte, das dann bei einer Familie Müller großgezogen worden sein soll. Aus dem Alfred Müller genannten Kind wurde Armin Mueller-Stahls Vater. Nach der anderen Geschichte ist Alfred Müller der leibliche Sohn von »Omsi« Müller, der von einem Großbauern abstammenden Großmutter Armin Mueller-Stahls, und einem Opernsänger, dessen Spur sich nach der Geburt von Alfred verlor.

Ende der achtziger Jahre schrieb ein entfernter Onkel, ein Ministerialrat a. D., in einem Brief an Armin Mueller-Stahl: »Dein Vater wollte sich 1938 Müller-Burghausen nennen, wie er auf den Zunamen ›Stahl‹ gekommen ist, weiß ich nicht.«[11] Sollte es ein Künstlernamenszusatz sein? Der Sohn selbst weiß es auch nicht, kann nur spekulieren. In seinen Erinnerungen *Unterwegs nach Hause* vermutet er, dass der Vater vielleicht »nach einer Aufwertung seines Namens gesucht haben mag« gegenüber den adligen Zweigen der Verwandtschaft. Die Schwester der Mutter war verheiratet mit dem ostpreußischen Rittergutsbesitzer Wittig Freiherr von der Goltz, der bürgerliche Großvater mütterlicherseits und Dorfpfarrer im ostpreußischen Jucha, Eduard Maass, mit einer Adligen aus der Familie von Haken. In *Unterwegs nach Hause* schreibt Mueller-Stahl: »Ich denke daran, wie mein Vater gelitten haben mag, als Bankbeamter, seine fünf Kinder nach Mertensdorf, dem Rittergut des Wittig Freiherrn von der Goltz in Ostpreußen, gebracht zu haben, Sommerferien, […] als Herr Mueller, und wie er nach einer Aufwertung seines Namens gesucht haben mag, bis er fündig wurde und es ihm gelang, ein Stahl an das Mueller zu hängen, was ihn befreite, sich so armselig als Herr Mueller gegenüber der adligen Verwandtschaft zu fühlen. Mueller-Stahl! So stand er, von da an aufrecht und selbstbewusst, den Radeckis und den von Hakens und den von Goltzens gegenüber, kann ich mir vorstellen.«[12]

Aber wieso Stahl? Hatte der Vater, der sich zwar klein gefühlt haben mag, aber wohl auch reichlich mit Humor gesegnet schien, vielleicht auch stahlblaue Augen wie der kleine Armin, den sie »Minchen« nannten? Hat er vielleicht einfach, einem launigen Einfall folgend, das »Stahl« als Merkmal der Augen vom »Blau« abgetrennt, damit die Leute gleich wussten, wen sie vor sich hatten, wenn sie ihn ansahen? So, wie manche Leute mit Allerweltsnamen auch heute bisweilen gern Namenszusätze »adoptieren«.

Immerhin: Eine Ahnentafel, die gerahmt im Haus der Mueller-Stahls hängt, reicht zurück bis 1536 zu einem angeblichen Ratsherrn und Bürgermeister Hermann von Hueck, der offenbar hundertsieben Jahre alt wurde. Durch die Jahrhunderte mischen sich Bürgerliche und Adlige mit Namen Mueller-Stahl, Frey, Esser, Freiherren von der Goltz, Baron von der Osten-Sacken, von Schlippe, von Kummer, von Radecki, Baron von Koskull und von Schnakenburg. Den »ganzen Kladderadatsch von Familie«, wie er das Gewirr und Knäuel verwandtschaftlicher Beziehungen nennt, verbindet eine Gemeinsamkeit: Über die Jahrhunderte hat sich »der ganze lange Familienwurm um die Ostsee gelegt«, zwischen St. Petersburg, wo die Mutter aufwuchs, Memel, wo der Vater herkommt, und ein Dorf nahe Lübeck, wo Armin Mueller-Stahl seit 1983 lebt. Damit schlösse sich ein Kreis, denn aus Lübeck soll der Ratsherr Hermann von Hueck stammen. Doch im Stadtarchiv taucht erst 1594 ein Brauer Evert Huck auf, anlässlich seiner Hochzeit, die als »Grote Kost« für hundertacht Personen verzeichnet ist, womit gesagt wird, dass der Bräutigam ein reicher Mann war. Seine Herkunft liegt jedoch im Dunkeln.

Das Familienerbe: Musizieren, Schreiben, Malen, Schauspielern

Auf die im Familienerbgut eingebetteten künstlerischen Anlagen eingehend, meinte der entfernte Onkel aus Bonn in seinem

Brief, dass Armin Mueller-Stahl nicht nur väterlicherseits, sondern mütterlicherseits »ebensoviel, wenn nicht mehr Talent zum Schauspielern« mit auf den Weg bekommen habe. »Sowohl Deine pastörliche Großmutter Edith Maass geb. von Haken, als alle ihre Kinder – einschließlich Deiner Mutter, meiner sehr geliebten Kusine ›Dittchen Maass‹ –, waren«, so schrieb er, »ebenso wie die Kinder Deines Großonkels Otto Maass (in Königsberg) schauspielerisch hochbegabt und konnten das leider nur im engsten Kreise ausleben. In unserer Sommerfrische Elwa bei Dorpat wurden in den Jahren vor dem Ersten Weltkriege sowohl von deiner Mutter als auch allen ihren Geschwistern öfters Aufführungen veranstaltet. [...] Auch in Jucha und vorher in Tilsit wurde Theater gespielt – die Maass' waren eben in jeder Beziehung musisch begabt.«[13]

Seine Mutter war in der Erinnerung von Armin Mueller-Stahl zeit ihres Lebens eine positive, von scheinbar unerschütterlichem Optimismus geprägte Person, obwohl sie nach einer glücklichen Kindheit ein von Entbehrungen, Entwurzelungen, wiederholten Neuanfängen und Überlebenskämpfen für sich und ihre Familie geprägtes Leben hatte. Sie war 1903 in Estland auf der Halbinsel Nuckö als Tochter des örtlichen evangelischen Pfarrers Eduard Maass und der Adligen Editha Nelissen von Haken aus Riga geboren worden. Mit dem Ausbruch des Ersten Weltkrieges war für sie die schöne Kindheit jedoch vorbei. Nach einer dreijährigen Zeit in einem kleinen Ort in Estland, wo ihr Vater Schuldirektor war, war man 1913 nach St. Petersburg gezogen. Dort machte ihr Vater Karriere. Er übernahm die Pfarrei der Sankt-Annen-Kirche und wurde Rektor des deutschen Diakonissenhauses. Ab Sommer 1914 wandelte sich dort die traditionelle Deutschenfreundlichkeit ins Gegenteil. So sehr, dass der Vater seine Frau mit den vier jüngsten Kindern auf die Halbinsel Nuckö in Sicherheit brachte. Nur Tochter Editha blieb bei ihm wohnen, um ihre Ausbildung zu beenden.

Gegen Kriegsende musste er jedoch fast mittellos Petersburg verlassen. Er holte den inzwischen in Finnland ausharren-

Armin Mueller-Stahl als Säugling mit seiner Mutter

den Teil der Familie zurück, verließ mit ihnen im Pferdewagen die alte Heimat und zog nach Tilsit, der ersten deutschen Stadt hinter der Grenze im Nordosten des Reiches. Dort übernahm er die Pfarrstelle an der Stadtkirche. Hier in Tilsit lebte inzwischen auch Alfred Müller, der glücklich sein Soldatenleben im Ersten Weltkrieg als Meldereiter überlebt und nun gegen eine Stelle im Zivilleben als Bankkassierer getauscht hatte. 1921 lernten sich der durch seine ansteckende Fröhlichkeit und seine komödiantische Begabung die Menschen leicht für sich einnehmende Laienschauspieler und die dem Leben stets das Positive abgewinnende, dem Gesang und Klavier hingegebene Musikstudentin und Laienschauspielerin Editha Maass bei einer gemeinsamen Laienaufführung am Stadttheater kennen – und lieben. Sie verlobten sich heimlich und heirateten, als das alsbald aufflog, obwohl Edithas Familie sie lieber in den Armen eines Gutsbesitzers oder zumindest wohlhabenden Mannes gesehen hätte, bei dem sie ohne finanzielle Sorgen ihren musikalischen Neigungen hätte nachgehen können.

Armin Mueller-Stahl hat offenkundig von nahezu allen in der Familie liegenden Begabungen etwas mit auf seinen Lebensweg bekommen. Seine musikalischen Anlagen schreibt er der Mutter zu. Die sorgte dafür, dass er schon früh, mit sechs Jahren, seine erste eigene Geige und auch Unterricht erhielt. Als sie nach dem Krieg eine Notunterkunft beziehen müssen, schreibt die Mutter in ihr Tagebuch: »Lieber Gott, schenk uns ein Klavier, wir verzichten gerne auf alles, auch auf Betten, wenn wir nur ein Klavier hätten. Und richtig, in dem Zimmer, das uns angewiesen wurde, gab es keine Betten, aber in der Ecke, in Lumpen gehüllt, ein Klavier.«[14]

Die Lektüre des Tagebuches der Mutter nach deren Tod, in dem sie einfühlsam ihre alltäglichen Beobachtungen und Gedanken zu Papier gebracht hat, macht Mueller-Stahl deutlich, dass er noch etwas von ihr ererbt zu haben scheint: das Talent zum Schreiben. Er wird diese Gabe jedoch nicht gleich zu Beginn seiner Karriere entdecken, sondern erst später, als die Schauspielerei allein sein wachsendes politisches und persönliches Unbehagen nicht mehr zu kompensieren vermag. In eigenen verborgen-politischen Gedichten und Liedtexten und später, in der zweiten Hälfte der siebziger Jahre, in seinem Abschieds- und Abrechnungsroman von der DDR mit dem Titel *Verordneter Sonntag*, entwickelt er das Schreiben zu einem zusätzlichen, ihm in den späteren Jahren immer wichtiger werdenden Ausdrucksmittel.

Die Sommer in Ostpreußen, so erinnert sich Mueller-Stahl, »waren das Schönste in meiner Kindheit«. Der Großvater hatte mittlerweile eine Pfarrstelle in Jucha bei Lyck. »Das Pfarrhaus in Jucha habe ich geliebt. Wenn wir im Sommer nicht bei Tante Ellen von der Goltz auf deren Gut Mertensdorf waren, dann waren wir in Jucha.«[15] Der Großvater brachte ihm das Orgelspielen bei, und er durfte die Kirchenglocken läuten. Dort entwickelte sich auch, so ist er überzeugt, seine vierte Begabung nach der Musik, dem

Familienerbe Musik

Schauspielern und dem Schreiben – das Malen und Zeichnen. Das hat Mueller-Stahl sich von der Großmutter abgeguckt: »Ich sehe sie noch vor mir, wie sie immer am Herd saß. Die eine Hand hatte sie am Kochlöffel, mit der anderen zeichnete sie – sogar Auftragsarbeiten.« Es fiel ihr leicht, erinnert er sich, mit schnellen Strichen eine Situation, einen Ausdruck zu erfassen und darzustellen. Das hat ihn so sehr fasziniert, dass er es ihr später gleichtat: »Das hier ist alles in den letzten drei Wochen entstanden«, sagt er beiläufig, als er schon die siebzig überschritten hat, und holt siebzig, achtzig Tuschezeichnungen hervor. Porträts, Figuren, Karikaturen von bekannten Menschen, Kollegen und Zeitgenossen. »Ich sehe etwas in der Zeitung, in einer Zeitschrift, einem Buch, das mich interessiert oder bewegt, etwas Erlebtes, das aus der Erinnerung auftaucht, und schon läuft's mir aus der Feder.« Dann zeichnet er sich den Kopf frei, indem er während der Drehpausen, abends im Hotel oder unterwegs Bilder hinwirft. Mit wenigen Strichen

37

erfasst er komplexe Situationen, Haltungen, eigene Gedanken-
spiele und die anderer Menschen. Und manchmal gibt es Tagebuchnotizen dazu oder Verse und Texte; manchmal wird ein Buch
daraus.

Ein verlorenes Paradies

Von seinen frühen Bildern aus der DDR-Zeit sind die meisten
verloren gegangen. Viele hat er verschenkt an Kollegen, die er gezeichnet hat, und an Freunde. Dass ausgerechnet die »Skatrunde«
überlebte und ihn seit über einem halben Jahrhundert auf seinen
künstlerischen Wanderungen durch die politischen Systeme begleitet, hat geradezu etwas Symbolträchtiges. Der fröhliche Ansatz ist nicht nur mit den gewachsenen Lebenserfahrungen auf
der Strecke geblieben. »The war just started« ist überdies von fort-
dauernder Aktualität.

Die terroristischen Anschläge in den zurückliegenden Jahren
rücken auf beklemmende Weise etwas ins Zentrum des Bewusst-
seins, das über ein halbes Jahrhundert lang für die westlichen Zi-
vilisationen kaum mehr ein Thema war: die Gefährdung des Frie-
dens. Mueller-Stahl empfindet daher »eine große Dankbarkeit«
gegenüber all jenen, die dazu beigetragen haben, den Frieden
über so lange Zeit zu bewahren. Einer, der wie die meisten seiner
Generation durch den Zweiten Weltkrieg um seine Kindheit und
Jugend betrogen wurde und danach wenigstens sein privates Fa-
milienglück gefunden hat, weiß, wovon er spricht. Er hat gelernt,
das Glück, das einem widerfährt, zu schätzen. Den 11. September 2001 erlebt er in seinem Haus an der beschaulichen deutschen
Ostseeküste, gar nicht so weit von all den Orten entfernt, wo
seine Familie den Schrecken des Zweiten Krieges begegnete. Er
hat gerade Besucher verabschiedet, als ein Telefonanruf ihn den
Fernseher einschalten lässt. Und erlebt eine apokalyptische Sze-
nerie: Während auf dem Bildschirm das World Trade Center in

New York in Flammen und Staub zusammenstürzt, tobt draußen über der Ostsee ein fürchterliches Unwetter, durchzucken Blitze den nachtschwarzen nachmittäglichen Himmel. Zugleich setzt sein Gedächtnis vor seinem inneren Auge einen anderen Film in Gang: Bilder von einschlagenden Bomben und brennenden Häusern in Prenzlau bei Berlin, wo die Familie 1945 wohnte und dem Inferno zu entkommen suchte. Die Erinnerung an seinen Vater kommt hoch, dem es nicht mehr vergönnt war, seine Kinder in Frieden aufwachsen zu sehen: »Mein Vater wurde nur achtundvierzig. Und konnte nichts von seinen Träumen verwirklichen.« Und Armin Mueller-Stahls zwei Jahre älterer Bruder Roland starb 1946 im Alter von erst achtzehn Jahren, kaum dass er das Abitur geschafft hatte, an einem Gehirntumor.

Der Krieg, die Not und die bitteren Folgen überschatten immer wieder auch seine Erinnerungen an die glückliche Kindheit. Die ersten Lebensjahre in Ostpreußen, das waren weiter Himmel, blühende Felder und Wiesen, Wattewolken, heiße, sonnendurchflutete Sommerlandschaften, endlose Alleen und kalte, schneereiche Winter, unbeschwertes Fröhlichsein, Eisenbahnfahrten, Ausflüge im Kutschwagen, Lausbubenstreiche. Ein Seelenidyll. 1938 der Umzug ins über sechshundert Kilometer entfernte Prenzlau bei Berlin, mitten hinein ins Reich, wo sie – der Vater ist immer noch Bankangestellter – mühsam eine Wohnung mit großbürgerlichem Ambiente bewohnten, mit Esszimmer, Herrenzimmer und mächtigem Schreibtisch für den Vater. Noch ist es eine Fortsetzung des Glücks in neuer Umgebung, auch wenn Jucha und Gut Mertensdorf nun weit weg sind und nur noch Ferienreisen im verplombten Eisenbahnwaggon durch Masuren und den polnischen Korridor sie zu den ostpreußischen Verwandten führen. Auch noch während der ersten Kriegsjahre. Aber Beklemmung und Traurigkeit werfen erste Schatten auf das Familienleben, weil der Vater gleich zu Beginn zur Wehrmacht eingezogen wird. Umso schöner die Tage für alle, wenn er Urlaub vom Krieg machen darf. Das Leid, welches der Nationalsozialismus den Völkern

Eine sorglose Kindheit – die Brüder Hagen, Armin und Roland

bringt, ist für die Kinder anfangs allerdings weit weg. Noch weiter, als um 1941 über ihre weitläufige Verwandtschaft die Mutter das Angebot erhält, ihre Söhne Armin und Hagen auf Gut Groß Pankow der Familie Gans, Edle Herren zu Putlitz, nahe Pritzwalk einzuquartieren, damit sie dort ihrem etwa gleichaltrigen Cousin Gesellschaft leisteten und gemeinsam von dem dortigen Hauslehrer unterrichtet werden konnten. Groß Pankow wurde eine Art »Ostpreußen-Ersatz«. Die Kinder führen hier ein unbeschwertes Leben. »Ich war wieder mit der Natur verbunden, ich durfte Hungerharke fahren, ich durfte die Pferde aufsuchen, ich durfte die Kühe sehen, über die Felder laufen, ich durfte den Waldemar von und zu Putlitz kutschieren. Ja, es war vielleicht mehr als ein Ostpreußen-Ersatz, eine Art Heimat-Ersatz.« Später, als die sowjetischen Panzer immer näher heranrollen, schickt Waldemar Gans zu Putlitz seine Familienangehörigen fort, in Sicherheit, und Armin und sein Bruder kehren zur Mutter nach Prenzlau zurück. Er selbst bleibt mit einigen Arbeiten auf dem Hof zurück. Lange Zeit später erfuhr Mueller-Stahl, dass russische Soldaten Anfang Mai das Gut in Besitz nahmen und den Hausherren und seine Leute erschossen hatten.

Die Niederlagen der Hitler-Armee häufen sich und mit dem Näherrücken der Front rückt die grausame Wirklichkeit auch dem Glück der Mueller-Stahls lebensbedrohlich zu Leibe. Zu »Hitlers Geburtstag« im April 1945 fallen Bomben der Alliierten, wohl der Briten, auf Prenzlau. Auch die Wohnung der Mueller-Stahls wird dabei zerstört. »Innerhalb einer Sekunde war unser Haus eine Ruine. Ich weiß noch genau, dass ich im Bett und dann plötzlich auf Scherben unter dem Doppelfenster lag, das von der Detonation aus der Wand gedrückt worden war. Die Deckenlampe, die mein Vater aufgehängt hatte, baumelte halbwegs im Freien. Überall waren Glasscherben und Trümmer«, schildert er in seinen Memoiren.[16] Erneut ist die Verwandtschaft hilfsbereit zur Stelle. Die Mutter kommt mit ihren fünf Kindern auf Gut Goorstorf in Mecklenburg, unweit von Rostock, unter. Hierher, so war es verabredet, sollte auch der Vater kommen – doch er kam niemals dort an.

Vielleicht war er schon auf dem Weg zu seiner Familie, als der Tod ihn ereilte. Sie erfuhr erst fünfundzwanzig Jahre später vom Roten Kreuz der DDR, dass er »am 1.5.1945 im Reserve-Lazarett in Schönberg/Mecklenburg verstorben« ist. »Die Todesursache ist uns nicht bekannt«, hieß es noch. Seine letzte Ruhestätte fand der Vater in einem Massengrab bei Schönberg. »Ich sehe meinen Vater vor mir, wenn wir verreisten nach Jucha in Ostpreußen, zwei Koffer schleppend, immer vor uns, Bahnsteig soundso, zum Zug soundso, meine Mutter folgte mit den Kindern: Hagen, Roland, Gisela, Dietlind. Am Ende ich«, schreibt Mueller-Stahl ein halbes Jahrhundert später in seinem Erinnerungsbuch *Unterwegs nach Hause*.[17] Auch den Bruder Roland hat er vor Augen, wie er fast blind, mit kalten Kompressen gegen die rasenden Kopfschmerzen ankämpfend, die das Wachsen des Tumors begleiten, noch versucht, sein Abitur zu machen, während die Ungewissheit über das Schicksal des Vaters auf der Familie lastet. Roland stirbt schließlich am 25. November 1946, dem Geburtstag der jüngeren Schwester Dietlind.

Armin, die Pistole und der Russe

Zu diesem Zeitpunkt ist Armin Mueller-Stahl selbst dreimal nur sehr knapp dem Tode entkommen. Das erste Mal bei dem Bombardement von Prenzlau. Dann, als er voller naiver Begeisterung, als pimpfiger Soldat dem Vater ebenbürtig sein zu dürfen, im März 1945 mit seiner Schulklasse im »letzten Aufgebot« eines Panzervernichtungstrupps den »Endsieg« über die schon bis zum nahen Pasewalk vorgerückten sowjetischen Truppen herbeiführen wollte. Am Abend vorher schlich er sich in den Vorratskeller und verschlang in dem Wunsch, sich noch einmal richtig den Bauch vollzuschlagen, eine eingeweckte fette Ente. Als die Klasse am nächsten Morgen abrücken sollte, lief er grün an und musste sich plötzlich derart übergeben, dass er für marschuntauglich befunden und vom Anführer nach Hause geschickt wurde. Kaum einer seiner Schulkameraden überlebte den Wunsch nach einem Ritterkreuz. An dieser traumatischen Geschichte hat Mueller-Stahl sich auch in seinem Buch *Verordneter Sonntag* abgearbeitet.

Einige Wochen später, wie sich herausstellt, am mutmaßlichen Sterbetag seines Vaters, blickt ihm der Tod sehr direkt ins Auge: Beim Spielen in Goorstorf findet er eine Wehrmachtspistole. Die Mutter drängt den vierzehnjährigen Sohn, sie wegzuwerfen, doch er will sie lieber in der Nähe des Gutshauses vergraben. Plötzlich kommt ein sowjetischer Soldat um die Ecke. Er hält Mueller-Stahl mit der Waffe in der Hand für einen Hitler-Jungen, eben einen vom letzten Aufgebot. »Der russische Soldat drückte mich mit seinem Gewehr an die Scheunenwand, dazwischen brüllte er, ich verstand ihn nicht und verstand ihn doch, ich solle dort stehen bleiben, denn er werde mich jetzt erschießen! Er ging nur zwei

Schritte rückwärts und legte auf mich an. Im selben Augenblick kam ein polnischer Kriegsgefangener aus der Scheune oder um die Ecke, ich weiß es nicht mehr, plötzlich war er da, ich erinnere mich nur, er stellte sich vor mich [...] Der Russe brüllte nun mit dem Polen, der ruhig blieb und mich mit seinen Händen hinter sich hielt. [...] Chitler verstand ich, das brüllte er mehrere Male. Plötzlich schoss er über unsere Köpfe hinweg in die Scheunenwand [...].«[18] Armin entwischt. Noch am selben Abend kommt der Soldat die Mutter und die Kinder besuchen. »Sah fremd aus, wie ein Mongole, aber wurde unser ganz lieber Freund. Alle Menschen sind ja gleich, auch wenn sie einander umbringen. Vorurteile wertlos«, sagt er Jahrzehnte später lakonisch.[19] In Goorstorf leben sie dann eine Weile zusammen mit einem Trupp sowjetischer Soldaten. Man hat genug zu tun, die Frauen vor den Soldaten zu verstecken und zu schützen. Seine Mutter schminkt sich auf alt, lässt mit schwarzer Schminke Zähne verschwinden und mit Ruß ihr Gesicht aschfahl wirken. Mit einem Kopftuch und gebücktem Gang verwandelt sie sich in eine hässliche Alte, an der kein Soldat Interesse hat. Andere Frauen haben dieses Glück nicht. In Mueller-Stahls Erinnerung liest man: »Was viele deutsche Frauen und Mädchen in dieser Zeit erleiden mussten: Vergewaltigungen durch russische Soldaten waren an der Tagesordnung. Manche Frauen erlitten das mehrmals täglich, viele starben. Und das erzähle ich nicht aus zweiter Hand. Wir sind in diesen Ereignissen groß geworden. Die Gewalt und das Sterben gehörten zum Alltag, und für manchen war der Tod nicht das Schlimmste, sondern eine Erlösung. Der Tod wurde alltäglich.«[20]

Geiger und Gaukler

Das knappe Entrinnen vor einem eigenen frühen Tod, der quälende Verlust des älteren Bruders anderthalb Jahre später, das bange, hoffende und schließlich vergebliche Warten auf den geliebten Vater lassen Mueller-Stahl sein Leben lang nicht los. Immer wieder sind diese Erfahrungen präsent. Kaum ein Interview oder etwas Geschriebenes, in dem dieses Thema nicht erwähnt wird. »Manchmal wünschte ich mir, mein Gehirn wäre ein Computer. Der Computer erlebt nichts, er hat keine Angst, keine Wünsche in Bezug auf das Ergebnis. Er spekuliert nicht, er träumt nicht, er kennt keine Trauer. Denke ich an Deutschland, suche ich Freunde, denke ich auch an meine Mutter, meinen Vater, an Roland, die Toten der Familie.«[21] Diese frühe Erfahrung von Glück und Tragik hatte offenkundig einen prägenden Einfluss auf seine Persönlichkeit. Oft, wenn er lacht und glücklich ist, scheinen seine Augenwinkel auch eine tiefliegende Melancholie in seinem Innersten zu spiegeln. Vielleicht nennt er sich deshalb so gerne einen Gaukler, weil Gaukler immer ein lachendes und ein weinendes Auge haben. So können sie leichter ihre wahren Empfindungen verbergen und ihr Gegenüber im Ungewissen darüber lassen, was sich wirklich in ihrem Innersten abspielt: ein ernstes Stück oder eine Komödie.

Sich in der Rolle des Gauklers einzurichten, bietet sich für Armin Mueller-Stahl schon unmittelbar nach dem Krieg an, als er mit der Mutter und den Geschwistern wieder in Prenzlau lebt und zur Schule geht. Anfangs war Prenzlau für ihn wie eine Geisterstadt. Ihre alte Wohnung war unbewohnbar, und sie wurden in einer Notunterkunft mit zwei Zimmern einquartiert. Eines Nachts rückte die ostpreußische Verwandtschaft an. Sie waren wochenlang, begleitet von Elend, Tod und Horror im Treck gen Westen gezogen. Nun lebten sie mir gut zwanzig Personen in der kleinen Behausung. »Gottvertrauen hielt uns in dieser furchtbaren Zeit aufrecht und half uns zu überleben«, erinnert Mueller-Stahl sich heute. »Ich fühlte mich wirklich aufgehoben in einer besonders wunderbaren Familie mit viel Kraft. Diese Kraft kam durchs Gebet, und wir waren sehr, sehr fromm. Das habe ich in der DDR irgendwann abgelegt, wie viele. Wir wurden in der DDR unfromm. Aber meine Mutter hat uns und vielen anderen Menschen in dieser Zeit mit ihrer Kraft unglaublich geholfen.«[22]

Seine Erinnerungen an die Nachkriegszeit werden auch beherrscht von Jungenstreichen. In den Tagebüchern seiner Mutter findet er lange nach ihrem Tod diesen Eintrag: »Armin war nicht nur faul, er hatte auch den Kopf voller dummer Streiche.« Indiz für eine fröhliche Kindheit und Jugend, in der das Musizieren mit der neuen Geige sowie das gemeinsame Theaterspiel mit Bruder Hagen auf der Schulbühne eine wichtige Beschäftigung sind. Hier ist es, wo er erstmals in Shakespeares *Sommernachtstraum* auftritt. Noch als Zettel. Und noch spielt Hagen den Oberon. Damals scheint Mueller-Stahl eher in der Musik seine künftige Berufung zu sehen. In 10. Klasse bricht er 1948 die Oberschule in Prenzlau ab und folgt den Spuren des großen Bruders und Einserabiturienten Hagen nach Berlin, den Geigenkasten im Gepäck. In der Elisenstraße 1 im Westberliner Bezirk Steglitz findet er eine schlichte Unterkunft. Die Behausung ist im Winter so unwirtlich kalt, dass er sich oftmals Wasser kocht, um darin die Hände fürs Geige spielen zu wärmen. Doch er ist glücklich. Wie ein Fisch im Wasser tummelt er sich in dem gerade wieder aus den düsteren Kriegszeiten erwachenden Kulturleben der alten, jetzt in vier Sektoren geteilten Reichshauptstadt, besucht mit erschnorrten Eintrittskarten Theateraufführungen, Konzerte, Kunstausstellungen, Kabaretts und Kinovorstellungen und kauft sich auf dem Schwarzmarkt für ein Pfund Butter ein Radio, das eher rudimentäre Töne ausstößt. Am liebsten waren ihm die Matinees der Berliner Philharmoniker im später abgerissenen Titania-Palast mit seinen fast zweitausend Plätzen.

Der aufgehende DDR-»Star«

Doch seine hochfliegenden Pläne von der Musikerkarriere bekommen, wie es ihm später auch bei der Schauspielerei widerfahren sollte, einen herben Dämpfer: Nach seinem Vorspiel lehnt ihn die Musikhochschule ab. Schließlich hat er Glück im Unglück.

Wie später in Fritz Wisten bei der Volksbühne, so findet er in dem renommierten Musikprofessor Hans Mahlke einen Förderer, der ihn für so talentiert hält, dass er ihm kostenlosen Privatunterricht gibt. »Mit vierzehn oder fünfzehn Jahren spielte ich bereits die technisch schwierigsten Stücke auf der Geige. Als ich meinen Lehrer Hans Mahlke fragte, ob ich Abitur machen oder mich stattdessen voll dem Geigenstudium widmen soll, meinte er: ›Entweder du wirst ein mittelmäßiger Geiger mit Abitur, oder du wirst ein erstklassiger Geiger ohne Abitur.‹« Also kein Abitur. 1949 beginnt Mueller-Stahl, Musik zu studieren.

»Die künstlerische Laufbahn Armin Mueller-Stahls begann am Berliner Stern'schen Konservatorium. Er war ein Schüler mit Ambition. Schon nach wenigen Semestern gab er öffentliche Violin-Konzerte, Beethoven und Mozart-Sonaten«, heißt es 1960, knapp zehn Jahre später, in einem in der DDR-Zeitung *Freie Presse* und anderen Ost-Blättern abgedruckten frühen Porträt, das den Weg Mueller-Stahls in die vordere Reihe der DDR-Unterhaltungskünstler nachzeichnet.

Zu diesem Zeitpunkt ist er ein aufgehender »Star«. Aber nicht am Musikhimmel, sondern bei der DEFA, der staatlichen Film- und Fernsehproduktionsgesellschaft der DDR in Babelsberg bei Potsdam. Die Geige begleitet ihn zwar weiterhin, die meiste Zeit jedoch nur noch als Accessoire, dessen er sich in seinen Filmen hin und wieder bedient, oder zur Entspannung in seinen eigenen vier Wänden. Ein Comeback feiert sie mit ihm Ende der sechziger bis Mitte der siebziger Jahre, als er sein Publikum in der DDR live und im Fernsehen auch als Chansonnier mit selbst komponierten und getexteten Liedern überrascht und damit sogar auf Auslandstournee geht. Und dann abermals sehr viel später im neuen Jahrtausend, als er mit alten Musikerfreunden aus der ehemaligen DDR wieder gemeinsame Musikantenauftritte inszeniert. Damals, Mitte des 20. Jahrhunderts, begann er sich neben der Musik und neben dem Schauspiel plötzlich dafür zu interessieren, ob er auch in der Malerei eine eigene Begabung habe. Er war damals ein regelrecht Suchender nach dem Ich, nach seinem Platz in der Welt der Künste. Ein von Unruhe getriebener Geist. Einerseits zufrieden, angekommen zu sein bei der Musik oder dem Schauspiel, dann aber doch zweifelnd und nach der nächsten Herausforderung schielend, dieses Mal der Malerei. Er merkte, ihm lagen die schnellen Skizzen, wie sie schon der Großmutter aus der Hand flossen. Porträts von Kolleginnen und Kollegen entstanden auf Bierdeckeln, heute alle verschollen, aber eben auch andere, große Bilder wie die berühmt gewordene einstige »Skatrunde«, an der er fast ein halbes Jahrhundert malen sollte.

Bei der DEFA war Armin Mueller-Stahl unterdessen zunächst recht erfolglos. Vielleicht hatte er sich verzettelt, vielleicht den falschen Ernst oder allzu deutlichen Ehrgeiz an den Tag gelegt. Er bekam lediglich eine schlechte Rolle in dem nicht weniger schlechten Film *Heimliche Ehen* (1956, Regie: Gustav von Wangenheim). Seine Filmographie weist für dasselbe Jahr allerdings eine weitere Mitwirkung in einem längst verschollenen satirischen Kurzfilm mit dem Titel *Das Stacheltier – Der Querkopf* (1956, Regie: Kurt Jung-Alsen) aus. Erst vier Jahre später, mit *Fünf Patronenhülsen* (1960, Regie: Frank Beyer), einem Film über die Teilnahme der Internationalen Brigaden am Spanischen Bürgerkrieg, und mit der Hauptrolle in dem sechsteiligen Fernsehfilm *Die Flucht aus der Hölle* (1960, Regie: Hans-Erich Korbschmitt) gelang ihm der Durchbruch. In seinen Memoiren schreibt Beyer, der legendäre, auch im Westen anerkannte und für die DDR-Oberen immer wieder unbequeme Regisseur, wie er bei der Auswahl der Darsteller für seinen Spielfilm *Fünf Patronenhülsen* an Mueller-Stahl geriet: »Mir war er in mehreren Theaterrollen in der Volksbühne aufgefallen, und ich entschied mich, mit ihm die Rolle des Franzosen Pierre zu besetzen. Merkwürdigerweise war ich mir nicht sicher, ob Armin auf den Zuschauer sympathisch wirkte. Das sollte dieser Pierre aber, der verzweifelt aus der Gruppe ausbricht und umkommt. Mir war damals die einfache Wahrheit noch nicht aufgegangen, dass über Sympathie und Antipathie nicht irgendwelche Äußerlichkeiten des Schauspielers entscheiden, sondern die Handlungen der Figur, die er spielt.«[23]

Noch für einen anderen Schauspieler, der später in Ost- wie in Westdeutschland ein bekanntes Gesicht werden sollte, begann mit den *Fünf Patronenhüls*en der Weg zum Ruhm: Manfred Krug. Krug und Mueller-Stahl werden fortan beim Film und im Fernsehen der DDR eine Art Tandem und gelten als Freunde. Später, im Westen, wo Krug in Fernsehserien zum *Liebling Kreuzberg* und TV-Kommissar aufsteigt, während Mueller-Stahl weiterzieht nach Amerika, verliert sich diese Freundschaft. Über sein Verhältnis zu Krug erzählt Mueller-Stahl in *Unterwegs nach Hause*: »Ich war mit einem Achtel von ihm befreundet, mit dem vergnüglichen, dem unterhaltenden Teil in ihm, die anderen sieben Achtel waren für mich nicht Vor-, sondern leuchtende Nachbilder, nämlich so, wie ich unbedingt nicht sein wollte.«[24]

»Armin Mueller-Stahl und Manfred Krug wurden bis Mitte der sechziger Jahre die von mir bevorzugten Schauspieler, mit denen ich immer wieder Hauptrollen besetzte«, heißt es in Beyers Erinnerungen. Als Beyer Mueller-Stahl zum Film holt, hat dieser in der Theaterszene längst einen bekannten Namen. Aufmerksam geworden war man auf ihn vor allem, als er Ende 1956 eine größere Rolle in George Bernard Shaws *Heilige Johanna* spielte. Damals hieß es in einer Kritik der *BZ am Abend* über seinen Auftritt als Bruder Martin, er sei »bemerkenswert in der ausgewogenen Darstellung von echtem Mitleid und Glaubenseifer«.[25] Zwei Jahre später, im Dezember 1958, findet er sogar in der West-Presse lobende Erwähnung, als er in der Berliner Kongresshalle im Rahmen des »Jungen Theaters« in der Inszenierung *Ich selbst und kein Engel* des jungen Dramatikers Thomas Christoph Harlan über die Chronik des Warschauer Ghettos mitwirkt. *Die Welt* hebt dabei Mueller-Stahl neben seiner polnisch-argentinischen Partnerin Cipe Lincovsky vom jiddischen Theater Buenos Aires als einen jener Darsteller hervor, die in »diesem Stück der Jungen« ihre »genauen Akzente« so setzen, »wie man sie auf unseren alten, arrivierten Bühnen höchst selten findet«.[26] Der Autor des Stücks war niemand geringerer als der Sohn von Veit Harlan, dem Regisseur des berüchtigten Films *Jud Süß* aus dem Jahre 1940, den der nationalsozialistische Reichspropagandaminister Joseph Goebbels in seinem Tagebuch als »antisemitischen Film, wie wir ihn uns nur wünschen können«, bezeichnete.[27] Veit Harlans Sohn Thomas Christoph Harlan arbeitete sich nach dem Krieg buchstäblich am Dritten Reich ab, wie um Wiedergutmachung dafür zu leisten, dass der Vater sich in den Dienst der Massenmörder gestellt hatte. In seinen Memoiren *Dreimal Deutschland und zurück* erzählt Armin Mueller-Stahl von einer bizarren Episode während der Proben. Als der polnische Regisseur Konrad Swinarski eines Tages wegen eines Nervenzusammenbruchs ausgefallen sei, sei ein »Herr Müller« als Regisseur eingesprungen. Der Neue, so Mueller-Stahl, sei »spannend« gewesen. »Wie Müller in das Stück eingriff, wie er mit uns arbeitete, beeindruckte mich. […] das war interessant, ganz etwas anderes als das übliche Brecht'sche Regietheater. Mir gefiel das und ich gefiel ihm wohl auch.«[28] Mueller-Stahl wurde vom Regisseur zu sich nach Hause eingeladen, in eine Wohnung in einem Hochhaus am Lietzensee, wo zufällig auch Mueller-Stahls Bruder Hagen wohnte. Die Frau, die ihm die Tür öffnete, kam dem Gast bekannt vor – bis es ihm wie Schuppen von den Augen fiel: Sie war sein Jugendschwarm aus dem Kino, Kristina Söderbaum, die wegen ihrer zahlreichen Selbstmörderinnenrollen bekannte »Reichswasserleiche«. Und ihr Mann, Herr Müller, war niemand Geringeres als Veit Harlan. Unversehens fand Mueller-Stahl sich auf deren Sofa wieder und musste sich anhören, wie es aus deren Sicht wirklich gewesen sei mit Goebbels und dem Dritten Reich: »Das war spannend und verwirrend zugleich.« Sein Bruder Hagen riet ihm, Abstand zu Herrn Müller zu halten. Das Stück brachte schließlich der wieder genesene Konrad Swinarski auf die Bühne.

Im Mai 1959 wirkt Mueller-Stahl unter der Regie seines Bruders Hagen in *Begegnung 57* mit, einem politisch brisanten Gegenwartsstück des jungen Berliner Autors Herbert Keller über »zwei Deutsche auf falschen Wegen«, einen Unteroffizier mit mehr als unflätigem Benehmen, dessen Auftritt, wie es anerkennend in der Ostberliner *National-Zeitung* heißt, man »nicht so bald vergessen« werde.[29] Wo er auch auftritt, der Beifall seiner Zuschauer sowie der Kritiker ist ihm mittlerweile sicher. Dann spielt er den Narren in Shakespeares Komödie *Was ihr wollt.* »Den Narren haben wir nicht wie einen herkömmlichen Narren gespielt, sondern wie einen Pantomimen, der beinahe stumm zwischen den Leuten sitzt, sie beobachtet und ganz wenig macht. Es war ein großer Erfolg. Der Regisseur hatte es bereits einmal in Paderborn und in Karl-Marx-Stadt [Chemnitz, d. A.] so inszeniert, und wir haben es dann in Berlin an der Volksbühne 1960 gemacht. Es war eine meiner ersten Erfolgsrollen.«

Am 17. März 1962 feiert das Hausorgan der Sozialistischen Einheitspartei (SED), *Neues Deutschland,* Mueller-Stahls Wandlungsfähigkeit als Prinz von Guastalla in Gotthold Ephraim Lessings Trauerspiel *Emilia Galotti:* »Armin Mueller-Stahl durchleuchtet ihn unerbittlich: übersättigter Genießer, ästhetisierender Zyniker, launischer Herrscher, herzenskalter Charmeur, dazu ein Heuchler von jener besonderen Art, die auf ein Alibi vor sich selbst Wert legt.«[30] In den folgenden Jahren überzeugt er als Mercutio in Shakespeares *Romeo und Julia* »durch eine elegante, intelligente Souveränität des Spiels« (*Neue Zeit,* Ostberlin),[31] und als Wurm in Friedrich Schillers *Kabale und Liebe,* wo er »durch eine sehr präzis gebotene Charaktergestaltung zum eigentlichen Helden des Spiels« wird.[32] Die *Berliner Zeitung* bemerkt hier freilich mit ironisch-kritischem Unterton, auf Mueller-Stahls Anziehungskraft auf das weibliche Publikum anspielend: Die Entscheidung der Luise »für Ferdinand gegen den Wurm nachzuvollziehen oder wenigstens einzusehen, wird besonders für die Berliner Mädchen sehr schwer sein: Gegen den noch etwas blassen und mehr hektischen und impulsiven Ferdinand Werner Tietzes ist Armin Mueller-Stahl, der Wurm dieser Aufführung, einfach als Schauspieler

Armin Mueller-Stahl
als Prinz von Guastalla
in Gotthold Ephraim
Lessings Trauerspiel
Emilia Galotti (1962)

zu attraktiv und beliebt, wenn er auch sonst, bis auf wenige Gesten, dem Wurm so ziemlich alles schuldig bleiben musste.«[33]

Über all die Jahre gelingt es Mueller-Stahl, ein ansprechendes Niveau zu halten. Meist bekommen die Fans ihren jungen Star so geboten, wie ihn der Rezensent der *Weltbühne* im August 1972 erlebte: »Viel Spaß habe ich an dem […] gehörnten Göttergatten Menelaos gehabt, wie ihn Armin Mueller-Stahl mit hingebungsvoller Würde spielte.«[34] Als diese Zeilen erscheinen, steht Armin Mueller-Stahl seit zwanzig Jahren auf der Bühne und seit über zehn Jahren vor der Kamera. In *Dreimal Deutschland und zurück* erinnerte er daran, dass das Theater in der DDR einen Stellenwert hatte, »den man sich heute kaum noch vorstellen kann«. Zum einen, weil das gesprochene Wort »von den Mächtigen eine Bedeutung beigemessen« bekam, »die es meiner Meinung nach nicht hatte«, weil da gerade auch bei modernen Stücken Inhalte herausgelesen wurden, »die keiner reingeschrieben hatte«. Und

zum anderen »hatte die Berliner Theaterszene auch eine Qualität, die ihresgleichen suchte – nicht nur wegen [Bertolt] Brecht
und [Helene] Weigel. Zu deren Berliner Ensemble fuhr die ganze
Welt, wenn eine neue Inszenierung wie der *Hofmeister* zu sehen
war.«[35]

Trügerische Hoffnung und
drei wegweisende Filmproduktionen

Das Jahr 1972, in dem der Artikel in der *Weltbühne* erscheint, ist
ein Jahr politischen Tauwetters im Kalten Krieg zwischen Ost
und West; in der Bundesrepublik kämpft der sozialdemokratische
Bundeskanzler Willy Brandt für seine Entspannungspolitik, die
Ostverträge und einen »Wandel durch Annäherung« zwischen
Bonn und Ostberlin; in der DDR signalisiert der seit Mai 1971 als
Chef der SED amtierende Erich Honecker ideologische Flexibili-
tät und Pragmatismus gegenüber dem Westen, was die Künstler
im Lande zu der – wie sich herausstellen wird: irrigen – Hoffnung
auf ein liberaleres Klima verleitet. Sie ahnen nicht, dass sich hinter
Honeckers spießbürgerlich-milder Fassade der Apparat der DDR-
Staatssicherheit erst noch zu seiner vollen Blüte und Effizienz von
Orwell'scher Dimension entfalten wird. Die kreative und zunehmend verhalten kritische DDR-Kulturelite wird sie damit entweder in den politischen Abgrund reißen, nach Westen treiben oder
gleichschalten und damit mundtot machen.

Auch Armin Mueller-Stahl steht ein tiefer Fall bevor. Selbst für
jene, die das Publikum liebt, gibt es auf dem Weg nach unten kein
Halten mehr, wenn mächtige Bürokraten ihnen ihre Gunst entzie-
hen. Doch als man Mueller-Stahl, dem Träger des Kunstpreises
der DDR (1963), in jenem Jahr 1972 den Nationalpreis zweiter
Klasse für seine Rolle in dem TV-Mehrteiler *Die Verschworenen*
verleiht, ist er noch ganz obenauf. Fünfmal hintereinander sollte
er außerdem zum »beliebtesten Schauspieler der DDR« gewählt

werden. Am 5. März 1972 schwärmt *Der Morgen* in seiner Serie »Namen mit Klang«: »Mueller-Stahls Freude daran, neue Figuren ›zu produzieren‹, darüber hinaus sein Ehrgeiz, alle einem Schauspieler offen stehenden Genres und Medien zu erobern, haben ihn dennoch nicht in einen ewigen Spielrausch versetzt, sondern zu einem klugen Abwägen und Analysieren – und zum eigenen Einschätzen gebracht. Zum Spaß und zur Freude am Spiel kommen bei ihm der Ernst der künstlerischen Arbeit, die kritische Distanz, aber auch das stetige Suchen nach neuen Wegen, das seinen Entwicklungsweg bestimmt hat und auch zu bestimmten Entscheidungen in bestimmten Lebensabschnitten geführt hat.«[36]

Lobend hebt *Der Morgen* 1972 noch hervor, dass bei Mueller-Stahl die Arbeit am Film und am Theater stets parallel nebeneinander herlaufen »und fast zufällig fallen seine eigenen Premieren zusammen«. So unentbehrlich und wichtig die Bühnenbretter in all diesen Jahren für ihn sind, und so treu er diesen auch künftig bleiben sollte, Ruhm und die große Popularität bringt ihm seine Präsenz auf der ostdeutschen Kinoleinwand.

Anfang der sechziger Jahre brilliert er vor allem in Filmen über die jüngste Vergangenheit und unmittelbare Gegenwart, stellt differenziert und einfühlsam junge Menschen dar, die sich in dieser Umbruchsituation bewährten. Insbesondere Frank Beyer bietet ihm in wegweisenden Produktionen wie *Fünf Patronenhülsen* (1959/60), *Königskinder* (1961/62) und *Nackt unter Wölfen* (1962) die Möglichkeit, sein Bühnen- und Filmtalent weiterzuentwickeln. Allen drei Filmen ist als Generalthema der Kampf gegen den Faschismus gemein. In *Fünf Patronenhülsen* geht es um die internationale Solidarität im Spanischen Bürgerkrieg; in *Königskinder* um ein junges, seit Kindertagen miteinander befreundetes und im Widerstand gegen den Nationalsozialismus engagiertes Liebespaar, dessen Beziehung von SA, SS, Konzentrationslager und Krieg auseinandergerissen wird. *Nackt unter Wölfen*, nach einem Buch von Bruno Apitz, beschreibt den selbstlosen Kampf einer Gruppe politischer Häftlinge im Konzentrationslager Buchenwald

Jakob der Lügner (1974)

bei Weimar. Die Männer setzen das eigene Leben aufs Spiel, als sie versuchen, ein jüdisches Kind vor den SS-Wachmannschaften zu verstecken.

Die Moral aller Geschichten ist, dass der Einzelne nur in der Gruppe, im Kollektiv und im kompromisslosen Einsatz für eine gemeinsame gerechte Sache stark und überlebensfähig ist. Obwohl für die Zuschauer stets und ausschließlich Kommunisten das Gute verkörpern, wird ihnen in den Filmen dennoch nicht mit plumper Agitprop-Rhetorik die kommunistische Ideologie aufgezwängt. Was Beyer und seine Truppe zu transportieren versuchen, ist vielmehr ein humanistisches Ideal. Das Geheimnis des Erfolgs dieser Filme liegt darin, dass die Stoffe und Handlungen zwar politisch anspruchsvoll sind, mit ihrer spannenden und populären Umsetzung aber trotzdem ein breites Publikum zu begeistern vermögen. Die Schauspieler, die zu den besten ihres Fachs in der DDR gehören, stellen ihre Figuren nicht holzschnittartig dar, sondern verkörpern in einem überzeugenden Zusammenspiel vielschichtige und unterschiedliche Charaktere mit Stärken und Schwächen, in denen jeder Zuschauer sich selbst und seine Umgebung wiedererkennen kann, womit die Glaubwürdigkeit der Botschaft erhöht wird.

Die drei Filme sind, wie alle anderen von Beyer, technisch und handwerklich wegweisend. Auch die Verfilmung des Jurek-Becker-Buches *Jakob der Lügner* gehört dazu. Dieser 1974 entstandene Film erreichte ausgerechnet in Hollywood, der cineastischen Hochburg des Imperialismus, eine Oscar-Nominierung für den besten ausländischen Film. Auf diese Weise ist es Frank Beyer als Regisseur – mit Hilfe seines Kameramanns Günter Marczinkowsky – gelungen, jenes Weltniveau zu erreichen, das die DDR in all ihren Jahren auf anderen Gebieten vergebens anstrebte. Er steht somit in bester Tradition zu den während der Nazizeit nach Hollywood emigrierten Regielegenden Fritz Lang und Billy Wilder. Von dem großen Respekt, den man Beyers Arbeit über die politisch-ideologischen Grabenkämpfe des Kalten Krieges hinweg entgegenbrachte, zeugt auch, dass sein KZ-Film *Nackt unter Wölfen* 1963 nicht nur bei den Filmfestspielen in Moskau mit der Silbermedaille und in der DDR mit dem Nationalpreis Erster Klasse ausgezeichnet wurde. Weltweite Verkäufe von Japan bis in die USA machten *Nackt unter Wölfen* auch zu einem der größten kommerziellen Erfolge in der Geschichte des DDR-Films.

Abgesehen von *Jakob der Lügner* hat Armin Mueller-Stahl in all diesen Filmen eine die Handlung tragende Hauptrolle. In *Fünf Patronenhülsen* gehört er in der Rolle des Franzosen Pierre zu einem Trupp von fünf internationalen Spanienkämpfern, denen ihr tödlich verwundeter Offizier befiehlt, eine von ihm in fünf Patronenhülsen verborgene Botschaft durch die faschistischen Linien zum Stab der Republikaner zu bringen. Ausgerechnet der sympathische Pierre hält plötzlich die Strapazen, den Durst nicht mehr aus. Bevor er sich von den anderen trennt, um sich allein durchzuschlagen, übergibt er einem Kameraden seine Patronenhülse. Prompt läuft Pierre danach in eine Falle der Falangisten und

Fünf Patronenhülsen (1959/60)

wird erschossen. Die anderen vier kommen durch. Als sie aber
schließlich nach all den Strapazen die fünf Papierschnipsel aus
den Patronenhülsen zusammenfügen, staunen sie nicht schlecht,
besteht doch die Botschaft nur aus einem verblüffenden Satz:
»Bleibt zusammen, dann werdet ihr leben!« Man kommt also nur
im Kollektiv zum Ziel – so die Moral von der Geschicht'. Agitprop
pur: Die Zuschauer sollten nach Hause gehen in der Gewissheit,
als Einzelkämpfer keine Chance zu haben.

Die Geschichte des Films *Königskinder* ist auf rührselig-dra-
matische Weise von einem Volkslied über zwei Königskinder
abgeleitet, die nicht zusammenkommen konnten. Mueller-Stahl
spielt darin den jungen Michael und Annekathrin Bürger, die zu
DDR-Zeiten seine häufigste Filmpartnerin ist, dessen Freundin
Magdalena. Dritter im Bunde ist Jürgen, ein gemeinsamer Freund
aus Kinder- und Jugendtagen, der ebenfalls, aber vergeblich, in
Magdalena verliebt ist. Dieser wird gespielt von Mueller-Stahls
langjährigem Freund und Ehemann von Annekathrin Bürger, Ul-

Nackt unter Wölfen (1962)

rich Thein. Als die Nationalsozialisten an die Macht kommen und Michael und Magdalena sich dem kommunistischen Widerstand anschließen, während Jürgen die braune Uniform anzieht, wird Michael verhaftet. Im Verlauf der Geschichte retten sich Michael und Jürgen gegenseitig das Leben und finden wieder zueinander. Der Krieg verhindert jedoch, dass auch Michael und Magdalena wieder zusammenkommen.

Nackt unter Wölfen bezeichnet Armin Mueller-Stahl stets als einen seiner wichtigsten Filme. Sein Auftritt als Kapo André Höfel wird 1967 rückblickend in einem Zeitungsporträt als Höhepunkt seiner Darstellungskunst bezeichnet: »Kaum einer wird diesen Menschen vergessen, der den ausgeklügeltsten seelischen und körperlichen Martern standhält, der sich treu bleibt bis zum Äußersten. Hinter der Bewegungslosigkeit, der beherrschten Starre des ›körperlichen‹ Gesichts dieses Antifaschisten weiß Mueller-Stahl gleichsam ein zweites, seelisches Gesicht fühlbar zu machen, in dem tausendfältige Empfindungen toben, in dem sich Schmerz und Angst spiegeln, das gepackt wird von Verzweiflung und Verzagtheit und doch wieder zur Ruhe findet, zur Zuversicht, zu Ausgeglichenheit.«[37]

Schwiegermutters Traum mit Eigensinn

Für das Publikum verkörpert Armin Mueller-Stahl seit jenen Tagen den Idealtypus des neuen deutschen Mannes im Sozialismus schlechthin, Mädchenschwarm und Schwiegermuttertraum in einem. Aber zugleich ist er damit das glatte Gegenbild zu der unbeholfenen und schon damals verknöchert erscheinenden Führungsriege des Teilstaates um SED-Chef Walter Ulbricht: Groß, schlank und sportlich, gutaussehend mit stahlharten, aufrichtigen blauen Augen, sympathisch, selbstbewusst und mit einem offenen, stets dem Kollektiv- oder – je nach Lesart – Teamgeist verpflichteten Charakter, wenn auch nicht ohne Brüche. »Mueller-Stahl schuf mit seinen positiven Helden Vorbilder«, heißt es rückblickend im *Morgen*, »doch solche, die nicht über alle menschlichen Schwächen erhaben waren.«[38] Damit ist er genau das, was die Staats- und Parteifunktionäre (heute würde man ideologie-neutral »Marketingstrategen« sagen) brauchen, um ihr neues Gesellschaftskonzept dem eigenen Volk und der Welt zu verkaufen. Denn Mueller-Stahl verkörpert wie Krug, Thein und einige andere eine Identifikationsfigur. Und: So einen wie ihn hat das Kino im Deutschland Konrad Adenauers und Ludwig Erhards zu jener Zeit schwer aufzubieten. Allenfalls noch Horst Buchholz und Hardy Krüger. Doch das sind andere Typen, mehr Filou der eine, Abenteurer der andere. Was drüben in Westdeutschland fehlt, ist ein jüngerer Curd Jürgens.

In einem Porträt des Schauspielers für die ostdeutsche Programmillustrierte *FF Dabei* schreibt Helmut Sakowski, Schriftsteller und Mitglied der SED-Nomenklatura, im September 1972: »Ich halte ihn für einen der besten Charakterdarsteller, den wir im

Film und auf dem Bildschirm besitzen.« In der Verfilmung von Sakowskis Buch *Wege übers Land* habe Mueller-Stahl beispielsweise als junger und eleganter Offizier großbäuerlicher Herkunft voller innerer Widersprüche »mit erstaunlicher Souveränität einen Figurentypus entschablonisiert, der dem Publikum oft genug in recht einseitiger Weise bekannt gemacht worden ist«.[39] Mit anderen Worten: Mueller-Stahl gelingt es, Menschen so darzustellen, wie sie in Wirklichkeit sind.

In einem bemerkenswerten Gespräch mit der *Ost-Berliner Zeitung* über »Des Schauspielers Verantwortung« gibt Mueller-Stahl im Juni 1963 Einblick in sein künstlerisches Selbstverständnis: »Ich glaube, das Entscheidende bei der Gestaltung unserer Gegenwart muss eine absolute Aufrichtigkeit im Aufzeigen der Widersprüche sein. Jeder Mensch hat Widersprüche. Wie er sich mit diesen Widersprüchen in unserer Zeit, mit ihren Erfordernissen, Schwierigkeiten und Schönheiten auseinandersetzt, muss man stets neu, individuell und ehrlich behandeln. Nur so können wir mit den Mitteln der Kunst für die Menschen Helfer sein in der Lösung ihrer Konflikte.« Zugleich macht er aber deutlich, dass er im Prinzip nicht an Einzelkämpfertum und die Leistung des Einzelnen glaubt. Seiner Meinung nach zieht jeder und jedes aus der gemeinschaftlichen Arbeit den größten Gewinn. In der »Macht des Kollektivs – auch im Film« liegt für ihn die Qualität der Zusammenarbeit mit Frank Beyer, den er ein Jahr zuvor in einem Artikel für die DDR-Zeitschrift *Deutsche Filmkunst* in die Tradition des legendären sowjetischen Regisseurs Sergej Eisenstein *(Panzerkreuzer Potemkin)*, aber auch Bertolt Brechts stellte.

Als Frank Beyer sich dafür entschied, die Rolle des Pierre in *Fünf Patronenhülsen* mit Armin Mueller-Stahl zu besetzen, stellte er sich vor, dass dieser ein Außenseitertyp sein sollte, »aber sympathisch«. Eine Rolle, die Mueller-Stahl auch im Leben spielt. Denn ein Außenseiter wird er selbst in Zeiten seines größten Erfolgs bleiben, »distanziert, aber sympathisch«, wie Gabriele Michel in ihrer Biografie über den Schauspieler schreibt.[40] Das ist auch seine Rolle in der DDR. Nie wird er Mitglied in der SED. »Man hat mich in Ruhe gelassen«, sagt er im Gespräch. Gewiss, er sei von Freunden gefragt worden, ob er nicht in die Partei eintreten wolle. »Das habe ich immer klar beantwortet: Kommt nicht infrage für mich.« Man hat es respektiert. Er hatte es nicht nötig, wobei er heute weiß, dass seine Erfolge künstlerischer, nicht etwa politischer Natur waren. Doch das genügte ihm. Mehr hätte auch nie zu ihm gepasst. »Natürlich hatte ich auch unter den ›Kadern‹ viele Freunde. Es war ja nicht so, dass ich das scharf unterteilte in jene, die ich mochte, die nicht in der Partei waren, und solche, die Funktionäre in der Partei waren. Nein, die Welt immer in Schwarz und Weiß einzuteilen, ist dumm.«

Armin Mueller-Stahl ist sich des schwierigen Balanceaktes zwischen Loyalität zum Staat und Treue zur eigenen Überzeugung bewusst. Seine Filme drehte er, wie er sagt, »nicht in einem luftleeren Raum«, sondern mit dem Staat. Manchmal auch gegen die eigene Überzeugung, gerade wenn es um die Gegenwart ging. Da habe er auch »Fehler« gemacht. Einer ist der ohne Drehbuch hastig improvisierte Mauerbaufilm … *und deine Liebe auch*, in dem er den Verführungen des Westens, des Kapitalismus, zu widerstehen hat. »Ein gut gemachter dokumentarischer Film von Frank Vogel, mit dem ich befreundet war. Aber ein Film, den ich lieber nicht gemacht hätte.«

Königskinder *im Schatten der Mauer*

»Scheußlich«, sagt Mueller-Stahl zum Bau der Berliner Mauer am 13. August 1961 und macht eine lange Pause. So, wie er im Gespräch dieses eine Wort ausstößt, fast leise, scheinbar völlig emotionslos und mit dem Blick weit weg, steckt darin die Erinnerung an einen großen Fehler, den er damals wohl begangen hat. Auch wenn er im Osten arbeitete, wohnte Mueller-Stahl im Westteil Berlins in der Regensburger Straße, ein paar Hundert Meter vom

Kurfürstendamm entfernt. »Wir drehten zu der Zeit gerade *Königskinder*.« Doch er hatte gerade zwei Wochen Urlaub und befand sich mit seinem VW-Käfer auf dem Weg zu einem Verwandtenbesuch in Murrhardt bei Stuttgart. Irgendwo unterwegs in einem Hotel hörte er im Radio vom Mauerbau. Uli Thein rief ihn aus Ostberlin im Westen an, um ihm mitzuteilen, dass er »Verständnis aufbrächte, wenn ich mich entschlösse, in der Bundesrepublik zu bleiben, denn es sei eisig hier«. Was also tun? Er hatte zufällig ein Angebot, mit dem Regisseur Wolfgang Staudte *(Rosen für den Staatsanwalt)* zu drehen, auch das Stuttgarter Staatstheater bot ihm einen Vertrag an. Er beriet sich mit seinem Bruder Hagen, der schon fest im Westen lebte und nach Stuttgart kam. Wenige Monate später gehörte er zum Gründungsensemble von Jürgen Schitthelms Schaubühne am Halleschen Ufer. »Für mich war ganz klar, ich lasse mich nicht einsperren durch die Mauer. Für mich war aber auch klar, dass ich den Film zu Ende mache, aber dann wieder abhaue in den Westen.« Also ging er zurück, ließ Westberlin hinter sich. »Unseren Film *Königskinder* wollte ich nicht im Stich lassen, schäbig, gemein wäre ich mir vorgekommen, hätte mich als Verräter gefühlt.« In *Unterwegs nach Hause* schreibt er: »Damals war ich naiv und blauäugig, Freundschaften galten mir mehr als eine Karriere im Westen.« Als ihm sein Irrtum allmählich dämmerte, war es zu spät: »Wenn ich geahnt hätte, wie hoch Freundschaften anzusetzen sind, ich hätte die DDR 1961 verlassen.«[41]

Dass *Königskinder* in der Zeit des Mauerbaus entstand, wirft noch ein anderes Licht auf diesen Film: »Er zeigt auch«, so Mueller-Stahl, »wie eine Ideologie die Haltung der Menschen innerhalb eines Systems verändert. Wie Freunde zu Feinden werden, die einen sich diesem System annähern und andere sich innerlich zumindest vom System entfernen.« Könnte der Film rückblickend auch eine Parabel auf das sein, was sich damals gerade wieder mit anderen Vorzeichen in Deutschland abzuspielen begann? Eine Parabel auf die Zerstörungskraft von Ideologien insgesamt auf menschliche Beziehungen?

Mit Annekathrin Bürger in *Königskinder* (1961)

»Nun ist es immer so gewesen, dass das System nie ich war. Ich stand dem System immer kritisch gegenüber. Die Bundesrepublik war für mich auch kein Klassenfeind. Denn a) fühlte ich mich als Deutscher, und b) habe ich bis 1961 in Westberlin gelebt, habe in Westberlin Musik studiert und nicht in Ostberlin, bin ans Ostberliner Theater gegangen nicht wegen des Systems, sondern weil dort das bessere Theater war. Und dann kam die Mauer, und da hatte ich schon Filme gedreht und plötzlich waren da auch irgendwo bereits ein paar Wurzeln in den Boden gewachsen. Und hin und wieder glaubend, dass das System im Osten vielleicht tatsächlich ein besseres war – naiv wie man war.« Als der *ZEIT*-Chefredakteur Giovanni di Lorenzo Mueller-Stahl in einem Interview fragte, wann es denn gewesen sei, dass er mit der DDR einverstanden war, antwortete er seinem verblüfften Gegenüber: »Nachdem die Mauer gebaut wurde, 1961. […] Zwei Monate später wurde das Leben plötzlich schön in der DDR. […] Die schönen Mädchen, die alle früher am Ku'damm standen, waren auf einmal in Ostberlin und hatten alle Hände voll zu tun. Die Schaufenster wurden ein bisschen voller, und ich dachte, vielleicht können wir jetzt ungestört den Sozialismus aufbauen, wenigstens die Ideale der Französischen Revolution: Freiheit, Gleichheit, Brüderlichkeit. Das waren Frühlingsgefühle. Aber das ebbte sofort wieder ab. Die Dinge, die mich wirklich in der DDR hielten, waren meine Arbeit am Theater, meine Arbeit beim Film und auch die Freundschaften.«[42]

Kubanisches Intermezzo

Zwar glitt der Traum vom besseren System immer wieder in einen Zustand der Ernüchterung, wie 1953 nach der Niederschlagung des Arbeiteraufstandes in Ostberlin, 1956 mit der Unterdrückung des Ungarnaufstandes, 1968 beim Einmarsch der sowjetischen Truppen in die Tschechoslowakei und 1976 nach der Biermann-Ausbürgerung, dennoch schöpfte man stets aufs Neue Hoffnung. Nicht zuletzt aufgrund der Erleichterungen, welche die Ostpolitik des westdeutschen Bundeskanzlers Willy Brandt auch für die DDR-Bürger brachte. Zu den Hoffnungen beigetragen haben mögen auch seine Reisen nach Kuba. Zweimal ist Mueller-Stahl dort gewesen, einmal anlässlich der Aufführung von *Fünf Patronenhülsen*, das andere Mal bei den Dreharbeiten zu *Preludio 11*, einer Koproduktion der DDR und Kubas über die von der CIA gesteuerte Invasion in der Schweinebucht, in der Mueller-Stahl einen kubanischen Milizoffizier spielt. Beide Male hat er die Konfrontation von Fidel Castros Revolutionsregime mit dem mächtigen Nachbarn USA erlebt.

Bei seinem ersten Aufenthalt war gerade die Invasion gescheitert, beim zweiten geriet er mit seinen DDR-Teamkollegen mitten hinein in die heiße Phase der Krise um die Stationierung sowjetischer Atomraketen auf Kuba, als die Welt am Rand eines Atomkrieges balancierte. »Vom Malecón aus, der Uferstraße in Havanna, sahen wir die amerikanischen Schlachtschiffe. Drei Filmteams hielten sich damals gerade auf Kuba auf: Russen, Franzosen und Deutsche. An jenem schwarzen Freitag im Oktober 1962, als wir alle den Angriff der Amerikaner auf Kuba erwarteten, haben sich die Russen besoffen, die Franzosen wollten gegen die Amerikaner kämpfen und die Deutschen wollten nach Hause. Furchtbar, was sich da für Tragödien abgespielt haben. Was habe ich gemacht? Im Gefühl des Übergangs vom Leben zum Tode habe ich mit den Russen gesoffen.« Und die Kubaner? Sie verhielten sich, so beobachtete Mueller-Stahl, unglaublich optimistisch, blickten mit einem Gefühl der Unbesiegbarkeit auf die Zerstörer. Er lernte auch die Brüder Fidel und Raúl Castro sowie Che Guevara kennen. »Wenn der Che Guevara seine Augen aufschlug, waren die Mädchen hin und weg. Und der Fidel Castro hat mir tatsächlich sehr imponiert, weil mich viele Errungenschaften auf Kuba überraschten. Er lud uns dann in eine Villa ein, deren Besitzer abgehauen war. Ich erinnere mich noch, wie Fidel das Essen servierte: Er hatte Schweißringe unter den Armen, machte Konservenbüchsen auf, klatschte das auf irgendwelche Teller, und dann wurde gespeist.«[43]

Dann ein denkwürdiges Erlebnis: »Ich war mit Schauspielerkollegen essen, gehe um ein Uhr nachts den Malecón entlang vom Hafen zum Hotel. Plötzlich hält ein Auto neben mir. ›Wir fahren Sie nach Hause, wo wollen Sie hin?‹, fragt einer. Aber mich warnt eine innere Stimme, signalisiert mir: Vorsicht! Und ich sage: ›Nein danke, ich laufe.‹ Und in dem Moment kommt eine Hand raus, greift meinen Arm und will mich mit aller Gewalt reinziehen.« Mueller-Stahl erinnert sich an die Szene zu Kriegsende, als der sowjetische Soldat mit dem Gewehr auf ihn zielte, und glaubt, nun um sein Leben kämpfen zu müssen. »Ich habe mich losgerissen und bin gelaufen, so schnell ich nur konnte.« Er hatte gehört, dass in jenen Tagen gelegentlich Bürger aus dem Ostblock auf Kuba verschwunden und nie wieder aufgetaucht sind. Es hieß, Castro-Gegner steckten dahinter.

»Willst du meine Witwe werden?«

Seine Popularität und sein Erfolg eröffnen Mueller-Stahl in der DDR schließlich Freiräume und verschaffen ihm Privilegien, wie sie der Funktionärsschicht und verdienten Kadern des Volkes vorbehalten sind. Die Arbeit ermöglicht den Künstlern Reisen ins Ausland, wenn auch überwiegend in Staaten, die zum Ostblock gehören, mit diesem verbündet sind oder freundschaftliche Beziehungen pflegen. Die ihm gewährten Vorzüge nehmen sich gleichwohl weitaus bescheidener aus, als die Westpropaganda sie darzustellen beliebt, bei den Gagen angefangen. Im Westen bekommen Schauspieler ein Mehrfaches dessen, was der Arbeiter-und-Bauern-Staat den Ostkollegen an Honorar zubilligt. Dennoch ist es für dortige Verhältnisse enorm viel Geld, wenn Mueller-Stahl in seinen besten Zeiten nach Abzug einer zwanzigprozentigen Steuer ein Tageshonorar von achthundert Ostmark ausbezahlt bekommt. Zu den größten Errungenschaften seines Lebens als Star gehört für Mueller-Stahl Anfang der siebziger Jahre der Bezug eines eigenen Hauses, mit Garten und Blick auf die Dahme, einen Spreearm, im Berliner Stadtteil Köpenick. Er hatte es bereits in den Sechzigern erworben, es dauerte jedoch Jahre, bis die bisherigen Mieter auszogen. Bis dahin hatte er seit dem Mauerbau zunächst auf dem Prenzlauer Berg in einem möblierten Zimmer in der Senefelderstraße, dann in der naheliegenden Raumerstraße gewohnt, bis er sich schließlich auf der anderen Straßenseite eine Einzimmerwohnung mit Küche, Bad und Ofenheizung erobern konnte.

Als erfolgreicher, gutaussehender Theater-, Film- und Fernsehstar konnte einer wie Armin Mueller-Stahl für eine Frau natürlich das große Los sein. An Kandidatinnen herrschte kein Mangel. Und er war, wie man auf ostpreußisch sagt, »kein Kind von Traurigkeit«. Aber frei nach dem altmodischen Sprichwort »Der ›Gentleman‹ genießt und schweigt« war von ihm dazu stets kaum etwas zu erfahren. Immerhin, in seinen Memoiren öffnet sich Mueller-Stahl erstmals ein wenig zu diesem Thema: »Wenn wir in einer kleineren Stadt drehten, fanden wir schnell Beachtung. Die Mädchen kamen, und wenn eine hübsch war und Interesse zeigte, fand man zusammen. Mal für länger, mal für kürzer, das stellte sich ja immer recht schnell heraus. Und wenn wir in eine neue Stadt zogen, lernten wir eben jemand Neues kennen. Ehrlich gesagt, machten es einem die Mädchen sehr, sehr leicht. Nur selten war ich fest liiert, so wie mit Christel Bodenstein, einer Kollegin.« Er deutet an, dass er lange Zeit nicht wirklich bereit war, sich fest zu binden: »Ich war damals sicher sehr schwierig zu haben für eine Frau, denn ich war nie mit ganzem Herzen und ganzer Seele dabei. Mindestens fünfzig Prozent meiner Konzentration gehörten meinem Beruf.«[44] Die acht Jahre jüngere, in München geborene und 1949 mit ihrer Mutter nach Leipzig in die DDR gezogene Christel Bodenstein war 1960 zur beliebtesten Schauspielerin der DDR gewählt worden. Bekannt wurde sie 1957 als hochmütige Prinzessin Tausendschön in der Verfilmung des Brüder-Grimm-Fragments *Das singende, klingende Bäumchen*, die als eine der besten Märchenproduktionen der DDR-Filmproduktionsgesellschaft DEFA gilt. Von 1960 bis 1978 war sie mit dem Regisseur Konrad Wolf verheiratet.[45]

Eine seiner ersten festeren Beziehungen, allerdings eine eher von der hysterisch-chaotischen Sorte, hatte er um 1950 mit einem Mannequin namens Gerda. »Gerda konnte mir zwar unglaublich auf die Nerven gehen, aber sie war eine echte Schönheit.«[46] Sie begleitete Mueller-Stahl oft in die Konzerte der Berliner Philharmoniker in dem alten Filmtempel Titania-Palast. »Gerdas Schönheit fiel auch dem Maestro irgendwann ins Auge, und so bekamen wir plötzlich zu Hause Besuch von Sergiu Celibidache. Er war ein berühmter, gutaussehender Mann von Ende dreißig und mir gegenüber klar im Vorteil. Ich sah zwar als junger Mann auch ganz propper aus, aber ich war weder berühmt noch vermögend. Irgendwann bat mich Gerda, ich möge doch spazieren oder ins Theater gehen, wenn Sergiu am Abend käme. Ich musste aus der Wohnung ausziehen, und er zog vorübergehend ein – so geschah das immer öfter. Das war natürlich nicht besonders schön für mich. Andererseits nahm ich weder die Beziehung zu Gerda noch ihre offensichtliche Zuneigung zu Celibidache allzu ernst. [...] Kaum war der Maestro weg, holte Gerda mich aus meiner möblierten Bude in Friedrichshain zurück. So ging es ein paarmal hin und her – weg von ihr, hin zu ihr –, [...] Wir ließen voneinander, als wir merkten, dass die vielen Kräche zu keinem Erfolg mehr führten.«[47]

»Natürlich hatte ich auch eine – na ja – ruppige Zeit mit Frauen, eine kurze intensive Zeit, die aber gar nicht so ungeheuer faszinierend war.« Und richtige Liebesbeziehungen? »Nicht zu oft. Aber ich hab mich bemüht, die verliebten Phasen jedes Mal zu verlängern. Nie versucht, sie abzuschneiden. [...] Auch die großen Schauspielerinnen, auch die polnischen, haben es einem leicht gemacht, die russischen sowieso ... [...] Ich hab zum Beispiel damals eine große Liebe gehabt mit einer Russin. Natalja Fatejewa, eine berühmte russische Schauspielerin. Die kennt jeder in Russland. [...] Sie war die bestrickendste und schönste Frau, die man sich denken kann, mit einem Charme ... Und klug ...« Das war kurz nachdem *Nackt unter Wölfen* in die Kinos gekommen war. Der Frank-Beyer-Film wurde für das Internationale Filmfestival in Moskau nominiert und erhielt den Sonderpreis in Silber für die Beste Regie. »Da bin ich nach Moskau geflogen. Und da wurden Natalja und ich ein Paar. Ich sehe sie noch, da kam sie mir über den Roten Platz entgegen. Ich ging da mit Yves Montand, Peter Ustinov. Sie waren natürlich *die* Berühmtheiten, und alle Leute gerieten außer sich, wenn sie Yves Montand, diesen großen Star, erblickten. Aber sie kam auf uns zugelaufen und rief mit Akzent: ›Armin! Armin!‹ Ach, das war schön. Aber die Russen haben das nicht zugelassen, dass wir zusammenkamen und heirateten. Die sowjetische Regierung verbot ihr, mit einem Deutschen zusammen zu sein. Sie wurde nicht einmal mehr in die DDR gelassen, weil es mich da gab. Dabei war ich in Russland sehr beliebt. Beliebter, als es mir zustand. Das habe ich gespürt. Ich stank nicht ab, wenn die großen westlichen Stars kamen und ich mich im Kreml verbeugte. Da erfuhr ich eine unglaublich warmherzige Aufnahme. Es liefen dort von mir mehrere große Filme hintereinander. Nach *Nackt unter Wölfen* waren das, glaube ich, *Flucht aus der Hölle* und *... und deine Liebe auch*. Aber dann wurde von ganz oben plötzlich Schluss gemacht mit unserer Beziehung.«

Dass er 1968 schon einmal verheiratet war, hat Mueller-Stahl eigentlich kaum jemandem verraten, ja er gesteht, er könne sich an diese Ehe eigentlich überhaupt nicht mehr erinnern. »Es geschah aus einer Laune heraus«, sagt er, knapp fünfundachtzigjährig. Die Frau hieß Monika Gabriel und war eine dreizehn Jahre jüngere Schauspielerin. Sie war gerade von Stefan Lisewski, einem gemeinsamen Kollegen, nach kurzer Ehe geschieden worden. Auch die Ehe mit Armin Mueller-Stahl währte nicht lange. »Ich glaube, es waren nicht mal zwei Monate. Sie war ein sehr kameradschaftlicher Typ. Irgendwie tat sie mir leid damals nach ihrer Ehe mit Lisewski, und da sagte ich, ›Lass uns heiraten‹. Ich weiß noch, ich rief im Standesamt an und kriegte sofort einen Termin. Dann rief ich sie an und sagte: ›Morgen um elf wird geheiratet.‹ Und dann machte sie gleich nach unserer Hochzeit einen Film und lernte den Schauspieler Wolfgang Kieling kennen. Der gefiel ihr, und ich sagte: ›Dann nimm doch den.‹ Und so kam es. Sie ließen sich so schnell scheiden, wie sie geheiratet hatten. Die Formalitäten erledigte der später im deutsch-deutschen Politikgeschäft sehr gefragte Anwalt Friedrich Karl Kaul. Monika Gabriels Ehe mit Kieling dauerte rund sechs Jahre. Dann heiratete sie 1992 noch einmal, den bereits 1993 verstorbenen Fernsehregisseur Wilfried Dotzel (*Großstadtrevier, Die Piefke-Saga*). Sie selbst starb 2007 an Krebs. »Unsere Ehe war sehr unaufgeregt. Aber wir waren bis kurz vor ihrem Tode immer mal wieder in Kontakt. Ich mochte sie in ihrer kumpelhaften Art.« In seinen Memoiren beichtet er selbstkritisch: »Ich verstand immer, wenn mich eine Frau verließ, zumal ich ja auch nie ganz treu war. Das änderte sich erst, als Gabi in mein Leben trat. Sie hatte mich sofort zu hundert Prozent.«[48]

Er lernt Gabriele Scholz 1968, kurz nach der Scheidung, in einem Studentenclub in der Linienstraße in Berlin-Mitte kennen. Die Medizinstudentin ist gerade zwanzig Jahre alt und stammt aus Vacha in Thüringen nahe der deutsch-deutschen Grenze. Sie ist die älteste Tochter eines Lehrers und einer Betriebsleiterin, hat noch eine elfjährige Schwester und einen acht Jahre alten Bruder. Ihre natürliche Fröhlichkeit und Herzlichkeit bezaubert ihn sofort. Gerade hat er nach langen Querelen mit dem bisherigen Mieter sein kleines, sehr einfaches, aber dafür in Bestlage am Wasser der Dahme gelegenes Häuschen im Berliner Stadtteil Köpenick-Wendenschloß beziehen können, das er fünf Jahre zuvor für den für DDR-Verhältnisse stattlichen Preis von 52 000 Ostmark einem Architekten abgekauft hatte. Gemeinsam richteten sie es sich her und tauften es ihr »Wendenschlößchen«. Aber dieses Mal lässt er sich mit dem Heiraten Zeit. 1973 geben sich die beiden schließlich das Jawort. »Ich wusste einfach, ich bin auf dem richtigen Gleis. […] In diesem Alter weiß man ja, was man braucht«, sagte er rückblickend mit sechzig Jahren. »Eine Frau, die nicht viel stärker war als ich und die sich nicht mit mir streiten wollte. Keine Machtfragen, Konkurrenzkämpfe, solche Dinge. Daraufhin habe ich sie mir genau angeguckt. Auch physisch natürlich: Ich wollte jemanden, der gepflegt ist, kein Trinker ist, genau die gleiche Schlafmenge braucht wie ich und so weiter.«[49] Alles scheint wohlüberlegt gewesen zu sein, als wollte er sagen: Nicht mehr all das, was ich schon hatte.

Wie sehr Gabi Scholz schließlich die Frau fürs Leben sein soll, zeigt sich daran, mit welchen Worten er um ihre Hand anhält. Nein, er stellt ihr nicht die übliche Standardfrage: »Willst du mich heiraten?« Seine Frage ist viel endgültiger: »Willst du meine Witwe werden?« Als ein Jahr später Sohn Christian zur Welt kommt, ist die Familie komplett. Homestorys in den DDR-Zeitungen und -Zeitschriften zeigen die Mueller-Stahls Mitte der siebziger Jahre als perfekte Familie. »Privat ging es mir gut. Ich war glücklich. Aber beruflich wurde es für mich immer unbefriedigender.«[50]

Eine glückliche Familie

Parteigenossen schneiden Filme wie Konsumbrot

Armin Mueller-Stahl hatte stets Respekt vor den alten Kommunisten, die unter vielen Entbehrungen den Nazihorror überlebt hatten und nun aufrechten Mutes in der DDR ein besseres Deutschland aufbauen wollten. Aber schon nach dem Volksaufstand am 17. Juni 1953, an dem auch er auf die Straße gegangen ist, gerieten diese alten, oftmals als ausgemergelte Kämpen erkennbar, in die Defensive. »Die dicken Genossen lösten nach und nach die Hageren ab, und oft waren unter diesen Dicken alte Nazis, die langsam aus der Deckung kamen.« Die Führer des »neuen Deutschland« in Ostberlin erwarten von ihren Künstlern, dass sie das Volk im Sinne und Geiste des »real existierenden Sozialismus« unterhalten und linientreu bei Laune halten, sich mithin als Transmissionsriemen für die Politik der Staats- und Parteiführung verstehen. Das geht einigermaßen gut, so lange sich die Künstler mit klassischen historischen Stoffen befassen. Bereits 1958, auf der zweiten Filmkonferenz der Sozialistischen Einheitspartei Deutschlands (SED), wurde den Künstlern und Regisseuren in der DDR ein enges Korsett verpasst. Es wurden der »Abschied vom bürgerlichen Kino« verlangt und Filme eingefordert, die auf der Linie des sozialistischen Realismus lagen und so zur »Erziehung der arbeitenden Massen im Geiste des Sozialismus« beitrugen. Dass es aber in der Natur von Künstlern und Intellektuellen liegt, auch ihre politische und kulturelle Gegenwart kritisch zu beleuchten, sie infrage zu stellen, das wollen jene, welche die Macht in ihren Händen halten, nicht begreifen. Sie nehmen es nicht ernst, als Mueller-Stahl und in ähnlicher Weise viele andere »Kulturschaffende« Anfang der sechziger Jahre deutlich machen, dass »das Entscheidende bei der Gestaltung unserer Gegenwart eine absolute Aufrichtigkeit im Aufzeigen der Widersprüche sein muss«.[51]

Das wachsame Auge der Partei guckt besonders beim Film zunehmend genauer hin. Im Dezember 1965 schlägt das 11. Plenum des Zentralkomitees der SED, angeführt von Erich Honecker, mit der roten Faust auf den Tisch. Mehr als ein Dutzend Filme werden verboten, »Filmschaffende« reihenweise aus ihren Ämtern und Funktionen entlassen. Frank Beyer wird ans Theater Dresden strafversetzt. Die Zensur hat zunehmend gnadenloser das letzte Wort, bei den Künstlern übernimmt die Schere im Kopf immer mehr die Funktionen selbstständigen Denkens. Und wo der Geist sich noch zu sehr sträubt, schneidet der Aufseher der Partei. Genosse Nahke zum Beispiel, der 1966 als Dramaturg Uli Theins Film *Columbus 64* verstümmelt, weil dieser angeblich zu viel Kritik am »real existierenden Sozialismus« enthält. Mueller-Stahl spielt in *Columbus 64* Georg Brecher, eine verkrachte Schriftstellerexistenz, die durch Reportagen über die Welt der Werktätigen und insbesondere über den Lebensweg des vom Hauer zum Arbeitsdirektor der Zeche Wismut aufgestiegenen Sepp Wenig – der sich im Film selbst darstellt – den Weg zur »sozialistischen Läuterung« findet.

»Der gereifte Brecher«, schreibt Michel über die Botschaft des Films, »ist dann nur noch ein glücklicher Kleinbürger.«[52]

»Ich schämte mich«, schreibt Armin Mueller-Stahl in seinen Erinnerungen. Nie werde er die Bilder vergessen, wie »der ewig qualmende und sich mit dem Daumen über die Lippen fahrende Dramaturg Nahke« neben Thein stand »und aufpasste«. Und: »Er schnitt um. Ohne Uli. So schneidet man keinen Film, so schneidet man Konsumbrot, Genosse Nahke! Damals schwor ich mir, nie einen Film als Autor oder Regisseur in der DDR zu machen.«[53] Zu den Szenen, die der Genosse Nahke verwarf, gehörten Szenen mit Wolf Biermann, der sein berühmt gewordenes »Warte nicht auf bess're Zeiten, wartet nicht mit Eurem Mut« sang. Aber, so erzählt Mueller-Stahl später in seinen Memoiren, »was wir alle nicht wussten«: Uli Thein hatte alles herausgeschnittene Filmmaterial beiseitegeschafft. Erst nach Theins Krebstod im Jahre 1995 entstand eine unzensierte Fassung des Films.

Vom DDR-Sheriff zum DDR-James-Bond

Vom unterdrückten Ärger über versteckte Kritik bis zum Bruch Mueller-Stahls mit den Kulturverantwortlichen dauert es jedoch noch eine Weile. Auch wird die kulturpolitische Schraube immer wieder gelockert, bevor man sie erneut anzieht. Mueller-Stahl bleibt weiter obenauf und beliebt, weil er in populären Streifen wie *Tödlicher Irrtum*, einem Indianerfilm mit Gojko Mitić, auftaucht. Mitić gelangte später, nach der Wiedervereinigung, bei den Indianerfestspielen in Bad Segeberg als Winnetou, Häuptling der Apachen, zu neuem Wildwestruhm. »Wir nannten den Film ›Tödlicher Irrsinn‹, ein Indianerspiel, in dem ich den Sheriff spiele, der schießt und trifft und haut und gewinnt, und dieser Film hatte in der kleinen DDR zehn Millionen Besucher, so viele wie der erste westdeutsche Otto-Film. Das war ein Riesenerfolg. Ich erinnere mich, dass wir uns in Rostock auf der Bühne verbeug-

Tödlicher Irrtum mit Gojko Mitić (1969)

ten, wo zwanzigtausend Zuschauer ins Stadion gekommen waren. Es wurde fotografiert, die Besucher kamen auf uns zu und Gojko Mitić sagte plötzlich zu mir: ›Weg, weg, weg, das wird gefährlich, die treten einen tot …‹. Wir sind dann geflohen.«

Die Filmstoffe werden zunehmend flacher. Äußerlich scheint noch alles in Ordnung, als Mueller-Stahl 1972 mit den Dreharbeiten zu dem ursprünglich auf drei Teile angelegten Fernsehspionagethriller *Das unsichtbare Visier* beginnt. Er spielt die Hauptrolle. Er ist der Held. Er ist der James Bond der DDR. Sein Deckname: Detjen, Achim Detjen. Partei und Stasi sind begeistert, die Zuschauer auch, und er heimst viel Lob dafür ein, wie er als »Kundschafter an der unsichtbaren Front« undercover in der Bundesrepublik lebend den Bundesnachrichtendienst und die CIA an der Nase herumführt. Es wird entschieden, die Serie auszuweiten, und Mueller-Stahl immer neue Abenteuer bestehen zu lassen. Bei der Verleihung des Theodor-Körner-Preises, dem Stasiverdienstorden, an das »Detjen-Kollektiv«, will ihm der Chef des DDR-

Staatssicherheitsdienstes, Erich Mielke, einen Bruderkuss auf den Mund drücken. Im letzten Moment schreckt Mueller-Stahl ihn ab, indem er warnt: »Vorsicht, mein Bart fusselt.« Das findet der andere gar nicht witzig. Mielke blickt ihn an: »Streng plötzlich. Aus Achim Detjen wurde Armin Mueller-Stahl. [...] Keine Auflösung, kein Lachen, nur Blicke. Ein gedemütigter Liebhaber.«[54] Mueller-Stahl ist unten durch.

Als Chansonnier und Clown auf ideologischen Abwegen

Schon vorher hatte Mueller-Stahl begonnen, Lieder und Texte zu schreiben. »Absurde Texte, in denen ich etwas verstecken konnte, irgendeine Botschaft verstecken, hoffend, dass das Publikum sie zwischen den Zeilen hören konnte. Aber die Leute hörten es nicht, die Funktionäre schon. Die waren auf der Suche nach versteckten Botschaften. Sie haben sich dann meine Texte, die ich vortrug, sehr genau vorgenommen: Das darf nicht, das darf nicht, sagten sie. Vor allem, als ich eine Schallplatte machen wollte, die dann nie gemacht wurde in der DDR: ›Das ist nicht gut, das ist pazifistisch, das ist zu ...‹. Immer gab es Unzufriedenheiten mit meinen Texten. Ich bin immer irgendwie an die Wand gelaufen. Und dann hab ich ein Chanson singen wollen, das hieß *Regen*: ›Ein Liebesbrief verschwindet in den Wolken, und ich stehe da im Regen als ein armer nasser Mann ...‹. Das sollte ich nicht bringen, denn die Verbindung Regen und Sozialismus wäre nicht schön ...« Dabei hatten die Bühnenbildner es so eingerichtet, dass bei diesem Liedtext im Studio ein Regen niedergehen sollte. Aber, so Mueller-Stahl, ein »intelligenter Mann« sei gekommen und sagte kategorisch: »Im Sozialismus regnet es nicht.« Das war's. »Das Einzige was noch funktionierte war die Gedankenpolizei.«[55]

Ungefähr zweihundert Lieder und Chansons schreibt Mueller-Stahl über die Jahre. Doch die vielleicht schönsten und geistreichsten bleiben dem großen DDR-Publikum vorenthalten. Wie zum Beispiel die drei satirischen Lieder über die Stasi, den einstigen SED-Chef Walter Ulbricht und die sich selbst verzehrende DDR. Das erste geht so: »Marie hat eine Nase / Die war sehr dick und groß / Die Neugier macht die Nase / So dick und groß wie'n Kloß.//Marie hätt' ohne Nase / Bekommen einen Mann / Nur stieß der, der mal wollte / Sich an der Nase an.//Doch eines Tages kam er / Mit dickem großem Ohr / Das hatte er vom Lauschen / Stellt sich als Bräut'gam vor. / Sie hatten einen Sohn / Mit dickem, großem Mund / Die dreie waren glücklich / Sie hatten ihren Grund.« Diese letzte Strophe ging dem Zensor natürlich zu weit: »Natürlich warn sie Stasi / Mit Nase, Ohr und Mund / Sie kriegten hohe Orden / Und schnüffelten sich wund.«

Das kurze Gedicht für Walter Ulbricht fällt gleich ganz dem Rotstift zum Opfer: »War ein Baum ganz voller Äpfel / War beinah ein Apfelbaum / Nur ganz oben in der Spitze / Wächst ganz einsam eine Pflaum'.« In dem Lied *Die blaue Kuh* nimmt Mueller-Stahl sogar auf geradezu prophetische Weise das Schicksal der DDR vorweg, vor allem in der letzten, der fünften Strophe: »Es war mal eine blaue Kuh / Die hat sich ausgetrunken / Da war sie weg / Da war sie aus / So groß nur noch wie eine Laus / Danach nur noch ein blauer Fleck / Der lachte noch / Dann war er weg.«

Das Publikum bekommt von den Streichaktionen wenig mit. Offiziell feiern die DDR-Medien ihren Armin Mueller-Stahl auch als Chansonnier, obwohl er den Kulturbürokraten zunehmend auf die Nerven zu gehen beginnt. Er tritt überall im Lande auf, auch in Studenten- und Jugendclubs – allerdings nur unter bestimmten Bedingungen: Zum einen sollte sein Repertoire auch Lieder von Bertolt Brecht wie den »Haifisch« und die »Moritat von Meckie Messer« umfassen, zum anderen durfte er nur mit Aufpassern reisen. Zusammen mit Günther Fischers Quartett oder mit dem Gitarristen Werner Pauli unternimmt er zwischen 1967 und 1970 sogar Tourneereisen nach Algier, Kairo, Wien, Warschau, Kopenhagen, Oslo und Helsinki. Bei einem Auftritt zum 1. Mai in Helsinki kommen hunderttausend Besucher. Auch gibt er Abende in Westberlin. *Die Welt* schreibt über eine solche Veranstaltung in der Westberliner Majakowski-Galerie am 17. Juni 1970 mit Künstlern, »die man in Westberlin kaum je zu hören und zu sehen bekommt«: »Mueller-Stahl, der sich mit einer Villon-Ballade einführte, brachte sowohl den Sarkasmus als auch die lyrische Empfindsamkeit für die Verse des Vagantendichters mit, und durchtriebenen Charme hat er ohnehin jede Menge. Indem er manche Pointen Heines, Jens Gerlachs und eigene Texte mit Hilfe einer ungewöhnlich modulationsfähigen Stimme und Mimik noch einmal pointierte, gelang es ihm mühelos, sich aller Sympathien des Publikums zu versichern.«[56] Immer wieder kehrt er in die DDR zurück, obwohl es für ihn genügend Gelegenheiten gegeben hätte, die Aufpasser auszutricksen. »Ich wollte mich nicht wegschleichen aus diesem Land, nicht von meinen Freunden und nicht von meinem Publikum. Es schien mir unpassend, einfach so wegzugehen. [...] Ich sehe meine Widersprüche. Meine Aversionen gegen künstlerische und politische Zwänge einerseits und andererseits den Umstand, dass ich die professionelle Anerkenung genoss, Erfolg hatte und Preise vom Staat annahm. [...] Ich kann aus heutiger Sicht sagen, ich war noch nicht fertig mit der DDR.«[57]

1976 macht Mueller-Stahl schließlich eine eigene Fernsehshow: *Ich kauf' Dir eine Blume.* »Furchtbar, was die künstlerische Qualität angeht«, urteilt er heute. »Ich durfte das nicht, durfte jenes nicht. Alles wurde zusammengeschnitten.« Da kam er auf die Idee zu einer »Nacht der Prominenten«: »Ich habe mir einen Clown ausgedacht, der nicht die Sprache benutzt, sondern die Gestik und dazu Geige spielt.« Noch heute lacht er, wenn er sich an einen der Streiche erinnert, die er den Zensoren damals spielte: »Ich habe einmal Beethoven gespielt. Die Fünfte: ›dadada-da ...‹ Aber dann wurde *Hänschen klein* draus. Immer wieder. Wie ich es auch machte. Auch wenn ich etwas anderes Bekanntes spielte. Immer wurde *Hänschen klein* draus. *Yesterday* von den Beatles – *Hänschen klein.* Nun, was ist das wohl für eine Botschaft? Aber das durfte ich bringen. Dem Clown hat man alles abgenommen.« Wie eine Gegenparodie, in Wahrheit jedoch von Ernst getragen, liest sich die Rezension im Hausorgan der Partei *Neues Deutschland* zu Mueller-Stahls *Ich kauf' Dir eine Blume*, in der treuherzig angemerkt wird: »Mueller-Stahl trifft den rechten, den guten Ton gepflegter Fernsehunterhaltung.«[58] Die *Neue Berliner Illustrierte* brachte ihn gar als Clown mit roter Knubbelnase, die Mini-Geige spielend, aufs Titelblatt und fragte – in Anspielung auf den berühmten Schweizer Clown – mit großer Schlagzeile: »Ein neuer Grock?«[59]

Der auf Rügen geborene Autor und Dramaturg Holger Teschke erinnerte sich noch gut an diesen Auftritt 1974 in der »Nacht der Prominenten«: »Die schönste Nummer war die Verwandlung von Beethovens *Fünfter* und einiger anderer höchst pathetischer Klassiker in das *Hänschen-Klein*-Motiv. Was er auch intonierte, ihm geriet in komischer Verzweiflung der ganze staatstragende Musik-Kanon zum Lied vom Hänschen, das vor lauter Schreck vor der großen weiten Welt schnell wieder zu Mama zurückläuft. Dass er sich solche Frechheit vor laufenden Kameras und lauernden Zensoren herausnahm, das machte in der größten DDR aller Zeiten seinem Publikum Mut. Jedenfalls all jenen, die den musikalischen Spaß verstanden – und das waren nicht wenige.«[60]

Der verordnete »Tod« eines Publikumslieblings

Eine Weile geht es noch einigermaßen gut weiter im »Ton gepflegter Fernsehunterhaltung«, dann aber war, nach Teschkes Worten, »Schluss mit lustig«. Im Jahr darauf, 1975, nach Folge sieben, weigert sich Armin Mueller-Stahl plötzlich, weiterhin den »Kundschafter Detjen« zu spielen: »Die Drehbücher wurden immer schlechter. Man merkte zunehmend, dass die Stasi mitschrieb«, sagt er. Das ist der Anfang vom Ende des Schauspielers und Publikumslieblings Armin Mueller-Stahl in der DDR. Die politische Führung, die Stasi fühlen sich brüskiert. »Dass jemand ihnen, die immer so gern 007 gewesen wären, öffentlich sagte, sie seien nur 08/15, das vergaben die Weltmänner aus Wandlitz [dem Villenvorort der DDR-Polit-Prominenz bei Berlin, d. A.] keinem«, so Teschke. Die Absage wird auch als politische Kündigung gewertet.

Am 16. November 1976 wird nach einem Konzert in Köln der Liedermacher Wolf Biermann ausgebürgert. In der Künstler- und Intellektuellenszene breitet sich lähmendes Entsetzen aus. Sogleich formulieren die Schriftsteller Stefan Heym und Stephan Hermlin ein Protestpapier und fordern die DDR-Führung auf, die Ausbürgerung rückgängig zu machen. Zahlreiche Künstler unterzeichnen den Aufruf, auch Armin Mueller-Stahl gehört dazu, wenngleich er Biermann kaum persönlich kennt. »Die Petition habe ich 76 unterschrieben, um der DDR-Führung zu sagen, dass sie sich gefälligst nicht unsere Köpfe zu zerbrechen habe, die Zeit war überreif, ihr das mitzuteilen, für mich jedenfalls.«[61] Politischer Druck auf ihn und andere Unterzeichner, die Unterschrift zurückzuziehen, setzt ein. Einige tun es. Mueller-Stahl nicht. Nun versiegen die Aufträge, bricht sich lange aufgestauter Neid bei Kollegen Bahn. Plötzlich bleibt das Telefon stumm. Mobbing bei der Volksbühne veranlasst ihn, nach fünfundzwanzig Jahren dort sein Engagement zu kündigen. Als Wortführer empfindet Mueller-Stahl den seit 1962 amtierenden eigenen Intendanten Benno Besson. Der vielgerühmte, ursprünglich aus der Schweiz stammende Theatermann war 1949 von Bertolt Brecht zum Berliner Ensemble geholt worden. Nach einem Streit mit Helene Weigel verließ er das Theater am Schiffbauerdamm und wurde 1962 Chef der Volksbühne. Er sei einmal ein guter Regisseur gewesen, meint Mueller-Stahl rückblickend, aber »als Mensch war er inakzeptabel«.[62] Er habe es binnen kurzem geschafft, aus dem stolzen Volksbühnenensemble »eine Ansammlung von unglaublichen Duckmäusern zu formen«.[63] Es sei 1977 gewesen, da habe er ihn in sein Büro einbestellt, angeblich um ein Gedicht, welches Mueller-Stahl in einer Matinee lesen sollte, mit ihm zu »erarbeiten«. Mueller-Stahl wunderte sich, ließ sich aber zunächst darauf ein. Besson korrigierte immer wieder, ließ ihn von vorn beginnen. Schließlich war Mueller-Stahl klar, dass es um etwas anderes ging. »Der versuchte offenbar, mich zu demütigen.« Mit einem »Benno, du kannst mich mal am Arsch lecken« beendete Mueller-Stahl daraufhin nach einem Vierteljahrhundert seine Tätigkeit an der Berliner Volksbühne.[64] »Ich war beruflich von einem Tag auf den anderen kaltgestellt. Als Schauspieler stirbt man ja einen ganz geräuschlosen Tod, und in diesem Sinne war ich nach 1976 gestorben.«[65]

Er dreht jedoch noch den Kinofilm *Die Flucht* (1976/77) sowie den Fernsehfilm *Geschlossene Gesellschaft* (1978). Beide Filme gehören am Ende sogar in die Reihe seiner besten. »*Die Flucht* – damit begann unsere schwierigste Zeit in der DDR. Die Zeit meiner Unbeliebtheit war da. Das Filmplakat hat man ummontiert. In der Vorstellung der Machthaber sollte der umgedrehte Kopf den Mann darstellen, der rückwärts blickt, nicht mehr in die Zukunft. Ich spiele in dem Film einen Arzt, der in den Westen will und zum Schluss an der Transitautobahn erschlagen wird. Als wir schon im Westen waren, stand plötzlich jemand von der Staatssicherheit an unserem Auto und sagte: ›Herr Mueller-Stahl, passen Sie auf, dass es Ihnen nicht so geht wie in *Die Flucht*.‹ Das war eine Morddrohung.«

Und Mueller-Stahl schreibt einen Roman, der eine autobiographische Abrechnung mit den Auswüchsen des DDR-Funktionärsapparates ist. Der Titel bezieht sich auf das ihm von der Partei oktroyierte Schicksal: *Verordneter Sonntag*. Denn jeder Tag ist bei ihm wie ein Sonntag, er hat fast nichts zu tun. Er, der in achtundzwanzig Berufsjahren als Schauspieler in der DDR in fast vierzig Filmen mitgewirkt, genauso viele Theaterrollen gespielt und ebenso viele Chansonkonzerte gegeben hat, bekommt jetzt während zweier Jahre gerade mal für vierzig Tage Arbeit. Deshalb habe er »geschrieben als Therapie«. »Das Schreiben«, sagt er später, »gelang mir in jener Zeit besser als das Leben.«

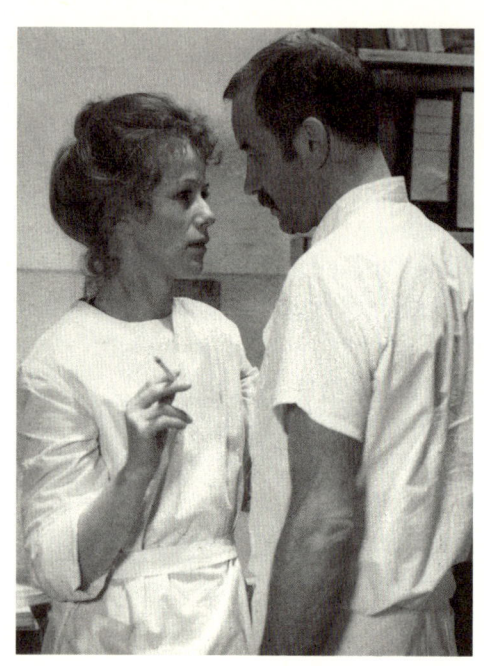

Mit Karin Gregorek in
Die Flucht (1976/77)

Auch wenn er heute selbstkritisch anmerkt, das 1981 bei Severin und Siedler in Westberlin verlegte Buch sei »zu kompliziert
geschrieben«, ist es ein umfangreiches Zeugnis seiner schriftstel-
lerischen Qualitäten und seiner genauen Beobachtungsgabe. Obwohl später zu Unrecht fast in Vergessenheit geraten, beschreibt
Verordneter Sonntag beeindruckend authentisch Leben und Alltag
in der DDR. Und vor allem spiegelt die Erzählung auf deprimierende Weise den zähen Kleinkrieg der »Kulturschaffenden« mit
einem verspießerten Parteiapparat, der von einer panischen Angst
getrieben ist, aber nicht etwa vor einer »Kulturrevolution« – da ist
die Stasi vor –, sondern davor, von einer kulturellen Subversion
untergepflügt zu werden, ohne es zu merken. Das Lesen lohnt sich
auch deshalb, weil Mueller-Stahl durch seinen Status als DDR-
Prominenter wie nur wenige die Chance hatte, Innenleben und
Funktionieren des Apparates zu beobachten. *Verordneter Sonntag*
ist gewissermaßen eine authentisch erfundene Handlung. »In der

Literatur der aus dem Osten Deutschlands Gekommenen nimmt dieses Buch eine Sonderstellung ein«, heißt es im Klappentext. »In den Gang der Handlung, die von Erlebnissen in beiden Teilen Deutschlands erzählt, sind Tagebücher eines in den Westen gegangenen Freundes eingeschoben, die den inneren Ablösungsprozess eines prominenten Künstlers von seinem Staat festhalten. So bricht die Wirklichkeit in eine Erzählung ein, deren autobiographischer Charakter nur leicht verschlüsselt ist. [...] Protokollartig sind Gespräche mit den Funktionären aus den Ministerien und dem Zentralkomitee aufgenommen. Es sind Collagen aus der Wirklichkeit.« Es sei die »Verabschiedung von einem Lande, das ja weitaus mehr bietet als den graubürgerlichen Mief, den es für den Durchreisenden darstellt«, sagt Mueller-Stahl kurz nach dem Erscheinen des Textes, als es die DDR noch gibt.

Ausgehend vom Schicksal dreier Hauptpersonen – Rohdorf, Arnheim, Nießwandt –, die alle drei Züge eines Alter Ego Mueller-Stahls tragen, ist der Roman, wie er selbst sagt, »eine Variation des Themas Abschied: Der eine verabschiedet sich von seiner Familie, der andere von seinem Land, der letzte von seinem Leben.«[66] Alle drei Hauptfiguren wollen, nein, müssen irgendwie weg, irgendwohin, weil es dort, wo sie waren, nicht mehr auszuhalten war. Und in jeder Figur kämpfen Stärken und Zweifel miteinander. Und dieser Kampf wird auch zwischen den dreien ausgetragen. Arno Arnheim, das ist der Teil Mueller-Stahls, der in den Westen gegangen ist, schreibt in seinem Tagebuch über den anderen Teil in ihm, der geblieben ist: »Rohdorf ist ein Tiefstapler, er hält sich für feige, unentschlossen, phantasielos und ist es gar nicht. Er ist intelligent, aufsässig, starrköpfig, in der Starrköpfigkeit anstrengend, sensibel, meist zu sensibel. Niemand kennt ihn besser als ich, und niemand kennt mich besser als er. Er ist eine etwas veränderte Ausgabe von mir.«[67] Und in einem späteren Tagebucheintrag lässt er Rohdorf den Gebliebenen erklären, warum er nicht gegangen ist: »Ich habe zu viel investiert an Kämpfen, auch gegen meine eigene Feigheit, obwohl, und das ist schmerzlich, ich fühle, dass diese Kämpfe

Stück für Stück von meinem Leben etwas abschneiden, es verkürzen. Und noch ein paar Gründe, warum ich nie weggehen werde: Es sind die dreißig Jahre, die ich hier verbracht habe, meine Arbeit, die, wenn auch häufig trostlos, doch meine Arbeit ist, und die mit meinem Leben hier zusammenhängt, meine Niederlagen, manchmal ein Sieg, ganz zuletzt meine Bequemlichkeit oder Furcht, und ganz zuerst meine Freunde; … aber mir ist natürlich klar, dass meine Lust auf unser Land immer weniger wird, je mehr Freunde es verlassen.«[68]

In die Zeit des einsamen Schreibens und Ringens mit sich fällt ein besonders schwerer Abschied: 1978, mit fünfundsiebzig Jahren, stirbt Armin Mueller-Stahls Mutter in Traunstein in Oberbayern. Sie litt am Ende zunehmend unter Demenz und lebte seit einigen Jahren bei ihrer Schwester in der Bundesrepublik. Mueller-Stahl, der Mittlere von den fünf Kindern, hatte immer eine enge Bindung zu seiner Mutter. Auch als er schon ein bekannter Schauspieler war, habe er sich »viele Kraftmomente« bei ihr geholt. »Vor großen Auftritten, vor großen Reisen rief ich sie an, und auf die Frage nach ihrem Befinden antwortete Mutter immer: ›Ich kann danken.‹ Sie war eine gute Ratgeberin.«[69] Ohne Vater aufgewachsen zu sein, das empfand er später als »große Leere«. Es fehlte etwas. Dessen Lustigkeit. »Der war viel lustiger als ich. Der konnte Sketche spielen, viel besser als ich.« Jahrelang war da immer noch »so ein Lauern auf ihn, der Gedanke, vielleicht ist er da noch irgendwo, war da. Die Hoffnung, die spielte noch lange eine Rolle.«

Über der Arbeit am *Verordneten Sonntag* lässt Mueller-Stahl eine erste Ausreisegelegenheit verstreichen. »Die dachten, ich bin nur feige und sitze da im Grab. Dabei habe ich geschrieben. Nicht sehr glücklich, aber ich habe geschrieben.« Er will noch etwas zu Ende bringen und auch seine Frau nicht so überstürzt aus ihrer Arbeit als Ärztin ins Ungewisse reißen.

Zum Sendeschluss Eheszenen aus der DDR

Einen Film, den Klaus Poche und er sich ausgedacht haben, möchte Mueller-Stahl noch unbedingt machen und der DDR hinterlassen – *Geschlossene Gesellschaft* mit Frank Beyer als Regisseur. Poches Drehbuch erinnert an Ingmar Bergmans *Szenen einer Ehe* – unter DDR-Bedingungen. Mit der Geschichte über ein Ehepaar, das im Urlaub auf einmal all die Probleme unter dem Teppich hervorkehrt, die zwanzig Jahre verschwiegen wurden, soll die Sprachlosigkeit in der DDR durchbrochen werden. Die Hauptrollen spielen Mueller-Stahl, Jutta Hoffmann sowie Sigfrit Steiner. »Unter den Gegenwartsfilmen der DDR habe ich noch keinen gesehen, der so ehrlich war, so unbedingt auf Wahrheit orientiert, so weit in die Grenzbereiche des Menschlichen vorstoßend. Man nahm teil an der Tragödie zweier Menschen, die entdecken mussten, dass sie bis jetzt in der Lüge gelebt hatten und dass es ihnen nicht gelungen war, erwachsen zu werden. Bitter war dieser Film und trauervoll; was da so nebenbei über die Gesellschaft gesagt wurde, war ohne jede Hoffnung«, schreibt ein überrascht-konsternierter Kritiker im Westberliner *Tagesspiegel*.[70]

Dass der Film überhaupt gemacht werden kann, ist nahezu ein Wunder. Und dass er dann nach einem erbitterten Ringen hinter den Staats- und Kulturkulissen überhaupt ausgestrahlt werden darf, auch. Zwar wird er im Programm kaum sichtbar angekündigt und der Ausstrahlungszeitpunkt an jenem 29. November 1978 noch einmal nach hinten auf 22:26 Uhr geschoben, damit man sicher sein kann, dass die meisten Werktätigen schon schlafen. Aber der Film wird gesendet, auch wenn das Komitee beim Fernsehen der DDR im Dezember 1978 diese einzigartige Darstellung der anderen, der wirklichen Seite des »real existierenden Sozialismus« scharf verurteilt: »Das ist ein Film, der von revisionistischen und damit feindlichen Positionen her den realen Sozialismus verleumdet. Er ist ein Angriff auf die Grundwerte unserer Gesellschaft [...]. In dieser Geschichte voller Aggressionen und Brutalitäten soll der Eindruck erweckt werden, dass bei uns angeblich der Glücksanspruch der Menschen nicht verwirklicht wird.«[71]

Holger Teschke erinnert sich noch gut an die Atmosphäre vor der Ausstrahlung. Die Gerüchteküche in den Theaterkantinen Berlins kochte über. »Einige Kollegen schlossen hohe Wetten ab, dass dieser Film nie über den Bildschirm gehen würde, in letzter Minute durch eine tschechoslowakische Komödie ersetzt werden sollte, alle Beteiligten bereits ihre Ausreisepapiere hätten. Der Film wurde dann doch gezeigt, wenn auch erst kurz vor Sendeschluss, was ja auch nicht einer gewissen Symbolik entbehrte. Wir saßen ungläubig vor den Fernsehapparaten und sahen diesen bitteren Szenen einer Ehe aus der DDR zu, sahen, wie aus diesem Paar all der angestaute Hass, die gegenseitigen Kränkungen, Verletzungen hervorbrachen – auch ein Synonym für das ersehnte Ende des ewigen Schweigens und Sichduckens in der DDR. ›Dass sie den nicht mehr verbieten konnten, das ist der Anfang vom Ende‹, sagte ein Freund, als der Abspann lief. Der Streit darüber sollte bis zum Morgen dauern. Wann streitet man heute noch über einen Film, bis die Sonne aufgeht?«[72]

Für Mueller-Stahl ging, wie Teschke beobachtete, »mit diesem Film die Sonne in der DDR endgültig unter. Pessimismus, Fatalismus, Revisionismus, das waren noch die harmlosesten Ismen, die die Parteikritik auf ihrer Gebetsmühle abdrehte. Im Politbüro wurde von einem gezielten Angriff auf die Grundwerte des Sozialismus gesprochen. Das hätte früher bedeutet: ein Fall für den Staatsanwalt. Aber die Genossen fürchteten eine zweite Biermann-Affäre, und so blieb man bei ökonomischen Strafen und beim unausgesprochenen Berufsverbot. Somit wurde das Schreiben zur wichtigsten Balancierstange des Schauspielers über dem Abgrund der Ausweglosigkeit.«[73]

»Sehr geehrter Herr Genosse Honecker …«

Die letzten drei Jahre in der DDR sind für Armin Mueller-Stahl die schlimmsten seines Lebens. »Mir fuhr jeden Morgen um fünf Uhr eine Walze über den Körper. Merkwürdig, wie dich doch so eine Situation packen kann. Zum Schluss fühlte ich mich ein bisschen wie ein Turner, der am Hochreck hängt und gerne einen Aufschwung machen möchte, aber nicht hochkommt. Ich war merkwürdig tot, ich hing da wie ein nasser Sack, so bewegungslos. In *Geschlossene Gesellschaft* sehe ich gar nicht gut aus. Ich konnte nicht schlafen und habe mir hin und wieder eine Schlaftablette genommen – ein ziemlich schweres Kaliber. Mit dem Resultat, dass ich nur ganz schwer sprechen konnte. So haben wir gedreht. Frank Beyer war darüber auch sehr beunruhigt.«

Während der Eiszeit zwischen 1976 und 1979 überwintert er im Kreise der letzten verbliebenen Freunde: Klaus Poche und Stefan Heym, Frank Beyer, der Kollege Uli Thein, der Karikaturist Willy Moese und seine Frau Maria, die Fernsehansagerin. »Mit Stefan Heym waren wir befreundet. Immer, wenn er etwas veröffentlichen wollte, kam er zu uns und umgekehrt. Damit war es dann für die Stasi öffentlich. Wenn die Stasiautos vor seiner Türe ihn ärgerten, verkündete er das bei uns, dann wurden sie abgezogen. So lief das. Stefan Heym war ein Gaukler.« Aber es gab auch »Kollegen, die auf die andere Straßenseite gingen, wenn sie mich sahen«. Manche seiner Freunde drängen ihn, trotz allem zu bleiben, seinen Namen, sein Haus und seinen Erfolg nicht einfach aufzugeben. Doch Mueller-Stahl will einen Schlussstrich ziehen, denn: »Wenn jemand eine Drohgebärde macht ohne Wirkung und sich womöglich wieder entschuldigt, der hat keinen Charakter.« Nein, er habe das Buch beendet, »einen Punkt hinter das Buch gesetzt und einen Brief an Honecker geschrieben: Jetzt wird's Zeit.« Er entscheidet sich fürs künstlerische Weiterleben nach dem Tode. Die Wurzeln waren längst gekappt. »Und ich hatte meinen amerikanischen Traum. Was wäre gewesen, wenn ich den in den Wind

Die letzten verbliebenen Freunde: Inge Heym, Helga Poche,
Klaus Poche, Stefan Heym und Frau Grimm (Bertelsmann-Verlag)

geschlagen hätte? Ich hätte mich gleich freiwillig auf den Friedhof
begeben können, weil Teile von mir gestorben wären, so sehr hätte
ich mich geschämt vor mir selbst.«

Also schreibt er sogar zwei Briefe. Der erste vom 13. März 1979
ist noch etwas aufmüpfig, trotzig: »Sehr geehrter Herr Genosse
Honecker, ein sehr kurzfristiges Angebot, in einem Film der BRD
eine Hauptrolle zu spielen, eine Rolle, nach der sich ein Schauspieler alle zehn Finger leckt, liegt vor, ein annehmbarer Film in
jeder Hinsicht. Diese Arbeit wurde mir abgelehnt, warum, weswe-
gen, ich weiß es nicht. Ich verzichte darauf, alle meine Querelen,
die ich in unzähligen Gesprächen und auch schriftlich dargelegt
habe, zu wiederholen, nur so viel, es wurde mir Vertrauen zugesichert, zugesichert auch, dass Partei und Regierung auf mein
Hierbleiben Wert legen, versprochen, im kapitalistischen Ausland
arbeiten zu können, überhaupt […] heute nun muss ich feststellen,
dass jene Versprechungen nicht gelten, nie gegolten haben […]

Wort gegen Verbot. Das ist deprimierend und unverständlich [...].
Ich bitte Sie um eine kurzfristige Genehmigung [...] Ich bedanke
mich und grüße Sie, Armin Mueller-Stahl.«[74] Und wie reagierte
Honecker? Er schreibt an den Rand: »Kommt nicht infrage.«

Der zweite Brief, ein Vierteljahr später verfasst, ist fast dreimal
so lang wie der erste und von mühsam gebremstem Zorn getragen.
Arnheim und Rohdorf haben Armin Mueller-Stahl dieses Mal die
Hand geführt. Da schreibt einer, der weiß, dass es kein Zurück
gibt, der aber auch nicht weiß, ob es ein Vorwärts gibt: »Sehr ver-
ehrter Herr Genosse Honecker, ich denke, dass es vorkommen
darf, dass ein in seinem Land populärer Schauspieler in einer für
ihn ausweglosen Situation sich an das Staatsoberhaupt wendet
[...] weil es mir wichtig schien zu klären, ob eine früher gegebene
Zusage Bestand hat, tat ich es, weil ich hoffte, dass irgendwie und
irgendwo ein Gespräch zustande käme, das Aufschluss darüber
gibt, ob noch eine Spur von gegenseitigem Vertrauen vorhanden ist. Es kam kein Gespräch zustande, lediglich ein mitgeteiltes
Verbot ... vom Fernsehen der DDR. [...] so schien es, wie wenig
Wert auf mich gelegt wurde. Arbeitsstreichungen, Drohungen,
Gerüchte, Briefe, die nicht beantwortet wurden, kurz: Ich wurde
behandelt wie jemand, den man nicht haben will. [...] Die Miss-
verständnisse haben sich vervielfältigt, die klärenden Gespräche
dagegen auf Null reduziert. [...] Auf die Zeit wollte ich vertrauen,
die normalisierte, besonders aber auf den Film *Geschlossene Gesellschaft*, der helfen sollte, den entstandenen Misstrauensberg, der
zwischen meinen Kollegen und mir nach dem Ausreiseantrag entstanden war, abzutragen. Die Vorgänge um diesen Film, von Verantwortlichen zunächst gelobt, später von Verantwortlichen als
feindlich abqualifiziert, haben mich sehr betroffen gemacht. Dadurch, dass eine öffentliche Auseinandersetzung um diesen Film
nicht geduldet wurde, dadurch, dass diese Tatsache eine hinter der
Hand geführte erst möglich machen konnte, ist das deprimierende Spiel des Misstrauens wieder voll im Gang. Mehr denn je.
[...] Es scheint nicht nur so, dass dieselben Leute, die mir damals

meinen Entschluss, weggehen zu wollen, verübelten, mir heute verübeln, dass ich nicht gegangen bin. [...] Am Ende bin ich nur jemand Lächerliches, Sentimentalistisches, jemand, der gebellt und nicht gebissen hat, jemand, der die Lippen gespitzt und nicht gepfiffen hat, kurzum: jemand, der nicht ernst zu nehmen ist, mit dem nach Belieben verfahren werden kann. Aus diesem Zustand will ich mich schnellstens befreien. Mit herzklopfendem Nachdruck bitte ich Sie darum [...] die Ausreise für mich, meine Frau und meinen fünfjährigen Sohn zu genehmigen. [...] Ich bitte um nichts, außer dass ich behandelt werde wie jemand, der diesem Lande auch genützt hat.«[75]

Man lässt ihn ein weiteres Vierteljahr schmoren, in seinem von der Stasi und mit der Hilfe vieler Nachbarn überwachten Köpenicker Haus. Im September 1979 wird ihm schließlich die Ausreiseerlaubnis erteilt. Sie ist zwar förmlich auf drei Jahre begrenzt, doch alle Beteiligten wissen: Dies wird eine »Reise ohne Wiederkehr«.

Spricht man Mueller-Stahl noch Jahrzehnte nach dem zerquälten Ende seiner Zeit in der DDR darauf an, zeigt sich, dass er dies eigentlich nie verwunden hat. Womit er sich tröstet, ist, »noch ein paar kleine Fußabdrücke hinterlassen zu haben«. Sie sind noch da. Auch wenn es die DDR selbst schon lange nicht mehr gibt. Dafür schikaniert ihn die Stasi bis zum Schluss. Kleinkarierte Menschen nehmen kleinliche Rache an ihrem einst gefeierten DDR-James-Bond. Er muss viele Dinge, die ihm lieb und teuer sind, zurücklassen. Damit alles seine Ordnung hat, kommen auch die Möbelpacker von der Stasi. Damit die Staatsmächtigen sich aber nicht gütlich tun können an den Hinterlassenschaften, räumt er sein kleines »Wendenschlösschen« an der Dahme auf und entfacht, bevor er geht, in seinem Garten ein großes Feuer, in dem sich sein bisheriges Leben in Rauch auflöst. Was davon übrig bleibt, ist ein wehmütiges Lied:

Ick bin nich besoffen das wäre jelacht
Ick hab mit wodka een feuer entfacht
Nun kriegt der himmel den qualm unverzollt
Sensationen im himmel – det hab ick jewollt

Ick vabrenne alle ollen plinnen
Hefte bücher zerfetztes linnen
Noch aus meiner kinderzeit
Ein feuer aus vergangenheit

Hier ein packen erster liebesbriefe
[...]
Und nu meine zeugnisse det erste und letzte
[...]
Und nu vabrenn ick theaterstücke
[...]
Lebt wohl fiesko und aschenbrödel
[...]
Und hier mein erster film flucht aus der hölle
Der erste mehrteiler meine erste ruhmeswelle
Da brennt sie ab ick rieche den duft
Und fetzen meines ruhmes flattern schwarz durch die luft
Und jetzt mein anzug in dem ick konzerte jab
In dem ick ooch jeheiratet hab
Und in dem ick allmählich den hintern zerfetzt
Weil ick mir zu häufig zwischen die stühle jesetzt
[...]
Und darum vabrenn ick meinen finger den biss ick mir ab
Weil ick zuviele neider und zu wenig freunde hab
Zähl ick die freunde an den fingern ab
Hab ick der finger zuville drum biss ick ihn ab
[...]
Und nu een foto aus meiner kinderzeit
Det war mir der liebste teil meiner verjangenheit

Uffm foto bin ick een steppke in tilsit oder wo
Da hatte ick haare die waren so blond wie stroh
[...]
Nun ja der mensch wird alt und mangelhaft
Die Locke wird hinweggerafft
Kieckt da qualmt mein feuer zum himmel hin
Da oben die vabeulte wolke da steck ick mit drin

WESTDEUTSCHLAND

Bonjour Tristesse

Am 26. Oktober 1979 meldet die Hamburger Wochenzeitung
DIE ZEIT: »Vor zwanzig Jahren spielte er zusammen mit Manfred Krug in Frank Beyers DEFA-Film *Fünf Patronenhülsen*, jetzt
folgt er ihm in den Westen: Armin Mueller-Stahl, neben Krug der
populärste und wohl auch beste Filmschauspieler der DDR, doch
anders als jener kein proletarischer Kraftprotz, sondern ein Spe-
zialist für differenzierte, zerrissene Charaktere.«[76]

Kaum hat Mueller-Stahl die Ausreiseerlaubnis, reist er, nein:
eilt er zunächst allein, ohne die Familie, über Westberlin nach
Frankfurt am Main, um sich seine erste Gage als Westschauspie-
ler in einem ZDF-Krimi zu verdienen. Alle im Osten haben ihn
gewarnt: Er gehe jetzt auf die fünfzig zu, das sei wahrlich keine
günstige Voraussetzung für eine neue Karriere. Der Titel des
Films lautet zufällig ausgerechnet *Die längste Sekunde*. In einem
Bericht unter der Überschrift »Der Star, der aus der DDR zu uns
kam« merkt wenig später die *Abendpost*-Nachtausgabe an: »Wenn
der 56-jährige Schauspieler Horst Tappert *(Derrick)*, der zurzeit
im Fritz-Rémond-Theater im Zoo […] auf der Bühne steht, nach
der Vorstellung im nahe gelegenen Restaurant Mike's essen geht,
muss er Autogramme geben. Klar. Horst Tappert ist ein populärer Mann. Wenn der 48-jährige Schauspieler Armin Mueller-Stahl
(Nackt unter Wölfen), der zurzeit im Hotel Intercontinental wohnt
und in Frankfurt seit fünf Wochen als Hauptdarsteller […] fast
täglich vor der Kamera steht, im nahe gelegenen Restaurant Da
Mario oder im griechischen Olympia essen geht, muss er keine

91

Autogramme geben. Auch klar, Armin Mueller-Stahl ist zwar ein populärer Mann, aber in der DDR …«[77] Der Regisseur des Films, Kristian Kühn, ist jedoch überzeugt, dass sich dies rasch ändern wird: »Er ist mit Abstand der beste Mime, mit dem ich gearbeitet habe.«

Während Mueller-Stahl dreht, bereitet seine Frau Gabi den Umzug in den Westen vor. Eines Abends, als sie nach Westberlin fährt, um ihren Mann zu treffen und mit ihm eine private Einladung bei einem Mitarbeiter der Ständigen Vertretung der Bundesrepublik wahrzunehmen, wird im »Wendenschlößchen« eingebrochen. Es wird alles durchsucht, und es fehlen u. a. der Plattenspieler und die Wintermäntel. »Gefütterte Wintermäntel. Und wir hatten kein Geld, um uns neue zu kaufen«, erinnert sich Gabi Mueller-Stahl. Nach dem Zusammenbruch der DDR erfahren die Mueller-Stahls aus ihren Stasiakten das Ausmaß der Bespitzelung, dem sie in den letzten Jahren vor ihrer Übersiedelung ausgesetzt waren. Das Netz war so dicht, dass die Stasi den Einbruch mitbekommen haben musste, wenn sie ihn nicht sogar selbst veranlasst hat.

Dann, endlich, im Januar 1980, der endgültige Abschied und der Sprung in eine neue, unbekannte Zukunft. Frank Beyer, der Regisseur, dem Mueller-Stahl vieles zu verdanken hat, und der Mueller-Stahl vieles zu verdanken hat und zu jenen gehört, die es lieber gesehen hätten, die Mueller-Stahls wären geblieben, begleitet Gabi und den Umzug hinüber nach Westberlin, weil er das Privileg einer Aus- und Wiedereinreiseerlaubnis besitzt. »Er war immer ein sehr fairer und integrer Mann«, sagt sie. Der Möbelwagen ist von der Ostspedition Deutrans, die Stasimöbelpacker »Hundertfünfzigprozentige«, wie sie sagt. Der Oberaufpasser ist am typischen Stasihut und Blazer aus Kunstleder erkennbar. Er wacht darüber, dass die Mueller-Stahls nur Antiquitäten mitnehmen, die Familienerbstücke sind, an allem anderen von dem, was noch übrig ist, hält sich der Staat »schadlos«.

Der erste Eindruck vom Westen, der sich Gabi Mueller-Stahl ins Gedächtnis gräbt, ist zugleich der letzte von der alten DDR: der mitleidig-höhnische Blick, mit dem sich die staatlichen Möbelpacker von dannen machen, durch die Mauer zurück nach drüben. Es ist ein Wechsel aus einem zum Schluss eisig und ungemütlich gewordenen Idyll hinein in eine unerwartete Tristesse. »Wir wohnten jetzt am S-Bahnhof Zehlendorf in einer Wohnung in der Anhaltiner Straße 1 im ersten Stock und guckten nicht mehr auf die Dampfer, die schönen, die am Grundstück vorbei die Spree langfuhren, sondern auf Güterzüge, die über das Schienengewirr direkt vorm Haus rangierten und die ganze Nacht quietschten«, erinnert sich Mueller-Stahl. »Wir konnten mit ansehen, wie hier über die nach dem Krieg in DDR-Besitz übergegangene Reichsbahn Ost- und Westwaren in großem Stil hin und her geschmuggelt wurden. Unser Schlafzimmer lag genau über dem Kontor einer Umzugsfirma. Deren Mitarbeiter qualmten den ganzen Tag so sehr, dass der kalte Rauch durch die Ritzen in unsere Wohnung drang.«

Die erste Nacht im Westen verbringt Gabi Mueller-Stahl ohne ihren Mann, der dreht, bei Irene Kempf, einer Freundin aus Westberlin. Sie hat gemeinsame gute Bekannte aus Westberlin eingeladen, es gibt Sekt und Berliner Pfannkuchen. Dann wird auch in der Zehlendorfer Wohnung mit einem Nachschlüssel eingebrochen. Es werden Meißner Familienporzellan, alte Gläser und das Fahrrad des Sohnes gestohlen. Mueller-Stahls fragen sich bis heute, ob es jemand aus dem Haus war, oder ob die Umzugsleute von der Stasi, die wussten, was zu holen war, noch einmal vorbeigekommen sind.

Es beginnt eine der unangenehmsten Zeiten im Leben der Mueller-Stahls. Es fehlt an Geld, und die Nachbarn wollen mit der Familie, deren Auto eine Ostnummer trägt, nichts zu tun haben. »Und dann setzte hier im Westen plötzlich ein großer Druck ein, ging's für mich plötzlich im Dauerlauf los. Während du in der DDR immer nur spazieren gingst, musstest du hier plötzlich laufen«, erinnert sich Mueller-Stahl. »Fünftausend Mark werden wir im Monat schon zusammenkriegen, dachten wir damals.« Doch das dauert. Allein die Wohnung kostet jeden Monat achthundert Mark. *Die längste Sekunde* bringt wenigstens das Startkapital. Sie bitten einen prominenten ehemaligen DDR-Kollegen und vermeintlichen Freund, der einige Zeit vorher ausgereist ist, um Rückzahlung von Schulden, die er noch bei ihnen hatte: »Er hatte sich bei uns, bevor er in den Westen ging, dreizehntausend Ostmark geliehen, weil er noch etwas Wertvolles günstig kaufen wollte«, erinnern sich die Mueller-Stahls. »Als wir ihn um Rückzahlung baten, sagte er: ›Ja, kriegste wieder. Ick jeh' mal inne Wechselstube.‹ Dort erkundigte er sich wohl nach dem offiziellen Umtauschkurs für dreizehntausend Ostmark. Er kam wieder, sagte: ›Hier hast et‹, und drückte mir das Geld – dreitausend D-Mark-und-etwas – in die Hand.« Der Kollegenfreund ist ein Schlitzohr. Jeder, der damals gelegentlich zur Wechselstube am Westberliner Bahnhof Zoo ging, wusste: Der Umtauschkurs hier war ein politischer Kurs. Für eine Westmark gab es zwischen vier und fünf Ostmark und umgekehrt. Die Kaufkraft der Ostmark war aber im Osten weitaus höher, als ihr vom Westen zugestanden wurde, der offizielle DDR-Kurs war bei 1:1. Wer zum Westkurs gewechselte Ostmark in die DDR schmuggelte, konnte dort in Saus und Braus leben. Der »Freund« und Schuldner wusste das auch. Indem er den für ihn günstigen und für Armin Mueller-Stahl ungünstigen offiziellen Westwechselkurs für dreizehntausend Ostmark zugrunde legte, kam er mit den dreitausend Westmark ausgesprochen günstig davon. Der »Freund« und Kollege von einst lehrte Armin Mueller-Stahl auf diese Weise, dass im Westen offenbar auch eine alte Freundschaft nicht mehr hoch im Kurs stand. Fortan ging man lieber getrennte Wege.

Ein schon früher in den Westen gewechselter ehemaliger Kollege von Gabi Mueller-Stahl geht mit den beiden schließlich zum Arbeitsamt. Sie erhalten vorübergehend Arbeitslosenunterstützung und sind damit wenigstens krankenversichert. Mueller-Stahl schläft schlecht in dieser ersten Zeit, hat Albträume, nicht nur wegen der lauten Wohnung. Er wird von Existenzängsten gepeinigt, sieht sich schon als Stehgeiger im Café Möhring seine Brötchen verdienen. Es ist seine Frau, die ihm immer wieder Mut zuspricht. Weshalb sollte seine Begabung im Westen plötzlich nichts mehr gelten? So unterschiedlich sind die Menschen hier ja auch nicht im Vergleich zu denen da drüben. Sie ist die optimistische Kraft in dieser Beziehung und wird ihn durch ihre warme, positive Ausstrahlung auch später immer wieder über Enttäuschungen und Verletzungen in diesem von Neid und Missgunst geprägten Geschäft hinwegretten. Ein wenig Entspannung für die Familienkasse bringt schließlich die Anstellung von Gabi Mueller-Stahl in der Krebsstation des Virchow-Krankenhauses in Westberlin. Sie beendet dort ihre Facharztausbildung und verdient durch gelegentliche Praxisvertretungen noch etwas Geld dazu. Und Severin und Siedler, die Mueller-Stahls Buch *Verordneter Sonntag* verlegen, zahlen ein Jahr lang monatlich zweitausend Mark Vorschuss, sodass die Familie wenigstens die Miete bezahlen und etwas zu essen Essen einkaufen kann.

Nach wenigen Monaten können sie ihre verräucherte Bude über dem Rangierbahnhof endlich hinter sich lassen. Zufällig ganz in der Nähe finden sie eine Zweieinhalb-Zimmer-Wohnung in einem Apartmenthaus in der Zehlendorfer Bismarckstraße, übrigens unweit der Stelle, an der sich der mittellose und in der Seele wunde Heinrich von Kleist mit Henriette Vogel 1811 erschoss und wo sich auch deren Grabstätte befindet. Ihr neues Domizil im südöstlichsten Zipfel von Westberlin liegt zwar nahe der Mauer beim Grenzkontrollpunkt Dreilinden, aber dazwischen ist ein kleiner Wald, und nach vorn blicken die Mueller-Stahls immerhin wieder ins Grüne und aufs Wasser, den Kleinen Wannsee.

In der nächsten Zeit dreht er weitere Filme fürs Fernsehen mit so beziehungsreichen Titeln wie *Ich möchte fliehen* und *Ich werde warten* (nach einem Buch von Raymond Chandler). Sie freunden sich mit seinem Verleger Wolf Jobst Siedler an und werden gelegentlich zu dessen Abendgesellschaften in seinem Reihenhaus voller preußischer Reminiszenzen in Dahlem eingeladen. Hier erleben sie eine andere, eine weite Welt nach der DDR und lernen interessante Leute aus dem Geistesleben und der Politik von Rang und Namen kennen. Siedler und seine Frau sind vollendete Gastgeber, er ist ein »Sprachkünstler« und einer der brillantesten Köpfe großbürgerlicher Kultur mit einem Bildungshorizont von schier unermesslicher Tiefe. Aber Mueller-Stahl hatte auch das untrügliche Gefühl, nicht dazuzugehören. Es gab jedoch noch eine andere Ebene, die es möglich machte, dass sie sich anfreundeten. Sie machen auch private Ausflüge und öffnen einander ihr Herz. Dann erscheint das Buch, welches Siedler liebt, auch weil er es selbst mit dem Autor lektoriert hat. Aber es verkauft sich nicht so gut wie erhofft, und auch die Freundschaft hindert den Verlag nicht daran, daraufhin siebentausend Mark des Vorschusses zurückzufordern. »Das war bitter und viel, viel Geld damals für uns. Aber«, so Mueller-Stahl, »ich habe es zurückbezahlt, weil ich dann auch nichts mehr damit zu tun haben wollte. Ich hatte das Geld gerade mit Drehen verdient.«

Es gelingt ihnen, in dieser Zeit immerhin sich noch knapp viertausend Mark zusammenzusparen und sich einen Urlaub zu gönnen. Sie wollen einmal alles hinter sich lassen für ein paar Wochen und reisen mit ihrem Sohn an den Bodensee. »Da haben wir ein Zimmer gefunden auf einem Bauernhof, für zehn Mark pro Person pro Nacht mit Frühstück. Wir wollten nur noch schlafen und nicht über das nachdenken, was kommt oder gewesen ist. Dabei erinnere ich mich noch sehr genau an den Tag, an dem ich mir erstmals mit einem guten Gewissen für 'ne Mark ein Eis gekauft habe.«

Allmählich scheint es bergauf zu gehen. Mueller-Stahl lernt schnell und passt sich bestimmten Westmethoden in seinem Genre an. »Ich muss zugeben, ich bin sehr arrogant aufgetreten bei den Verhandlungen: Damals war die Höchstgage beim Fernsehspiel angeblich sechzehntausend Mark. Martin Held, sagte man mir, bekäme zwanzigtausend Mark. Ich verlangte einundzwanzigtausend Mark. Ich hatte so viel aufgegeben, mir war's egal, wie die reagieren. Ich sagte meinen Verhandlungspartnern: 1. Sie sollen wissen, dass nicht ein erster Schauspieler kommt, sondern ein allererster. 2. Sie sollen das Gefühl haben, sie müssen wirklich etwas rüberreichen. Denn ich war ja jetzt im Kapitalismus angekommen, und da geht's um Gage und nichts weiter. Dafür versprach ich, mich einzuordnen und zu sehen, ob sie mich so akzeptierten. 3. Ich möchte, sagte ich, nicht wieder solche Gespräche mit Ihnen führen. Und 4. Sie können nein sagen. – Nach vierzehn Tagen sagten sie ja.«

Rainer Werner Fassbinder oder: ein wunderbar ungleiches Paar

Als eines Tages im Jahre 1981 das Telefon klingelt, ist Rainer Werner Fassbinder am anderen Ende der Leitung. Armin Mueller-Stahl wird die männliche Hauptrolle in dessen Film *Lola* angeboten. Das wäre für Mueller-Stahl der erste Kinofilm im Westen: »Da habe ich gejubelt. Das war etwas Besonderes.« Fassbinder ist zu jener Zeit *der* deutsche Kultregisseur, auch international ein großer Name, obwohl seine Filme nicht unbedingt Kassenschlager sind. Bei der Besetzung seiner Rollen ist Fassbinder sehr wählerisch. Das Angebot an Armin Mueller-Stahl ist daher Anerkennung, Auszeichnung und Ehre zugleich.

»Das Drehen mit Fassbinder war wunderbar. Ich hatte ja gehört, dass er ein furchtbarer Kerl sein sollte. Aber ich hatte, sagen wir, mehr Respekt vor der Figur, die ich zu spielen hatte, als vor ihm. Es war ja keine leichte Rolle.« Als neuer, zunächst preußisch-korrekter Baudezernent von Bohm will Mueller-Stahl dem korrupten Klüngel zwischen Rathaus und örtlicher Wirtschaft in einer nordbayerischen Kleinstadt ein Ende bereiten. Doch dann wird ihm die von Barbara Sukowa gespielte schöne Hure Lola vorgestellt. Von Bohm verfällt ihr und macht ihr den Hof. Aber anders als in Heinrich Manns Roman *Professor Unrat* und dessen Verfilmung

Mit Barbara Sukowa in *Lola* (1981)

mit Marlene Dietrich als *Der blaue Engel* gibt es hier ein bizarres Happy End. Der Klüngel »erlaubt« von Bohm, seine Lola zu heiraten, die zugleich zur Chefin des örtlichen Bordells aufsteigt. Er muss sich Lola aber mit ihrem alten Mäzen und Liebhaber teilen, dem von Mario Adorf dargestellten korrupten Baulöwen Schuckert, und vor allem: den Klüngel weiter klüngeln lassen. Dafür aber ist von Bohm aufgenommen in das kleinstädtische, spießig-hemdsärmelige Wirtschaftswundermilieu von Coburg, und alle sind zufrieden und haben ihr Auskommen. »Dem Spiel der drei Protagonisten Adorf, Sukowa und Mueller-Stahl zuzuschauen, ist Kino-Vergnügen vom Besten. Außerdem zeichnet sich *Lola* durch etwas aus, was in keinem anderen Film Fassbinders zu finden ist – Humor«, heißt es in *Reclams Lexikon des Deutschen Films*. In weiteren Rollen sind Matthias Fuchs, Karin Baal, Helga Feddersen, Christine Kaufmann, Rosel Zech und Hark Bohm zu sehen.

Lola wird ein Erfolg, nicht nur für Fassbinder, sondern – zu seiner eigenen Überraschung – vor allem für Armin Mueller-Stahl.

Bei den Berliner Filmfestspielen 1982 erhält er für seine »darstellerischen Leistungen« das Filmband in Gold, für den Film selbst gibt es das Filmband in Silber und dreihunderttausend Mark für die Produktion. *Lola* wird später – wie andere Fassbinder-Filme auch – sogar in New York aufgeführt und ist bald ein Klassiker des deutschen Autorenkinos.

Vielleicht klappt die Arbeit zwischen diesen beiden völlig gegensätzlichen Männern – dem bisexuellen, Drogen und Alkohol zugetanen und mit einer zwölf Jahre jüngeren Frau zusammen lebenden Filmemacher und dem in ein geordnet-bürgerliches Verhältnis, mit einer sogar achtzehn Jahre jüngeren Ehefrau, eingebetteten Mueller-Stahl – gerade deshalb so gut, weil sie derart unterschiedliche Typen sind und Mueller-Stahl trotz seiner großen Sympathien zu Fassbinder Distanz hält. So, wie er immer Distanz gehalten hat zu allen, allem und jedem und sich nicht zu sehr hat einbinden, geschweige denn einverleiben lassen. Schon gar nicht ist Mueller-Stahl ein Typ für schnelle Freundschaften. Er war es in der DDR nicht, und im Westen ist er es erst recht nicht.

Schon kurz darauf arbeiten Fassbinder und Mueller-Stahl wieder zusammen. In Fassbinders nächstem, 1981/82 entstandenen Film *Die Sehnsucht der Veronika Voss* über den Niedergang eines ehemaligen UFA-Stars spielt er eine kleine, aber feine Rolle: den Exehemann der drogensüchtigen Veronika. Mueller-Stahl zeigt dabei »eine ganz eigene Mischung aus Strenge und Zartheit, die man so selten bei ihm sieht«.[78] Bis dahin jedenfalls. In späteren Filmen, vor allem in den in Amerika gedrehten, bekommt er dazu häufiger Gelegenheit. Fassbinder zahlt ihm eine Gage von zwanzigtausend Mark pro Drehtag. Bei *Lola*, sagt Mueller-Stahl, habe er sich als »Ossi« noch über den Tisch ziehen lassen und fünfzigtausend Mark insgesamt bekommen. Während der Dreharbeiten erfährt er, dass seine Kollegen Mario Adorf und Barbara Sukowa angeblich wesentlich mehr bekommen haben sollen.

Dabei war es Mueller-Stahl vor dem Drehen mit Fassbinder mulmig. »Ich wusste, dass Fassbinder launisch war. Deshalb habe ich mir immer gesagt: ›Du kommst zum Drehen und gehst danach gleich wieder weg. Mischt dich gar nicht erst ein in die Querelen.‹ Immer wenn wir drehten, zog er sich einen Glencheck-Anzug an. Dann war er wie ausgewechselt. Normalerweise lief er immer mit Jeans rum. Aber nach neunzehn Tagen tat es mir beinahe leid, dass der Film schon zu Ende war.« Mueller-Stahl spielt die Rolle hinreißend, die Kritik ist begeistert, Fassbinder offenkundig auch. »Er fragte mich: ›Wann sehen wir uns wieder?‹ Er wollte mich einverleiben in seine ›Familie‹. Ich sagte: ›Zur Premiere.‹ Er: ›Ja, das sowieso.‹ Dann haben wir uns angesehen. Dann war's kühler. Er hatte eindeutig gemerkt: Ich lasse mich nicht einverleiben. Ich fand mich aber geehrt.« Deshalb ist er auch bei *Die Sehnsucht der Veronika Voss* wieder mit dabei und hätte gerne noch viele Filme mit Fassbinder gemacht. Niemand konnte ahnen, dass dies Fassbinders letzte Regiearbeit sein würde. Am 10. Juni 1982 stirbt er in seiner Münchner Wohnung, erst siebenunddreißig Jahre alt, infolge einer Vergiftung aus Kokain, Schlaftabletten und Alkohol an Herzversagen.

Für Mueller-Stahl war Fassbinder »Gaukler, Spürhund, Genie«. »Er qualmte wie ein Schlot und hatte oft eine Hand an den Genitalien.« So hat Mueller-Stahl ihn auch gezeichnet. In einem Interview schwärmte er 1982 über den kurz zuvor Verstorbenen: »Fassbinder war ein Macher, ein richtiger Profi, der sich nicht hinter Theorien verschanzte […] einfach glänzend. Ich habe selten so viel Freiheit gehabt wie bei ihm. Die Choreographie lag fest, die Schienen im Studio lagen aus, aber was man dann machte, blieb einem selbst überlassen. Fassbinder mischte sich nur ein, wenn er fand, dass etwas der Geschichte schadete. Er war ein dramatischer Grenzfall von Arbeit und Privatleben, von Rationalität und Irrationalität, nicht zuletzt von Leben und Tod. Vielleicht war der Raubbau, den er betrieb, auch eine Art Todessehnsucht, ein Fall von Grenzüberschreitung sicher.«[79] Die Wertschätzung war gegenseitig. 1997 schrieb der Regisseur, Drehbuchautor und Filmkritiker Hans-Christoph Blumenberg in der *ZEIT*: »Fassbinder

Mit Rosel Zech und Volker Spengler in *Die Sehnsucht der Veronika Voss* (1982)

hielt ihn für einen der besten Schauspieler der Welt, aber überheblich, gar größenwahnsinnig ist er wahrlich nicht.«[80] Anlässlich des zehnten Todestages Fassbinders verrät Mueller-Stahl in einem Artikel im *ZEIT-Magazin*: »Danke, Rainer, so viel Freiheit gab's noch nie für einen Schauspieler. […] Vielleicht wäre ich eines Tages nicht mehr meiner Meinung gewesen. Und wäre Fassbinder-Schauspieler geworden. Wer weiß!«[81]

Bloß kein Serienheld

Ans Theater kehrt Armin Mueller-Stahl nicht mehr zurück. Bühnenintendanten in Berlin, Hamburg, Wien und anderswo würden gern mit ihm arbeiten, holen sich aber reihenweise Körbe. »Eins hätte ich gerne gemacht: den Mackie Messer am Burgtheater gespielt. Und natürlich den Hamlet. Das war *meine* Rolle, aber da fing ich schon an ein bisschen alt zu werden.« Nach seinem Bruch mit der DDR hat er nach eigenen Worten aber auch keine Lust mehr, in einer »Rangordnung« zu spielen, in welcher der Regisseur alles, der Schauspieler aber nichts sei. Es ist die Zeit der Benno Bessons. Regietheater, dem sich die Darsteller zu unterwerfen hatten. Das will er nicht noch einmal. Mueller-Stahl konzentriert sich fortan auf das Filmgeschäft. Manche Angebote nimmt er nur deshalb an, weil sie hohe Gagen einbringen. Auf diese Weise kann er sich andere Projekte, die ihn mehr interessieren, aber nur niedrige Gagen bringen, leisten. Schon 1963 hat er in der DDR in einem Interview erklärt: »Nicht die Größe und Attraktivität der angebotenen Rolle sollte entscheidend für deren Annahme sein, sondern die künstlerische Aussagekraft des ganzen Werkes – die Einsicht in die Notwendigkeit, darin spielen zu müssen. So kann es aus dieser Überzeugung heraus vorkommen, dass man eine sehr umfangreiche Rolle, die viel Publicity und Geld einbringt, ablehnt, zugunsten einer weitaus kleineren mit einem für unsere Zeit, unsere Menschen wichtigen Anliegen.«[82]

Mueller-Stahl hat die feste Absicht, diesem Prinzip auch im Westen treu zu bleiben. Und er hat dazu guten Grund: Eigentlich hat er geglaubt, der Einstieg in das Filmgeschäft in der Bundesrepublik würde für ihn viel schwerer sein. »Der Anfang«, reflektiert er 1982, im Alter von einundfünfzig Jahren, über den Beginn seiner zweiten Karriere, »das hat schon etwas mit Suchen zu tun, mit Begegnungen, aber dann stellt man fest, dass die Begegnungen und die Bekanntschaften sich wieder sehr ähneln, dass sich auch die Menschen sehr ähneln und man kommt fast schon zu der These, dass die Deutschländer untereinander austauschbar sind.«[83] Das Ganze, einmal eingeübt, sollte sich einige Jahre später für ihn noch einmal wiederholen, nur dass sich diese Begegnungen dann in einem viel härteren, fast nur noch an Gesichtspunkten des Marktes orientierten kulturellen Umfeld abspielen sollten: in Hollywood.

Der andere Teil von Frank Beyers DDR-Star-Tandem, Manfred Krug, etabliert sich, kaum im Westen, schnell im westdeutschen Fernsehen, und wurde Serienheld, was den Vorteil hatte, dass er auf diese Weise seinem früheren Publikum erhalten blieb und umgekehrt. Über das Verhältnis Mueller-Stahls und Krugs schrieb Hans-Christoph Blumenberg: »Inzwischen haben sich die Herren nicht mehr viel zu sagen. Krug äußert sich in seinem Erinnerungsbuch *Abgehauen* auffällig uncharmant über den Freund von früher. Da mag ein gewisser Neid im Spiel sein, wenn man es selber zwar zum hoch bezahlten Pausenclown der Telekom [Krug machte Fernsehwerbung für den Börsengang einer Telefongesellschaft, d. A.] gebracht hat, der Kollege derweil aber mal wieder für eine Oscar-Nominierung im Gespräch ist. Mueller-Stahl schweigt in der Sache Krug.«[84] Irgendwann, so Mueller-Stahl Jahre später bedauernd, habe er seinen einstigen Kumpel Manfred nur noch »als Reklamefigur« wahrgenommen. Doch auch Mueller-Stahl eröffnet sich die Möglichkeit, als Serienheld und vielleicht mit Werbespots sein Geld zu verdienen. »Ich hatte mal das Angebot, einen kurzen Werbespot für einen deutschen Stahlkonzern zu machen, für richtig viel Geld. Zunächst hatte ich zugesagt, unter der Bedingung, dass ich den Inhalt des Spots mitbestimmen dürfte. Dann sah ich in den Fernsehnachrichten, dass dieser Konzern Panzer nach Saudi-Arabien geliefert hat. Meine Frau und ich sahen uns an, am nächsten Tag sagte ich ab. Den schon erhaltenen Vorschuss zahlte ich zurück.«[85]

Mueller-Stahl wird *Der Alte* angeboten, die Rolle des Kommissars in der Nachfolge von Siegfried Lowitz, und auch die des Professor Brinkmann in der *Schwarzwaldklinik*. Zunächst liebäugelt er mit der *Schwarzwaldklinik*, arbeitet zusammen mit dem Produzenten Wolfgang Rademann an der Drehbuchentwicklung und überlegt sich, zwölf Folgen lang den Brinkmann zu geben und ihn dann gegen einen Baum fahren und sterben zu lassen. Doch da kollidiert er mit Rademann, der sich kein so schnelles Ende wünscht. Und somit wird daraus nichts. Auch, weil Mueller-Stahl viele dieser Drehbücher »flach wie eine Pfütze« findet.

Nun widerfährt ihm etwas, das er von früher kannte: Auch der Westdeutsche nimmt übel, wenn einer nicht dienern mag. Schon gar, wenn er von drüben kommt. Hat man ihn nicht mit offenen Armen empfangen? Dabei will man ihm doch bloß unter die seinen greifen, ihn zu seinem Glück zwingen, ob er seinerseits will oder nicht. Da ist man im Westen anscheinend nicht viel anders als im Osten. Nur geht es hier um die Ökonomie, dort um die Ideologie. Wenn man jemanden mit so viel Zuneigung und Vorschusslorbeeren überhäuft, soll es sich, bitte sehr, auch lohnen. Und wenn der sich stattdessen verselbstständigt mit eigenen Ideen und dann auch noch aus eigener Kraft Erfolg hat, wird es ihm schwer gegönnt. Man reagiert mit Neid, auch mit Rufmordversuchen. Im kreativen Gewerbe ist es da nicht anders als in der Politik. Aber da Mueller-Stahl in der DDR schon einmal »umgebracht« wurde, fürchtet er solchen Tod nicht mehr. So weigert er sich zu dienern – vor Kritikern, Regisseuren, Produzenten, Kollegen – und sich bedingungslos dem Massengeschmack anzupassen. Er legt sich sogar mit einem Schwergewicht des deutschen Erfolgs- und Mainstream-Films an und lässt diesen abblitzen: »Der [Horst] Wendland [Produzent der *Winnetou*-Filme, d. A.], der mir klarmachen wollte, dass er mit mir so oder so machen konnte –«
– und dabei macht Mueller-Stahl die Daumen-rauf-Daumen-runter-Geste –, »das war mir so was von wurscht. Ich hatte gerade das Politbüro hinter mir gelassen. Und nun kommt diese Flasche an, privat, und will mir sagen, wie meine Karriere zu laufen hat. Und auch Fassbinder ... Ich wollte wirklich nicht als ›Fassbinder‹-Schauspieler in seine ›Familie‹, wie man es nannte, ›eingemeindet‹ werden. Die hatten eine solche Angst vor ihm ... Der hat sie reingeholt und hat sie wieder rausgeschmissen und hat sie wieder reingeholt – und sie ließen alles mit sich machen. Das hatte ich ja gerade am Theater erlebt mit diesem Arschloch Besson. Das hatte ich ja alles hinter mir. Also: Will ich das noch mal? Ganz klar: Das alles will ich NICHT!«, sagt er laut, und haut bei diesen Erinnerungen die flache Hand auf den Tisch. Sie versuchen ihn anfangs tat-

sächlich zu rufmorden, hinterrücks mit vorgehaltener Hand: diesen arroganten, eigensinnigen, anspruchsvollen, intellektuellen, teuren Quergeist und »Quotenkiller«, der was Besseres sein will.

Aber er ist nicht umzubringen. Dafür ist er zu gut, hat zu viel professionelle Substanz und Erfahrung und ist schlicht einer von der Sorte, wie es nicht viele gibt. Aller üblen Nachrede zum Trotz kann er sich die Rollen aussuchen. Gewiss, er macht auch einen *Derrick*, einen *Tatort* und ein *Sonderdezernat K1* fürs Fernsehen – aber nur jeweils einen, weil ihn die glückliche Kombination der guten Gage mit einer interessanten Rolle reizt. Und weil er weiß, dass sein früheres DDR-Publikum ihn dann noch einmal im Westfernsehen wiedersehen kann. Vom ersten Tag an ist Mueller-Stahl von enormem Fleiß. Zwischen sechs und acht Filme – in der Regel die eine Hälfte fürs Kino, die andere fürs Fernsehen – dreht er in den achtziger Jahren im Schnitt fast jedes Jahr. Das ist nur mit einer großen Selbstdisziplin möglich. Er erscheint gut vorbereitet am Set, hat seine Texte gelernt, die Rollen verinnerlicht und ist in der Lage, aus dem Stand heraus zu improvisieren und die Rolle selbst in die Hand zu nehmen. Ein Profi. Solche Schauspieler mögen die Regisseure und Produzenten allem abfälligen Gerede zum Trotz, denn ihr konzentriertes Arbeiten spart Produktionskosten. Und mit Stars diesen Kalibers bekommen sie auch eine schauspielerische Qualität, die dem ganzen Film die Chance gibt, auf ein höheres Niveau zu gelangen. Die höhere Gage fällt dann kaum noch ins Gewicht. Wenn Filme aber dann doch nicht so angenommen werden, ist Mueller-Stahl meist der Einzige, dessen Spiel in den Kritiken lobend herausgehoben wird.

Schnell verfliegt auch die Hochachtung, die man im Osten den Kollegen aus dem Westen fast automatisch entgegenbrachte: Ehrfürchtig habe man in den Aufführungen gesessen: »Mein Gott, da kommt der Westen. Oh, das ist aber toll. Wir konnten zwar nicht genau erkennen, dass die Schauspieler wesentlich besser waren als wir, aber wir wussten, dass sie aus dem Westen kamen und sprachen ihnen allein deshalb besondere Fähigkeiten zu.«[86]

Als er dann selbst »drüben« angekommen ist, merkt Mueller-Stahl schnell, dass es anders ist: »Der Westen hat zwar nach wie vor das Gefühl gehabt, ›Wir sind die Besseren‹. Aber natürlich waren sie es nicht. Als ich meinen ersten Film hier machte: *Die längste Sekunde*. Da gab es eine Schauspielerin, van Eyck, Tochter des bekannten Schauspielers Peter van Eyck. Die spielte da mit. Ein hübsches, etwas langweiliges Mädchen. Die hatte von Schauspielerei null Ahnung. Ich stand immer dabei und guckte zu und sagte mir: Wie ist das möglich? So was wäre in der DDR nicht möglich gewesen. Da kamen gestandene Schauspieler. Die waren viel professioneller. Die konnten erst mal ihr Handwerk besser. Aber hier: Null. Die war hilflos dem Beruf ausgeliefert. Im Westen haben sich viele bemüht, im Film dabei zu sein. Darunter gab es auch einige, die ihr Handwerk konnten.« Doch seine ersten Eindrücke waren nun mal ernüchternd. »Es überraschte mich wirklich, wie wenig handwerkliches Wissen bei dem Filmteam vorhanden war. Da wusste keiner, was ein Achsensprung war [ein Filmschnitt, bei dem die zunächst gezeigte Beziehungsachse von Figuren übersprungen beziehungsweise umgekehrt wird, d.A.]. Niemand achtete dabei auf Fehler. Schon gar nicht der Regisseur, der immer mit einem Spickzettel herumlief und jedermann nach dessen Meinung befragte. […] Es herrschte eine unglaubliche Hilflosigkeit am Set, aber dafür wurde jeden Morgen eifrig diskutiert. […] So etwas hatte ich bis dahin nie erlebt. In der DDR, in Russland, selbst in Kuba wurde auf höchstem Niveau gearbeitet. In Kuba gab es sogar eine Filmakademie, an der anfangs Kameraleute aus den USA studierten, weil die handwerkliche Ausbildung so gut war. […] Der Westen erschien mir dagegen als reiner Ego-Betrieb, wo sich jeder irgendwie im Team positionieren wollte, und es war immer ganz wichtig, den Schuldigen für das kollektive Versagen zu identifizieren. Ich gewöhnte mir bald an, solche Situationen zu meiden oder wenn möglich, dem designierten ›schwarzen Schaf‹ beizustehen.«[87]

Aber es gibt rühmliche Ausnahmen. Jene Filme, in denen er trotz geringer Gage mitspielt, gehören in diesen Jahren meist in die

Kategorie »Autorenfilme«. Er macht sie, weil er den Stoff oder den Regisseur interessant findet. Seit Fassbinders *Lola* ist er ein Liebling der Autorenfilmer, die angeführt werden von Alexander Kluge und dessen Filmverleih der Autoren. Mit Kluge dreht er 1985 *Angriff der Gegenwart auf die übrige Zeit*, einen provokanten Episodenfilm, der an fünf Geschichten über Abhängigkeit, Verteidigung, Ausharren, Protest und Rebellion aufzeigt, wie Menschen vor lauter Gegenwart keinen Spielraum zur Reflexion über Vergangenheit und Zukunft finden. Mueller-Stahl spielt darin einen blinden Regisseur, es gab allenfalls ein Fragment von Drehbuch, was ihm Raum ließ, seine Rolle weitgehend zu improvisieren. Er schätzt diese unverdrossen gegen die Kommerzialisierung und Verflachung des Genres anfilmenden Außenseiter. Ein Extrembeispiel dafür ist auch der wunderbar schräge Bayer Herbert Achternbusch, dessen Name, wenn er auf Filmförderungslisten auftauchte, einen anderen Bayern, den zuständigen ehemaligen CSU-Bundesinnenminister und Spezialisten für das politische Ehrenwort, Friedrich Zimmermann, in rasende Wut brachte. »Ich habe den Achternbusch sehr gemocht«, sagt Mueller-Stahl lachend. »Er wollte, dass ich ihn spiele, aber das wollte ich nicht. Dagegen spielte ich in *Rita Ritter*. Darin halte ich einen endlosen Monolog. Es war ein netter Amateurclub. Wir haben Spaß gehabt und gut miteinander gekonnt. Er drehte so, wie Fassbinder auch gedreht hat am Beginn seiner Laufbahn, mit langen Einstellungen. Hinterher«, sagt Mueller-Stahl gleichermaßen gerührt wie amüsiert, »hat er mir geschrieben, er hätte mich nie so gut gesehen wie in seinem Monolog.«

Der Westen leuchtet – *in der Filmkritik*

1981 wird zu einem entscheidenden Jahr des Neubeginns. Unter den sieben Filmen, die Mueller-Stahl dreht, sind nicht nur Fassbinders *Lola* und *Die Sehnsucht der Veronika Voss*, sondern auch *Der Westen leuchtet*, ein Kinofilm unter der Regie von Niklaus Schilling, sowie der Fernsehzweiteiler *Collin* (Regie: Peter Schulze-Rohr), nach einem Roman seines Freundes Stefan Heym. Das Drehbuch verfasste einmal mehr ein anderer Freund, jener, mit dem er seinen letzten DDR-Film *Geschlossene Gesellschaft* gemacht hat: Klaus Poche. Und so beamen beide Filme Mueller-Stahl zurück in die DDR.

In dem in den Medien gefeierten Film *Der Westen leuchtet* – der 1982 bei den Berliner Filmfestspielen für die Kameraführung das Goldene Band erhält – spielt Mueller-Stahl den Stasiagenten Harald Liebe, der zur Überprüfung des Agenten »Heinz« in den Westen geschickt wird. »Heinz« entpuppt sich als Dagmar, die attraktive, verwitwete Chefsekretärin eines Rüstungskonzerns, in teurem Ambiente lebend. Liebe verliebt sich und gefährdet als »Puritaner im Universum des Luxus« seinen Auftrag. »*Der Westen leuchtet* ist kein jagender Thriller, sondern ein ironisch gebrochenes Melodram« *(Spiegel)*, »eine Dokumentation unserer Lebenswelt, des Konsumismus und des schon unbewussten Dingfetischismus [...] voller Merkwürdigkeiten, voller haardünner Sprünge an der Oberfläche unserer Welt, hinter der sich, wie Schilling sagt, der ›dritte deutsche Staat‹ verbirgt: die imaginäre Welt des Katz-und-Maus-Spiels deutsch-deutscher Geheimdienste« *(Frankfurter Rundschau)*. In *Collin* bewegt sich Mueller-Stahl als verantwortungsbewusster Arzt in einem DDR-Volkskrankenhaus im Spannungsfeld zwischen dem von Curd Jürgens in einer seiner letzten Rollen dargestellten sensiblen alten Schriftsteller Collin und dem rücksichtslos und machtbewusst auftretenden Parteisekretär Urak, gespielt von Hans Christian Blech. 1983/84 übernimmt er in Hans-Christoph Blumenbergs Erstlingsfilm *Tausend Augen* die Rolle des Peepshow-Managers Arnold, der sich in eines seiner Models verliebt. Barbara Rudnik alias Gabriele will aus diesem Leben heraus, ohne sich zu prostituieren, findet dabei aber am Ende den Tod.

Viele Autorenfilme floppen nicht nur finanziell, sondern scheitern auch künstlerisch am Zeitgeist, von Ausnahmen wie *Lola* ein-

Mit Beatrice Kessler in *Der Westen leuchtet* (1981)

mal abgesehen. Der elitäre, aber zunehmend orientierungsloser werdende Anspruch findet nur noch bei einem kleinen Publikum und bei der Filmkritik des deutschen Feuilletons ein positives Echo. Regisseuren wie Alexander Kluge, Wim Wenders, Volker Schlöndorff, Werner Herzog und Rainer Werner Fassbinder wird im Ausland mehr Beifall und Anerkennung bezeugt als zu Hause. Die »geistig-moralische Wende« der Regierung Helmut Kohl, die Saturiertheit der Vätergeneration paart sich mit der Ratlosigkeit der Alt-68er und der Angepasstheit und Ideenlosigkeit einer aufkommenden Spaßgesellschaft, die sich in den Neunzigern voll entfalten sollte. Lieber importiert man knallige Filme aus den USA, als selbst welche zu drehen, zumal es ohnehin keine hinreichenden privaten wie öffentlichen Finanzmittel zum Aufbau eines wirtschaftlich lukrativen europäischen Films gibt.

Kleine Flops und große Erfolge

Armin Mueller-Stahl dreht in dieser Zeit so manchen Streifen, dessen Buch im Ansatz vielversprechend ist, über den er hinterher aber am liebsten schweigt. Andrzej Wajdas Film *Eine Liebe in Deutschland* (1983), nach dem spektakulären wie beklemmenden Buch von Rolf Hochhuth über die Hinrichtung eines polnischen Zwangsarbeiters wegen seiner Liebesaffäre mit einer Deutschen, hätte ein guter Film werden können, sagt er. Die Hauptdarstellerin Hanna Schygulla ist jedoch eine nervtötende Besetzung ohne überzeugende Wärme und Ausstrahlung, der Zusammenschnitt gibt dem Film den Rest. Mueller-Stahl, der den völlig überforderten Untersturmführer Mayer spielt, der die Frau schützen will und ihren Geliebten schließlich hängen muss, ist noch heute verstimmt: »Bei den Filmfestspielen in Venedig sah ich das Resultat. Es hat mich geärgert, dass ich da mitgemacht habe. Die ganze Zwiespältigkeit meiner Figur zwischen Pflicht und Gewissen, dieses Schwanken, was ich gespielt hatte, war plötzlich raus. Ich bin nach Hause gegangen, habe gegessen und geschlafen und versucht, den Film zu vergessen.«

Im Jahr darauf kompensiert er diese Enttäuschung mit der Arbeit an zwei Filmstoffen, die zu spektakulären Erfolgen werden: *Oberst Redl* des ungarischen Regisseurs István Szabó mit Klaus Maria Brandauer als Alfred Redl sowie *Bittere Ernte* von Agnieszka Holland mit Elisabeth Trissenaar. Am 31. Mai 1985 bekommt er eine frohe Botschaft von Szabó aus Budapest: »Lieber Armin«, heißt es in einem Telegramm, »erfreut können wir Ihnen mitteilen, dass unser gemeinsamer Film *Oberst Redl* in Cannes den Sonderpreis der Jury und den Goldenen Bundesfilmpreis erhalten hat. Wir möchten die bei uns eingetroffenen Glückwünsche und Anmerkungen mit Ihnen teilen. Herzliche Glückwünsche.« 1985 und 1986 werden die beiden Filme dann in Hollywood sogar überraschend für den Oscar nominiert. Der Produzent von *Bittere Ernte*, Artur Brauner, schreibt fünfundzwanzig Jahre später, nach-

Bittere Ernte mit Elisabeth Trissenaar (1984)

dem er den Film noch einmal in einer Retrospektive gesehen hat, an Mueller-Stahl: »Heutzutage wird es keinen männlichen Hauptdarsteller für diese Rolle mit dieser Qualität und Kraft geben.«[88] Das ist für Mueller-Stahl neben der Freude eine große Genugtuung, denn in diesen Filmen spielt er zwei extrem gegensätzliche Charaktere und bringt damit seine künstlerische Wirkungsbreite als Schauspieler voll zur Entfaltung.

In *Bittere Ernte* ist er der reich gewordene, in seinem primitiven Katholizismus gefangene, grobschlächtige, aber zutiefst unsichere und gehemmte Bauer Leon Wolny, der die junge Jüdin Rosa auf der Flucht vor der SS in einem Erdloch seines Hauses versteckt. Er macht sie von sich abhängig und mit der Zeit als Geliebte gefügig. Ein mitleiderregender Unsympath. Sein Charisma, seine beeindruckende Präsenz und die sehr spezielle Art, sich beim Ausdruck von Gefühlen ganz aus dem Bereich des Sicheren und der Klischees hinauszuwagen, bewogen Agnieszka Holland, die Rolle des Leon mit Armin Mueller-Stahl zu besetzen. Sie kommentiert ihre

In *Oberst Redl* von István Szabó (1984)

Wahl mit den Worten: »Ich hatte *Lola* und *Eine Liebe in Deutschland* gesehen. […] Ich war mir sicher, dass er die Figur spielen könnte, ehrlich gesagt, halte ich ihn für so gut, dass er egal welche Rolle spielen könnte. Er ist sicher einer der besten Schauspieler seiner Generation nicht nur in Deutschland, sondern mindestens in Europa.«[89] Die *Washington Post* schreibt: »Mueller-Stahl schreit und sabbert, und doch umgibt ihn eine merkwürdige Zartheit. Seine Augen sind Wunden und man weiß, dass er nicht nur Profit aus Rosa zieht. Er liebt sie wirklich.«[90]

In *Oberst Redl* verkörpert Mueller-Stahl als der österreichische Thronfolger Franz Ferdinand (dessen Ermordung 1914 den Ersten Weltkrieg auslöst) das glatte Gegenteil. Eine verführerische, zugleich eiskalte, zynisch-berechnende und menschenverachtende Herrschernatur. Szabó und sein Co-Autor Péter Dobai haben auf der Grundlage der authentischen Geschichte des Oberst Alfred Redl unter großzügigster Inanspruchnahme der künstlerischen Freiheiten ein eigenes Buch konstruiert. Der homosexuelle Spionagechef der österreichisch-ungarischen k. u. k. Monarchie wurde als Landesverräter überführt und beging am Vorabend des Ersten Weltkrieges Selbstmord. Auf atemberaubende Weise kann der Zuschauer erleben, wie Mueller-Stahl als Erzherzog den von Brandauer dargestellten Redl für seine Ränkespiele benutzt und ihn schließlich zum Bauernopfer macht.

Brandauer und Mueller-Stahl sollten später – zusammen mit Ulrich Mühe – noch einmal in einem historischen Stoff ein faszinierendes Gespann abgeben: in dem 1990 mit dem Bundesfilmpreis und dem Filmband in Gold für die beste Regie ausgezeichneten *Spinnennetz* von Bernhard Wicki, nach einem Roman von Joseph Roth. Hier spielt Mueller-Stahl als kaisertreuer und rücksichtsloser Baron von Rastchuk in der Zeit nach dem Ersten Weltkrieg den Kopf eines reaktionären und antisemitischen Geheimbundes. Er gehört zu jenen Kreisen, die den Nationalsozialisten den Weg an die Macht ebnen.

Lockruf nach Amerika

Fünf Jahre liegen zwischen *Oberst Redl* und dem *Spinnennetz*. Das ist genau die Zeitspanne, in der Mueller-Stahl schrittweise seinen Arbeitsschwerpunkt von der Bundesrepublik in die USA verlagert. Der *Redl*-Film hat daran einen großen Anteil, denn er erfährt in Nordamerika mindestens ebenso viel, wenn nicht sogar mehr Aufmerksamkeit als in Deutschland. Das liegt vor allem daran, dass die Geschichte in optimaler Weise den Stoff enthält, aus dem Hollywood-Filme konstruiert sind: Sex and Crime, Liebe und Intrige, Politik und Geschichte, Spionage und Verrat. Die Oscar-Nominierungen von *Oberst Redl* und *Bittere Ernte* machen den berühmten Hollywood-Agenten Paul Kohner auf Mueller-Stahl aufmerksam. Damit ist die erste Weiche nach Amerika gestellt. 1986/87 dreht er den von Kohner vermittelten Siebenteiler *Amerika* für das US-Fernsehen. Als das *Spinnennetz* herauskommt, ist er gerade dabei, sich über seine Arbeit an dem Costa-Gavras-Film *Music Box* fest in den USA zu etablieren.

Die Zeit der Mueller-Stahls in der Bundesrepublik ist geprägt vom Kampf um eine neue Existenz, um berufliche Anerkennung. Sie ist reich an Erfolgen und an Auszeichnungen, aber gleichzeitig arm an Geschichten, an Erlebnissen, von denen sie gern erzählen. Das liegt zum einen an der vielen Arbeit, die vor allem über ihn hereinbricht, in die er sich vielleicht auch flüchtet und durch die Gabi ihn begleitet. Es liegt zum anderen aber auch an einer gewissen emotionalen Kälte, die sie zu verspüren scheinen. Sie sind Fremde im eigenen Land. Dabei hatten sie sich keine Illusionen gemacht über das Glitzerding Westen aus Film, Funk und Fernsehen, anders als andere, die flüchteten, sich heraus- oder freikaufen ließen aus der DDR und nun ernüchtert einen bitteren Existenzkampf in der eingemauerten Stadt, dem Symbol der Freiheit des »Goldenen Westens«, führten. Westberlin ist in diesen Jahren der einzige Ort auf der Welt, an dem der »Mauerkoller« eine Variante von Gemütskrankheit ist, die unterschwellig aggressiv, depressiv oder, anders herum: hyperthym macht. Ständig leben die Mueller-Stahls in dem Bewusstsein, dass nicht weit von ihrer Wohnung am Kleinen Wannsee die Mauer durch den nahen Wald verläuft, und gleich dahinter grauen Ostberlin und die DDR. Vielleicht ist es nicht sozialverträglich, so sehr im Schatten dieses Monstrums zu versuchen, neue Wurzeln zu schlagen.

Es will denn auch nicht recht gelingen, weil das Alte ständig auf dem Neuen lastet. Es ist nicht nur die Mauer, die jeden Tag brutal an die verlorene Zeit oder ein verlorenes Leben erinnert. Es sind auch jene alten Freunde und Bekannten, die ihre Wurzeln drüben gekappt haben und den Mueller-Stahls nun ständig über den Weg laufen. Inzwischen empfindet man sich mehr als Konkurrenten denn als Freunde. Man belauert sich. Es ist merkwürdig, wie sich ausgerechnet in Westberlin alle aus der DDR Herausgelassenen und Hinausgeworfenen zusammenballen wie eine orientierungslos gewordene Herde, die nicht mehr drüben sein will und sich doch klammheimlich nach drüben sehnt. Und dort drüben sitzen die Gebliebenen und nehmen übel. Jedes Scheitern eines Gegangenen im Westen verbuchen sie als Etappensieg; jeden Sieg, jeden Karrieresprung indessen als stille Niederlage. Das sind keine guten Voraussetzungen für ein neues Leben mit alten Freunden.»In dieser Zeit haben deshalb eine ganze Reihe von DDR-Bekannten Berlin verlassen. Mein Freund Klaus Poche, Sarah Kirsch, Jurek Becker und wir eben auch.«[91]

Zu Hause an der Ostsee

Das Umland von München, wo sie sich gern niedergelassen hätten, ist den Mueller-Stahls zu teuer. Durch Zufall hören sie von einem freien Haus, sie sehen es sich an und kaufen es. Eine spontane Entscheidung. Also bringt der Möbelwagen sie an die Ostseeküste, in die Nähe von Lübeck, in einen kleinen, wenige Tausend Einwohner zählenden Badeort bei Neustadt in Holstein. Der Ort ist das totale Gegenteil von Westberlin. Geräusche machen nur der Wind und die Möwen, vom Haus blickt man über die Neustädter Bucht hinaus auf die See. Pläne, dass Gabi Mueller-Stahl sich eine Praxis einrichtet, zerschlagen sich. Während Armin unterwegs ist, sitzen die Frau und der Sohn zu Hause. »Wir [...] versuchten heimisch zu werden, hatten noch nicht einmal Bekannte, geschweige denn Freunde. [...] War es ein Fehler, Berlin verlassen zu haben? Wir fanden kaum Gründe, uns wohlzufühlen, wenn, dann waren es nur [...] die Nähe von Lübeck und Hamburg, und natürlich die von der Ostsee. Aber Bekannte? Schwer. Freunde? Noch schwerer. Die Schleswig-Holsteiner sind schon bemerkenswerte Leute, andante people, es geht so langsam, dass selbst mir, der ich langsam bin, es viel zu langsam war.«[92]

Zunächst wollen sie aber gleich wieder wegziehen, doch sie mögen die Landschaft, die sanften Hügel, satten Wiesen und gelben Rapsfelder, die Schilf bestandenen kleinen Seen Ostholsteins, die zauberhafte Idylle abseits der großen Straßen, den Blick in die Weiten des Horizonts. Also schließen sie einen Kompromiss und nehmen sich eine Zweitwohnung in Hamburg-Eppendorf, in der sie sich aufhalten, wenn sie ausgehen und sich mit Freunden treffen wollen. Das Haus an der Ostsee wird ihr Nest. Das bleibt es auch, als sie in späteren Jahren die meiste Zeit in Amerika und auf Reisen verbringen. Ein großer Flügel findet einen Platz, der Notenständer und Staffelei, Geige, Malstifte und Pinsel sind stets in Reichweite. Musik, Malerei und Schreiben sind zum Ausgleich für beruflichen Stress geworden. Die schönsten Momente sind die kleinen Hauskonzerte mit dem Vater als erstem Geiger und Sohn Christian am Flügel.

An die Wände hängt Mueller-Stahl Bilder von starker Ausdruckskraft. Es sind fast ausnahmslos Porträts, zeichnerische Notizen von Begegnungen mit Freunden, Feinden, Unbekannten. Gemalte und gezeichnete Tagebücher, Protokolle, Karikaturen und darunter auch so manch kleine Rache und Vergeltung für die eine oder andere von einem »Freund« oder »Kollegen« zugefügte und still ertragene Verletzung. Bilder, Szenen, Eindrücke, die den Blick eines jeden Betrachters auf sich ziehen und fesseln. Nicht nur wegen ihrer künstlerischen Komposition, sondern weil jedes Bild eine Geschichte erzählt.

Nur wenige Besucher kämen auf die Idee, dass dies Werke des Hausherrn sind, denn nur gute Freunde und Bekannte wissen, dass Mueller-Stahl immer gemalt hat. Er ist Experte für die leisen, aber wirkungsvollen Zwischentöne, beim Musizieren und auch in der Zeichnerei und Malerei. Selten nur noch, dass er in einem Film die Violine auspackt und spielt – wie später in Bernhard Sinkels *Kinoerzähler*. Gleichwohl hat er sein Instrument auf seinen Reisen stets dabei, ebenso den Skizzenblock, Stifte, Pinsel, Farben und Tusche. Die neo-expressionistischen Porträt-Skizzen und Aquarelle, die so im Laufe der Jahrzehnte entstanden, sind nur ein Bruchteil seines künstlerischen Werkes. Der größere Teil ist ausgelagert. Es sind nicht Hunderte, es sind Tausende Bilder.

Konzert im Haus
an der Ostsee

Mueller-Stahl malt schnell, exzessiv, mit untrügerischem Blick, und das seit Jahrzehnten. Er hat lange Zeit nie daran gedacht, für die Öffentlichkeit zu malen. Die Bilder sind über Jahrzehnte nur für ihn, seine Frau und seine Familie bestimmt. Deshalb bekommt sie auch kaum jemand zu sehen. »In Deutschland wird es nicht geduldet, wenn du ein zweites Talent hast. Sie wissen dann nur hämisch zu fragen: Wie? Sie malen auch? Und mit den Ohren? Mit denen können Sie nichts?« Dem mag er sich nicht aussetzen. Dabei ist es eine Sensation, die sich da ansammelt.

Auf ins Land der »großen Gaukler«

Doch zu dieser Zeit ist die Malerei für Mueller-Stahl eher noch Nebensache. Die Schauspielkarriere steht weiterhin im Vordergrund. Der heimliche Drang nach Westen, nach Amerika, ist stärker denn je, seit er das Gefühl hat, sich in der Bundesrepublik künstlerisch nicht mehr entfalten zu können. Unterhaltung, gute wie schlechte, kommt aus Hollywood. Nachdem sich die Chance bot, im Ausland Filme zu machen, traten für Gabi Mueller-Stahl Pläne einer Niederlassung als Ärztin in Schleswig-Holstein zunehmend in den Hintergrund. Schon bald nach der Übersiedlung in die Bundesrepublik suchten sie nach einer Möglichkeit, wenigstens zeitweise im Ausland zu leben. Sie träumten von Italien und – nach einem Film Armin Mueller-Stahls mit Patrice Chéreau – von Frankreich, vor allem aber träumten sie von Amerika, von Hollywood. Doch wie sollte das gehen? Sie sprachen keine der Sprachen dieser Länder. In der Schule hatten sie nur Russisch und Latein gelernt. Als aber *Bittere Ernte* und *Oberst Redl* für den Oscar nominiert wurden, drängte Gabi ihren Mann, nach Amerika zu reisen, um zu sehen, ob es nicht vielleicht doch eine Chance gäbe, sich den Traum zu erfüllen. Zwar hatten sie schon nach zwei Wochen ihr Erspartes ausgegeben, kamen aber immerhin mit dem ersten Rollenangebot zurück. Sechs Jahre reisen die beiden hin und her zwischen Amerika und der Ostsee. Dann, als er sich in Hollywood etabliert hat und es sich zu lohnen beginnt, nehmen sie eine Wohnung in Los Angeles, zunächst in Marina del Rey, in Fußentfernung vom Pazifik.

Rückblickend war die Bundesrepublik für Armin Mueller-Stahl in den Jahren nach seiner Ausreise aus der DDR eine Art Wartesaal, bis er das in den Zeiten des »verordneten Sonntags« erträumte Flugticket nach Hollywood in der Tasche hat. »Das Land meiner Helden ist immer Amerika gewesen, das Land der Gary Coopers, der Spencer Tracys und all der anderen großen Gaukler, die ich nach 1945 so bewundert habe.«

AMERIKA

Der Zauberer vom Sunset

März 1986. Der erste Eindruck von Amerika. Von Hollywood. Die
Begegnung mit Paul Kohner, dem »Zauberer vom Sunset«, wie der
Herr über so viele Karrieren respektvoll genannt wird. Eine legen-
däre Figur. Kohner ist jüdischer Emigrant und Mitbegründer des
European Film Fund, der in die USA exilierte deutsche Künstler,
Schriftsteller, Schauspieler und Filmleute finanziell unterstützte.
Seine 1938 gegründete Agentur vertrat einst auch Bertolt Brecht,
Fritz Lang, Billy Wilder, Curt Bois, Peter Lorre und John Huston.
Die Mueller-Stahls wohnen im *Le Parc*, einem hübschen kleinen
Hotel. Walter Kohner, der jüngere Bruder Paul Kohners, holt die
beiden mit einer großen Limousine ab und bringt sie zu der be-
rühmten Agentur am Sunset Boulevard 9169, einem gepflegten,
zweistöckigen Art-déco-Gebäude an der Grenze zwischen West-
Hollywood und dem Villenteppich von Beverly Hills. Der noch
berühmtere Chef sitzt hinter seinem Schreibtisch, ein sehr alter
Herr. Kohner ist vierundachtzig. »Aber dann stand er auf. Wie
eine Majestät stand er auf, begrüßte uns in einem unglaublich gepflegten Anzug und in blank polierten Schuhen. Das hat auf mich
großen Eindruck gemacht, so viel Gepflegtheit, wie einer so sehr
darauf achtgibt, dass auch kein Fussel an seinem Anzug zu sehen
ist. Das war perfekt. Er begrüßte mich wie einen Staatsgast.«
   Man spricht miteinander, tastet sich ab. Dann die Frage, die
kommen muss: »Wie steht es mit Ihrem Englisch?« Und Mueller-Stahl antwortet aufrichtig: »Kümmerlich.« Zu seiner Überraschung misst Kohner dem jedoch anscheinend weniger Bedeutung

bei als befürchtet: »Er sagte, so wie ich wäre, als Schauspieler-persönlichkeit und mit meinem ›Background‹, könnte ich dennoch für viele Rollen ernsthaft in Betracht kommen. Ich sei ein Profi, ein Charakterdarsteller, mit dem man arbeiten könne.« Kohner unterbreitet Mueller-Stahl das erste Angebot. Er soll in der siebenteiligen Produktion für den großen Fernsehsender ABC, die – ausgerechnet – auch noch *Amerika* heißt, eine der Hauptrollen übernehmen. In der Serie geht es um die Eroberung und Besetzung der USA durch die Sowjetunion. Mueller-Stahl ist als russischer General Petya Samanov vorgesehen, der Amerika besetzt und das Weiße Haus in die Luft sprengt, sich am Ende jedoch erschießt. Eigentlich möchte er seinen Einstand in den USA nicht gern als Verkörperung eines Sowjet-Monsters geben, aber Kohner versichert ihm, das Drehbuch sei politisch ausgewogen und fair. Also nimmt er an. Er hat allerdings auch kaum eine andere Wahl, wollte er den zum Greifen nahen Einstieg ins US-Filmgeschäft nicht aufs Spiel setzen.

Und so wird die Adresse Sunset Boulevard 9169 für Mueller-Stahl zu einem Meilenstein seiner Karriere. Er hat das Haus nicht vergessen, erinnert sich gern an seinen ersten Besuch dort. Aus ihrer ersten Begegnung entwickelt sich eine Freundschaft der Mueller-Stahls mit den aus Böhmen stammenden und vor den Nationalsozialisten in die USA emigrierten Kohner-Brüdern, insbesondere mit Walter. Paul Kohner stirbt schon zwei Jahre später, 1988, im Alter von knapp sechsundachtzig Jahren, Walter 1996 mit zweiundachtzig.

Nach der ersten Begegnung beginnt Mueller-Stahl umgehend Englisch zu lernen, »by picking up words«, durch das Aufschnappen von Wörtern. Er verbessert sich schnell. Die Frage nach seinen Englischkenntnissen wird ihn dennoch eine Weile begleiten und sich, je besser, je perfekter es geht, abwandeln in die Frage nach dem Akzent, bis auch das sich verliert. Aber wer sich viele Jahre später noch einmal daran stören sollte, ist nicht etwa ein amerikanischer, sondern ausgerechnet ein deutscher Produzent. Wäre das

Ganze nicht so ernst, wäre es eine unglaubliche Posse: Nach der Verfilmung von Isabel Allendes *Geisterhaus* (1993) durch den dänischen Regisseur Bille August verfällt man bei Bernd Eichingers Produktionsfirma *Neue Constantin Film* auf die ungewöhnlich radikale wie verhängnisvolle Idee, Mueller-Stahls Akzent in vorauseilendem Gehorsam für das amerikanische Publikum einfach zu tilgen, indem man ihm seine Stimme nimmt. Die amerikanische Kritik, die den Film trotz der Starbesetzung mit Jeremy Irons, Meryl Streep, Glenn Close, Winona Ryder, Antonio Banderas und Vanessa Redgrave wegen eines missglückten Drehbuches mit nur wenig Begeisterung aufnimmt, bemerkt dies jedoch prompt und mokiert sich: »Das erste Anzeichen für Unstimmigkeiten in dem Film stellt sich fast gleich zu Beginn ein, wenn offensichtlich wird, dass die Stimme des großen deutschen Schauspielers Mueller-Stahl, der Claras Vater spielt, synchronisiert wurde. Die statt seiner unterlegte beliebige Stimme korrespondiert nicht mit der großartigen schauspielerischen Leistung. Weshalb der Regisseur August sich entschied, ihn zu synchronisieren, ist ein Rätsel, zumal da Mueller-Stahl niemals in einem seiner anderen englischsprachigen Filme schwer zu verstehen war (wie beispielsweise *Avalon* oder *Music Box*)«, schreibt Jean Oppenheimer in der *LA Village View*.[93] Die *Los Angeles Times* findet gar, die Mitwirkung in dem Film sei »ein Fehltritt in den Karrieren fast eines jeden, der damit zu tun hatte«.[94] Eine Synchronisation wäre auch deshalb unnötig gewesen, weil der Film in Südamerika spielt, einem Kontinent, in dem es bekanntlich vor Akzenten wimmelt. »In den USA«, so Mueller-Stahl, »ist es einfach undenkbar, dass ein Schauspieler nicht seine eigene Stimme hat. Das hatten die Eichinger-Leute nicht begriffen.« Da wirkt es fast schon wie feine Ironie, als Armin Mueller-Stahl 2008 in Roland Emmerichs *10.000 BC* dem Ägypter Omar Sharif die deutsche Erzählerstimme leiht.

In dem von Oppenheimer in der *LA Village View* erwähnten und drei Jahre vor dem *Geisterhaus* gedrehten Film *Avalon* des amerikanischen Starregisseurs Barry Levinson hatte der deutsche Schauspieler in der Hauptrolle als Oberhaupt einer jüdischen Familie in Baltimore sogar einen ganzen Film lang jiddisch gefärbtes Englisch gesprochen. Der Film avancierte in Amerika zum Kultfilm. Wegen einer ausgiebigen Sequenz, in der ein von Familienstreitigkeiten begleitetes Truthahnessen zu sehen ist, wird er alljährlich zum Thanksgiving-Fest in Kinos und im Fernsehen gezeigt. »Cut the turkey – Schneid den Truthahn an«, ist zu einem geflügelten Satz geworden, den die Leute Mueller-Stahl in Anspielung auf diesen Film zurufen, wenn sie ihn auf der Straße wiedererkennen.

Herzklopf mit Helmut Schmidt

Die Geschichte von Armin Mueller-Stahls Einstieg in Hollywood könnte selbst aus einem Drehbuch stammen. Wie viele Schauspieler in Deutschland mögen von einer solchen Begegnung wie der mit Kohner und einer solchen Chance, wie er sie bekommen hat, geträumt haben oder träumen? Unter ihnen solche, die vielleicht fließend englisch sprechen können und jünger sind. Es gibt ein paar wenige, die es in den neunziger Jahren geschafft haben, in Hollywood einen Fuß in die Tür zu bekommen. Jürgen Prochnow, Gottfried John, Til Schweiger und Franka Potente zum Beispiel. Aber nicht für lang, dann waren sie wieder zurück in Deutschland. Unter den Schauspielern der Nachkriegszeit fallen einem noch Curd Jürgens, Hardy Krüger, Gert Fröbe, Elke Sommer und Horst Buchholz ein. Mueller-Stahl hingegen ist auch nach fünfundzwanzig Jahren noch dort. Und neuerdings hat der vielsprachige, im deutschen Fernsehen fest verankerte Christoph Waltz, der sich mit seinen Rollen in Quentin Tarantinos *Inglorious Basterds* und *Django Unchained* einen Oscar erspielt hat, den Durchbruch in Hollywood geschafft. Wirklich Fuß zu fassen und sich – wie Mueller-Stahl – mehr als zwanzig Jahre lang in dem gnadenlosen US-

Filmbusiness zu behaupten, ist nicht nur ungleich schwerer als in Deutschland, man braucht zudem einen langen Atem, muss sich anpassen können – und muss nicht nur gut und erfahren, sondern vor allem professionell besser als die amerikanische Konkurrenz sein.

Zurück zu den Anfängen: Mit Kohners Rollenangebot in der Tasche reist Mueller-Stahl schließlich von Los Angeles nach Nebraska, wo er Donald Wrye, den Regisseur der *Amerika*-Serie, trifft. Wenige Monate später fällt die Startklappe: »Ich habe diesen Film mit wahnsinnig viel Herzklopf gedreht«, erinnert er sich. Er sagt gern »Herzklopf« oder »nebenbei gesagt«, wenn ihn etwas in Wahrheit sehr bewegt und aufwühlt und ihm etwas bedeutet. Ganz klein habe er sich gefühlt damals. »Als einer, der gerade mal sein Essen auf Englisch bestellen konnte, stand ich plötzlich in den Studios und fragte mich: Was willst du hier?« Er ging auf die sechzig zu, war in einem Alter, in dem man sich in Deutschland auf ein gemütliches Pensionärsdasein vorbereitet und die am sehnlichsten erwartete Post die jährliche Standmitteilung der Rentenkasse ist. Aber dann hätte er nicht zu den Kohners gehen dürfen. Die hatten schon vielen Künstlern im Ruhestandsalter zu einer neuen Existenz verholfen. Die Kohners waren zwar Wohltäter und Lebensretter, doch sie waren auch Geschäftsleute. Irgendwann waren ihre Schützlinge sich selbst überlassen, mussten schwimmen lernen in diesen im metaphorischen Sinne haiverseuchten Gewässern der kalifornischen Filmbranche. Und da auch in Amerika Karrieren mit der Sprache stehen und fallen, paukte Mueller-Stahl mit seinem schier unverwüstlich deutschen Akzent also erst einmal Englisch.

»Mit wahnsinnig vielen Ängsten« habe er sich dann in *Amerika* eingearbeitet, »mit einem teilweise nicht sehr freundlichen Regisseur.« Die Erinnerung ist ihm nicht angenehm. Seine Filmpartner sind Kris Kristofferson als amerikanischer Präsidentschaftskandidat Devin Milford und Sam Neill als KGB-Oberst. Seine Unsicherheit und Nervosität wird gesteigert durch ein albtraumhaftes Erlebnis während der Dreharbeiten: »Ich sehe einem Schauspieler zu, wie er eine Rede halten muss. Er hält die Rede und ist toll. Das war aber noch die Probe. Dann die Aufnahme, und er bleibt hängen. ›Sorry‹, sagt er, ›noch mal.‹ Und er bleibt ein zweites Mal hängen. Und jetzt werden die Hänger immer dramatischer. Und ich merke, psychologisch ist da jetzt ein Knacks bei ihm, da kommt er nicht mehr drüber. Das war so furchtbar: Du erlebst das Sterben eines Schauspielers. Und dann starb er. Solche Pannen können tödlich sein in diesem Geschäft.« Mueller-Stahl leidet alles noch einmal durch, während er die Situation nacherzählt, schlägt schließlich erregt die Hände vors Gesicht, als sei er derjenige gewesen, der da starb. »Ich wusste, am nächsten Tag bin ich mit einer viel längeren Rede dran. Mit meinem Nicht-Englisch. Und so bin ich ins Hotel geschlichen. Mit diesem ›Herzklopf‹. Und jetzt kommt es noch schlimmer. Um ein Uhr nachts kriege ich drei oder vier Seiten neue Texte, die ich lernen muss für den nächsten Tag.«

Es gelingt ihm zunächst, die Aufnahme zu verschieben und einen Coach zugeteilt zu bekommen. Doch dann schlägt auch für ihn die Stunde der Wahrheit. Ausgerechnet Helmut Schmidt kommt ihm in dieser Situation in den Sinn, den er, wie er verrät, nicht nur als Bundeskanzler, sondern besonders auch als Schauspieler schätzt: »Der tat oft so, als lese er seine Reden ab und hat doch frei gesprochen. Diese Pausen, die dieser Mann als Politiker hielt – unglaublich. Das nennt man professionell und souverän. Erfahrene und große Künstler erkennt man daran, dass sie Pausen zu machen – und zu halten verstehen.« Mueller-Stahl ist ein Großmeister der Pausen und sparsamen Gesten. In allem. Wahre Schauspielkunst hat für ihn mit Pausen zu tun. Die Übergänge sind es seiner Meinung nach, die die Spannung erzeugen und Neugierde auf mehr wecken. Sodann: Voraussetzung für »richtiges Spielen« sei »richtiges Denken«. »Auch für richtiges Schreiben, nebenbei gesagt. Und für richtiges Malen«, fügt er hinzu. »Du musst den Text richtig denken. Wenn du ihn richtig denkst, dann sprichst du ihn auch richtig. Es gibt viele Möglichkeiten ›Sein oder Nichtsein –

das ist hier die Frage‹ zu sprechen. Das Entscheidende ist: Wie setze ich die Pausen? Verrückte Sachen zu spielen, ist sehr leicht. Schwer ist es eigentlich, nichts zu machen, und trotzdem ist alles da, was du zeigen willst.« Das ist sein Erfolgsrezept.

Wobei das »richtige Denken« nicht allein erlernt werden kann. Der entscheidende Teil daran ist die Begabung – und sie ist das wahre Geheimnis des Erfolgs. Wenn er also sagt, er habe einfach Helmut Schmidt als General nachgemacht und damit die Hürde in Amerika geschafft, dann ist das freundliche Koketterie. Gerettet haben ihn seine Professionalität und seine Begabung: »Ich sagte mir, als ich vor die Kamera trat und mein Herz mir bis zum Hals schlug: ›Ich-bin-nicht-zu-töten!‹« Noch Jahre später, wenn er die Szene schildert, ist die Dramatik jener Stunde für sein Gegenüber zu fühlen. »Wenn ich dort auch ›gestorben‹ wäre, wie jener Schauspieler, das wäre das Aus gewesen in Amerika. Und innerlich für mich.«

Aber es war nicht das »Aus«. Vielmehr öffnet *Amerika* Mueller-Stahl die Türe ins wirkliche Amerika. Um an diese Türe anklopfen zu können, brauchte es etwas, an dem es vielen mangelt: »Eine fertige Figur«. Und die war er. Die Fehler, die einer noch als junger Schauspieler macht, liegen lange hinter ihm. »Man erwartet von dir, dass du einfach gut bist«, habe Morgan Freeman zu ihm gesagt. Das erklärt dem Neuankömmling ein Grundprinzip des amerikanischen Kinos: »Die Amerikaner importieren keine Filme, sie importieren Talent.«

Amerika *oder Das Ende einer Freundschaft*

Die Freundlichkeiten, die ihm in den USA widerfahren, werden schon sehr bald konterkariert durch einige Unfreundlichkeiten aus Deutschland. Alte Freunde und Bekannte nehmen übel. Intellektuell. Weil Mueller-Stahl durch seine Mitwirkung in der *Amerika*-Serie rechtslastige Vorurteile schüre und Wasser auf die Mühlen der Entspannungsgegner leite. Die alten Freunde in der DDR und die Sowjetunion würden als Eroberer der USA ins Zwielicht gerückt, heißt es. »Bester Armin«, so habe ihm, erzählt Mueller-Stahl, der Schriftsteller Jurek Becker, sein alter Weggefährte aus dem Osten, geschrieben: »[…] Ich höre, dass Du ganz und gar nicht findest, an einem üblen Unternehmen beteiligt gewesen zu sein, und dass es nichts zu entschuldigen gäbe, der Film sei ein Märchen, der Regisseur sei ein in Amerika bekannter Linker […].«[95] Becker mutmaßt empört, ob Mueller-Stahl »die Wende mitmachen« wolle, »was in letzter Zeit gar nicht selten zu beobachten« sei. Natürlich, so fährt er gleichermaßen zornig wie selbstgerecht fort, sei es »Dein Recht, jedes Projekt, an dem Du beteiligt bist, für gut und richtig und ehrenwert zu halten. Dann musst Du Dir aber auch gefallen lassen, wenn andere das verächtlich finden, wenn sie Dir vorwerfen, schnell mal die Seite gewechselt zu haben, für Geld oder aus Überzeugung. (Was nicht weniger bedenklich wäre) […].« Allerdings gehöre »es wohl zum Wesen der Sache, dass die Mitläufer bei solchen Unternehmungen leicht der Selbsttäuschung« erlägen. Er spielt damit auf die geistig-moralische Wende des damaligen, seit Anfang der achtziger Jahre regierenden christdemokratischen Bundeskanzlers Helmut Kohl an. Die andere Wende, jene, die als Folge von Michail Gorbatschows »Glasnost und Perestroika«-Politik in Moskau zum Ende der DDR und des Kommunismus in Osteuropa führt, steht erst noch bevor. Als Becker seinen Brief schreibt, steht die DDR noch in selbstbewusster Blüte.

Schließlich versteigt sich Becker zu einem perfiden Vergleich. Er versucht, Mueller-Stahl – den er doch eigentlich seit langem kennt – mit dem Schauspieler Heinrich George auf eine Stufe zu stellen, der sich vom Kommunismussympathisanten zum Nationalsozialismus wandte und sich von Hitlers Reichspropagandaminister Joseph Goebbels vor den Karren spannen ließ: »Vielleicht war Heinrich George, als er seine Rolle in *Kolberg* annahm, auch der Ansicht, der Film sei nicht mehr als ein Märchen.« Er wolle nicht sagen, so Becker, beide Projekte »seien zum Verwechseln ähnlich, aber ein bisschen vergleichbar sind sie schon«.[96] Mueller-Stahl empfindet dies als einen schlimmen Brief, der, nicht zuletzt durch die als ehrverletzend empfundene Anspielung auf Heinrich Georges Rolle, tief unter die Gürtellinie zielt. Der 1943/44 gedrehte, historisch verfälschte Goebbels'sche Durchhaltefilm erzählt vom Kampf der Festung Kolberg gegen die französischen Besatzer unter Generalfeldmarschall von Gneisenau. Mueller-Stahl ist wütend, bestürzt, gekränkt. »Hatte ich jemals Zweifel, den Film gemacht zu haben, nach dieser Lektüre hatte ich keine mehr«, schreibt er in *Drehtage*.[97] Auch glaubt er zu wissen, dass Becker und andere Kritiker den Film gar nicht, jedenfalls nicht in voller Länge, gesehen hätten, weil er in Deutschland nämlich nicht zu sehen war. Das in die DDR-Zeit zurückreichende gute Verhältnis der beiden ist zerstört. Auf seine eigene, subtile Art zahlt Mueller-Stahl es Becker 1990 indirekt heim, indem er »politisch korrekt« in der Verfilmung von dessen Roman *Bronsteins Kinder* (1990, Regie: Jerzy Kawalerowicz) mitspielt – als emotional verkümmerter Arno Bronstein, der mit zwei Lagerfreunden Selbstjustiz an einem ehemaligen Aufseher üben will. Im *Fischer Film Almanach* heißt es dazu: »Vor allem die Darstellung Armin Mueller-Stahls, der Arno Bronstein kraftvoll und zerbrechlich zugleich Gestalt verleiht, bleibt im Gedächtnis haften. Ein lesenswertes Buch, ein sehenswerter Film, der durch miserablen Verleiheinsatz wenig Chancen erhielt, sein Publikum zu finden.«

Sechs Jahre später, 1997, stirbt Becker neunundfünfzigjährig an Krebs, ohne dass es zwischen den beiden zu einer Versöhnung gekommen wäre. »Da dachte ich, das Einzige, was ich vielleicht tun kann, war, bei der amerikanischen Neuverfilmung seines Buches *Jakob der Lügner* (1999, Regie: Peter Kassovitz) mitzumachen.« In Frank Beyers DDR-Verfilmung von 1974 trat Mueller-Stahl nur in einer kleineren Rolle auf. Dieses Mal, in der 1999 fertiggestellten Hollywood-Fassung, ist er an der Seite des von Robin Williams gespielten Jakob als der jüdische Ghetto-Arzt Dr. Kirschbaum zu sehen. Sein gleichermaßen eindrucksvolles wie bewegendes Spiel, das entscheidend zur Glaubwürdigkeit und Qualität des Films beiträgt, möchte er wie einen posthumen versöhnenden Handschlag und eine stille Geste des Verzeihens gegenüber Becker verstanden wissen.

Das Argument, Amerika gefährde die Entspannungspolitik, war zu sehr an den Haaren herbeigezogen, als dass man dies Mueller-Stahl ernsthaft zum Vorwurf hätte machen können. Diese Sorge war ohnehin unbegründet, denn der Mehrteiler wurde zwar populär und hatte einen gewissen Erfolg, Filmgeschichte geschrieben hat er gleichwohl nicht, und er verschwand auch bald, womöglich aus »politisch-korrekten« Gründen, in der Versenkung. Für Mueller-Stahl, dessen Auftritt von der Kritik positiv bewertet wurde, war es jedenfalls eine gute Einstiegsübung. So wie er sich nach dem Wechsel von Ostdeutschland nach Westdeutschland mit drei Fernsehkrimis gewissermaßen in der neuen Umgebung ein- und warmgespielt hat, hat er es in den USA mit *Amerika* getan.

Als ihm angeboten wird, eine Figur vom Typ des britischen Schauspielers und Komikers Peter Sellers *(Pink Panther)* zu entwickeln, denkt er mit einem Autor darüber nach. »Aber mir war klar, falls dieser Film erfolgreich wäre, würden weitere folgen, und ich wäre für den Rest meines Lebens mit dieser einen Rolle beschäftigt und identifiziert. Dann hätte ich zwar auch diese Millionen verdient. Doch ich hätte viele Freiheiten verloren. Ich habe also eine Woche drüber geschlafen und habe es dann auch einschlafen lassen.«

Rückkehr nach Ostpreußen

Von Amerika geht es für Mueller-Stahl aber zunächst einmal zurück in seine ostpreußische Heimat – nach *Jokehnen*, jenem realfiktiven Dorf aus dem 1974 erschienenen gleichnamigen Roman von Arno Surminski, der 1986/87 für das Zweite Deutsche Fernsehen (ZDF) verfilmt wurde. Buch wie Film handeln vom nationalsozialistisch geprägten Alltag in einer Dorfgemeinschaft im deutschen Osten vor allem während des Zweiten Weltkrieges, von der Eroberung Ostpreußens durch die Rote Armee, von Flucht, Vertreibung und Tod. Mueller-Stahl spielt in dem insgesamt viereinhalbstündigen Dreiteiler den Schneidereiinhaber und Bürgermeister von Jokehnen, Karl Steputat. Zusammen mit seiner Frau Martha (Ursela Monn) schließt er sich naiv und anpassungswillig, wenn auch mit leichtem Unbehagen der Hakenkreuzfahne an. Nach und nach zersetzt der Nationalsozialismus aber die bisher gut harmonisierende dörfliche Gemeinschaft, gleichzeitig versinkt die Welt des »Führers« hinter dem ländlichen Idyll Ostpreußens in einem von diesem angezettelten Weltkrieg. Bis schließlich die Gewalt mit aller Wucht auch über Jokehnen und die kleine Familie Steputat hereinbricht. Im Mittelpunkt der Geschichte steht Hermann, der 1934 geborene Sohn der Steputats. Er wird ab dem zweiten Teil des Dreiteilers von Mueller-Stahls Sohn Christian gespielt.

Der Film ist eine gelungene, einfühlsame Umsetzung des Buches von Surminski. Er spiegelt in authentischer Weise das Schicksal von Hunderttausenden von Menschen, die Adolf Hitler willig und gleichermaßen sehenden Auges blind in die Katastrophe folgten. Beispielhaft hierzu sind eine Szene zum Ende des ersten und eine zu Beginn des zweiten Teils. In der ersten ist Karl Steputat zu sehen, wie er in seiner Schneiderei in eine große Europakarte Fähnchen um Fähnchen steckt, um die Positionen der deutschen »Blitzkrieg«-Armee zu markieren, und verblüfft ausruft: »Ich wird’ verrückt! Nur noch 100 Kilometer bis zum Eiffelturm. Das sind knapp vier Wochen. Das ist unglaublich. Das flutscht unter Adolf ganz anders als unter Kaiser Wilhelm.« In der anderen Szene sitzt man mit Freunden beim Sonntagskaffee, als der Schneidergeselle hereinplatzt und ausruft, Deutschland habe Amerika den Krieg erklärt. Betretenes Schweigen und Entsetzen in der Runde. Einer sagt: »Der Hitler ist verrückt geworden!« Bürgermeister Steputat ringt um Fassung und meint schließlich: »Amerika …? Wie will der Führer das schaffen? Das ist doch so'n Riesenreich wie Russland. Vielleicht hätte ihm jemand rechtzeitig zwei Eisenbahnfahrkarten schenken sollen. Eine von Minsk nach Wladiwostok und eine von New York nach San Francisco.« Um dann sogleich hinzuzufügen: »Aber eines müssen wir trotzdem feststellen – da beißt die Maus keinen Faden ab: Bisher ist alles, was der Führer angefangen hat, gut gegangen.« Unaufhaltsam nimmt das selbst gewählte Schicksal seinen Lauf. Für die einen am Ende Richtung Sibirien, für die anderen im Güterwaggon Richtung Westen.

Für Mueller-Stahl ist *Jokehnen* eine Reise in die eigene Vergangenheit nach Ostpreußen, wo er eine glückliche Kindheit verbrachte. Dem harten Schicksal der Steputats entgingen die Mueller-Stahls zwar, weil sie sich vor dem Krieg schon auf den Weg Richtung Berlin gemacht hatten. Doch am Ende müssen auch sie vor dem Bombenhagel fliehen, und Armin Mueller-Stahl verliert wie Hermann Steputat den Vater.

Durchbruch als Nazi und als Jude: Music Box *und* Avalon

Das Thema des Nationalsozialismus begleitet ihn auch bei seinen nächsten Projekten in Amerika. Gleich im Anschluss macht er seine beiden, wie er findet, wichtigsten Filme in den USA: *Music Box* (1989), unter der Regie von Constantin Costa-Gavras (*Z, Missing*), und *Avalon* (1990) von Barry Levinson (*Rain Man, Good Morning Vietnam*). Die Dreharbeiten, sein Hineinwachsen in die Rollen und die Reflexionen über die Zeit der Entstehung dieser Filme beschreibt er in seinem Tagebuch *Drehtage*. Mit ihnen etabliert er sich endgültig auf dem amerikanischen Markt.

Unterschiedlicher hätten die Figuren kaum sein können, die Mueller-Stahl in den beiden Filmen zu verkörpern hat und in de-

Mit Jessica Lange in *Music Box* (1989)

nen er ein weiteres Mal seine ganze künstlerische Bandbreite aus-
spielt: In *Music Box* ist er Mike Laszlo, ein aus Ungarn stammender
und bei Kriegsende in den USA untergetauchter Nazikriegsver-
brecher, der dort fortan als Biedermann und liebender Großvater lebt. Als ihn die Vergangenheit einholt, gelingt es ihm, seine
von Jessica Lange gespielte Tochter davon zu überzeugen, dass er
das Opfer einer Verwechslung ist. Er bringt sie dazu, ihn vor Ge-
richt zu verteidigen, und gewinnt den Prozess mangels Beweisen.
Doch eines Tages findet die Tochter die schreckliche Wahrheit
heraus.

Die Laszlo-Figur beruht auf dem Fall des nach dem Zweiten
Weltkrieg in Cleveland untergetauchten John Demjanjuk, eines
ehemaligen Aufsehers des Konzentrationslagers Treblinka. Demjanjuk wurde nach seiner Enttarnung 1986 nach Israel ausgeliefert
und zum Tode verurteilt. 1993 wurde dieses Urteil wegen eines
juristischen Irrtums aufgehoben. Demjanjuk kehrte zurück in
die USA, wurde aber 2009 erneut ausgeliefert – dieses Mal nach

Deutschland, wo ihm wegen Beihilfe zum Mord in 27 900 Fällen im Vernichtungslager Sobibor der Prozess gemacht wurde. Ganz bewusst hat Costa-Gavras für die Rolle des Laszlo »ein unbekanntes europäisches Gesicht« gesucht, einen intelligenten Schauspieler, der fähig sei, »in eine Figur zu steigen, und sie von innen zu gestalten«.[98] Ursprünglich wollte er keinen Deutschen für die Rolle haben. Aber am Ende sei Mueller-Stahl eben doch der Richtige gewesen.

In *Avalon* erzählt Mueller-Stahl als Sam Krichinsky die anrührend-melancholische Geschichte des Oberhauptes einer russisch-jüdischen Einwandererfamilie in Baltimore, das zeitweilig seinen Lebensunterhalt mit dem Einlaufen neuer Schuhe von fremden Leuten verdient. Aus zwei Gründen ist auch dies eine schwierige, ja beinahe tückische Rolle: Zum einen ist es ein großes Privileg, in den USA als Deutscher der Kriegsgeneration in einer Hauptrolle einen Juden zu spielen, weshalb die Kritiker ein besonderes Augenmerk auf ihn richten. Zum anderen handelt es sich bei diesem Juden um den Großvater des Regisseurs und um dessen Familiengeschichte.

Beide Rollen sind für Armin Mueller-Stahl in gleicher Weise Traumparts. Sam in *Avalon* ist sogar noch mehr als das: »Sam Krichinsky ist mein Herzstück. Von allen Filmen, die ich bislang gemacht habe, ist dies mein Favorit«, sagt er, als der Film herauskommt.[99] Und ein wenig ist es so auch geblieben. Dennoch hat er die beiden »immer als eine Figur gesehen, so wie ich den Kronprinzen in *Oberst Redl* und den Bauern Leon Wolny in *Bittere Ernte* immer als eine Figur gesehen habe«. »Sam Krichinsky ist eine tragikomische Figur, ein Anti-Mike-Laszlo«, erläutert Mueller-Stahl die beiden Typen. »Er ist die Art von Mensch, die Mike Laszlo umgebracht haben würde. Ich mag es, beide Seiten einer Medaille zu spielen, sozusagen: Faust und Mephistopheles.«

Den Kriegsverbrecher stellt er nicht wie im Drehbuch vorgesehen dar, denn dort ist er von Anfang an verdächtig, hat die Geschichte eines Monsters. Mueller-Stahl macht mit seiner Interpretation die Geschichte eines gewöhnlichen Mannes daraus, gibt ihm die Fassade eines Vaters, Bruders oder Nachbarn, den niemand mit einer solch schrecklichen Vergangenheit in Verbindung bringen würde. Die Botschaft soll sein: Jeder kann schuldig werden. Wie bringt man aber einen solchen scheinbar gewöhnlichen Mann, der so große Schuld auf sich geladen hat und dies um den Preis der Liebe seiner Tochter verbergen muss, den Zuschauern nahe? »Im Leugnen muss man immer auch das Eingestehen der Schuld spüren, das wie eine Grundierung unter allen seinen Szenen liegen muss.«[100]

Es war für alle Beteiligten anfangs ein schwieriges Stück Arbeit, sich da hineinzufinden und gegen die Ursprungsidee des Drehbuches anzuspielen. »Wir sehen uns die Muster an. Stumm«, notiert Mueller-Stahl an einem der ersten Drehtage in sein Tagebuch. »Ohne Ton ist es immer abscheulich, aber diesmal ganz besonders. Ich mache zu viel, von Mike Laszlo ist nichts da. Nicht ein Anflug. Falsche Bewegungen, falsche Haltung, dieser Herr stimmt in keinem Stück, ich komme mir zurückversetzt vor in meine Anfängerzeit.«[101]

Aber wie spielt man Schuld und Unschuld? »Costa sagt: Mach gar nichts. Nur Blicken ist am stärksten.«[102] Aber Mueller-Stahl findet, es sind nicht nur sparsame Gesten und der Blick, die überzeugen müssen. Es sind die Schuhe! »Wie bitte, die Schuhe?«, fragt ihn ein Kollege, der sich darüber wundert, dass er in den ersten Szenen auffallend dicke Schuhe trägt. Mueller-Stahl erklärt: »Mike schlurft, er ist neunundsechzig, die Furcht drückt ihn. [...] Die Schwierigkeit: Der Gang darf nicht ›angeschafft‹ wirken, er muss Mike Laszlo gehören, der meine Statur, meinen Gang hat. Über allem steht die Glaubwürdigkeit. Ich habe mir für die ersten Szenen dicke Schuhe ausgesucht. In der Mitte des Films wird er Tennisschuhe tragen, [...] und am Ende dünne Lederschuhe. Die Schuhe verändern nicht nur den Gang, sondern den ganzen Mann. Mit Tennisschuhen wird er sich stark fühlen, und mit Lederschuhen wird er etwas Tänzelndes haben, plötzlich wieder Nazi, spielend mit seinen Opfern.«[103] Schauspielerei fange auch bei den Schuhen an. Siehe Charlie Chaplin. »Wenn die Füße stimmen, stimmt auch das Gesicht.«[104]

Dann, nach mehreren Wochen Zusammenarbeit, hält er eines Tages erleichtert fest: »Costa kommt in meinen Wohnwagen. Er ist gut erholt, hat die Grippe überwunden. Der Stress ist aus seinem Gesicht gewichen. Er sagt, der Mann, der das Geld für diesen Film gegeben hat, hat die Muster in L. A. gesehen. Er findet dich ›great‹.«[105]

Als *Music Box* in die Kinos kommt, bewertet die Filmkritik den Stoff zurückhaltend. »Was daran aber großartig ist«, merkt gleichwohl die *Los Angeles Times* in der Weihnachtsausgabe 1989 an, »sind die Schauspieler. Als Laszlo hat Mueller-Stahl – der emigrierte ostdeutsche Schauspieler, der durch seine Arbeiten mit Fassbinder und Agnieszka Holland berühmt wurde – einen unvergesslich eindringlich-packenden Blick. Sein Laszlo spricht mit einem Grabesflüstern, welches das Gefühl einer von innen heraus vertrocknenden Seele suggeriert, mit einer extremen Zurückhaltung, die sowohl zu einem pflichtbewussten eingewanderten Stahlarbeiter gehören könnte, wie zu einem verschlagenen Mann von gewalttätigem Temperament, welches er sorgfältig zu verbergen versteht. Es gehört zur Strategie des Films und Mueller-Stahls, uns andauernd zwischen diesen beiden Möglichkeiten hin- und herschwanken zu lassen.«[106]

Und die *Frankfurter Allgemeine Zeitung* hebt in ihrer Kritik zur Berlinale-Aufführung des Films hervor: »Costa-Gavras und seinem Hauptdarsteller Armin Mueller-Stahl gelingt es, die irritierenden Züge der Hauptfigur immer gerade so weit zu überspielen, dass auch der Zuschauer, mit der Anwältin (Jessica Lange) sympathisierend, die Hoffnung nicht verliert, der alte Mann möge das Opfer eines kommunistischen Komplotts sein. Und als die Tochter am Ende […] die in einer Musicbox versteckten Fotozeugnisse seiner Untaten in Händen hält, ist weniger ihr Zusammenbruch das Erschütternde als vielmehr das stoische, reuelose Leugnen des

Avalon (1990) mit Aidan Quinn, Elizabeth Perkins und Kevin Pollak

verstockten alten Mannes. Er hat die Bestie in sich so lange unterdrückt, bis es sie für ihn nicht mehr gab.«[107]

Die Rolle des Sam Krichinsky in *Avalon* reizt Mueller-Stahl damals in einem Maße, wie es davor nur selten der Fall war. Dabei hat er nach mehreren Treffen mit Regisseur Barry Levinson, den er seit dieser gemeinsamen Arbeit noch mehr verehrt, schon geglaubt, sie wegen seiner nach wie vor mangelhaften Englischkenntnisse und seines deutschen Akzents nicht zu bekommen. Außer ihm ist noch Dustin Hoffman in der engen Wahl. Aber Levinson will keinen Hoffman-Film, er will einen Familienfilm machen. Als Levinson sich schließlich für Mueller-Stahl entscheidet und sagt: »Let's do it.«, ist es dessen stille Präsenz, »die Fähigkeit, eine Szene wirken zu lassen, anstatt sich in Szene zu setzen«, die den Ausschlag gibt.

Kaum liegt das Drehbuch vor, paukt der sechzigjährige Mueller-Stahl sechs Stunden am Tag Englisch mit jiddischem Akzent. Eine besondere Herausforderung. Die ersten Drehtage sind für ihn sehr schwierig. Er weiß nicht, ob die anderen Mitspieler ihn, den Deutschen, als Oberhaupt einer jüdischen Familie überhaupt akzeptieren: »Ich wusste, ich spielte mit ganz großen jüdischen Darstellern. Ich weiß noch, wie misstrauisch die mich angeguckt haben, zu Anfang. Aber dann, nach dem dritten Tag, haben sie mich nach einer nicht einfachen Szene plötzlich umarmt und sagten: ›Profi!‹. Von da an waren wir ein Herz und eine Seele.« In einem Gastkommentar für die deutsche Zeitschrift *Cinema* erzählt Levinson später, er habe die Schauspieler, wie in seinen anderen Filmen auch, angehalten zu improvisieren. Deshalb fänden sich in *Avalon* »einige der originellsten Stegreif-Szenen, die ich je gefilmt habe«.[108]

Rückblickend verrät Levinson dem *Time-Magazine*-Autor Michael Walsh: »Es war außergewöhnlich angenehm, mit Armin zu arbeiten. Er hat eine sehr kraftvolle Leinwand-Präsenz, eine enorme Stärke.«[109] Was ihn besonders beeindruckt habe, sei seine Fähigkeit, Augenblicke wirken und arbeiten und kleine Dinge Bände sprechen zu lassen. Für Levinson zählt Mueller-Stahl zu jenen intelligenten Schauspielern, die imstande sind, aus zwei Stichworten, die man ihnen gebe, »einen vollständigen Charakter zu formen«. Was an Mueller-Stahl auffällt und von vielen anderen Kritikern gewürdigt wird, ist die Bescheidenheit, mit der er in der Neuen Welt auftritt. Walsh entdeckt so manche Ähnlichkeit des Schauspielers mit der Figur des Sam. Wie Sam komme auch er aus einer Alten Welt, die nicht mehr existiere, sei ein Waise des 20. Jahrhundert-Sturms. Wie Sam sei er ein stolzer Mensch. Während der Proben für *Music Box* habe er, der in seinem eigenen Land ein Star sei, sich am Set dagegen aufgelehnt, gewissermaßen die scheinbar zweite Geige zu spielen. Er sei verärgert über die Glorifizierung und vermeintliche Bevorzugung der amerikanischen Schauspieler gewesen, vor allem Jessica Langes. »Währenddessen aß er gerade ein Sandwich«, zitiert Walsh Costa-Gavras, der die Sache schließlich ins Lot brachte, »und ich sagte ihm, dass das Fleisch das Beste am Sandwich sei. Ich sagte ihm, er wäre das Fleisch.«[110]

Als *Avalon* wenige Monate später herauskommt, geraten die amerikanischen Kritiker über den Film, den Regisseur und die Besetzung ins Schwärmen. In der *New York Times* wird Armin Mueller-Stahl »herausragend als die bewegendste Figur des Films« gewürdigt. Ähnlich in anderen Blättern: »Herr Mueller-Stahl mag der Kern des Films sein, doch steht er noch weit über dem ganzen Geschehen [...] Was *Avalon* wirklich ausmacht, ist der Zauber des Schauspiels« *(Los Angeles Times)*. »Die Hauptrollen sind packend gespielt. Mueller-Stahl gibt dem Film seine seelenvolle Wehmut« *(Washington Post)*. »Brillant, phänomenal – Levinson und sein hervorragendes Ensemble – Aidan Quinn, Elizabeth Perkins, Joan Plowright und der großartige Armin Mueller-Stahl« *(Cosmopolitan)*. »Ein lustiger, trauriger, wunderbarer Film« *(Baltimore Sun)*. Der Star-Talker von *CNN*, Larry King, bekennt begeistert: »Zweifellos einer der fünf besten Filme, die ich je gesehen habe.«[111]

Während in den USA Armin Mueller-Stahl bereits als möglicher Oscar-Anwärter gehandelt wird, äußern in Deutschland die Zeitschrift *Brigitte* und die *Frankfurter Allgemeine* Unverständnis, zweifeln »ernsthaft« am Urteilsvermögen einiger New Yorker Kollegen. Ja, sie versteigen sich sogar zu der Behauptung, das könne man sich nur so erklären, »dass ihre Vorväter auch so waren: so gerissen, erfolgreich und familiensüchtig wie die Krichinskys«.[112] *Brigitte* findet den Film außerdem »nur geschwätzig«: »Ein paar nette Anekdoten, ohne Zusammenhang aneinandergereiht, unterbrochen von Wiederholungen.« Und eine *FAZ*-Autorin meint bitter-altklug, der Regisseur zeige »Amerika, wie es niemals war, nicht einmal mehr am 4. Juli zu sein vorgibt«. *Avalon* dementiere das weitverbreitete Vorurteil, das Leben schreibe die besten Geschichten. »Ein durchschnittlich begabter Drehbuchautor hätte aus dem Familienstück mehr komödiantisches, auch dramatisches Kapital geschlagen.«[113]

So wie seinerzeit in der Bundesrepublik die Fassbinder-Filme *Lola* und *Die Sehnsucht der Veronika Voss*, werden nun in Amerika *Music Box* und *Avalon* für Armin Mueller-Stahl der Schlüssel

zu allen weiteren Engagements. Mit ihnen hat er sich als Charakterdarsteller einen Platz in dem harten US-Geschäft erarbeitet, ist
hoch angesehen und wird ernst genommen. Nicht nur das: Er hat
es auch geschafft, sich freizuspielen von der Standardnachkriegs-
rolle des Deutschen als der ewige Nazi. »Ich habe den Amerika-
nern gesagt, wenn sie die Nazis immer nur von Deutschen spielen
lassen, schmälern sie ihren Sieg über Nazideutschland.« Er durfte
auf die andere Seite wechseln. Inzwischen hat er seit *Avalon* in
so vielen Filmen jüdische Rollen verkörpert, dass er in der jüdischen Community als einer der ihren angesehen wird, obgleich
man weiß, dass er kein Jude ist. 2004 ist Mueller-Stahl sogar in der
beliebten, im Weißen Haus angesiedelten US-Fernsehserie *West
Wing* in vier Episoden als israelischer Premierminister Efraim ›Eli‹
Zahavy zu sehen.

Night on Earth: *Als Gaukler in New York*

Jim Jarmusch ruft an. Seit *Down by Law* gilt er als Kultregisseur.
Er will Mueller-Stahl für seinen nächsten Film engagieren. Ein
Western. Mueller-Stahl bekommt das Drehbuch. Doch er zögert,
sagt, das Drehbuch gefalle ihm nicht. »Welches Drehbuch?«, habe
Jarmusch lachend gefragt. Das sei doch nur für die Produktions-
gesellschaft angefertigt. Aus der Wildwestidee ist längst – schwer
nachvollziehbar – die Idee für einen Taxifahrerfilm geworden. Er
soll aus fünf nächtlichen Taxifahrerepisoden bestehen, die in fünf
Städten spielen: L.A.-NEWYORK-PARIS-ROM-HELSINKI. Die
Musik liefert Tom Waits.

Die New Yorker Episode soll von einem Buchverleger aus Dresden handeln, der sich als Taxifahrer durchschlägt. Mueller-Stahl
ist sofort mit dabei. Aus dem Buchverleger macht er aber sogleich
den sympathisch-anrührenden Clown Helmut Grokenberger. Der
Name scheint nicht zufällig gewählt, sondern könnte ein selbstiro-
nisches Zitat sein, mit dem er nicht nur auf den großen, 1959 ver-

Als Clown Grock
mit Violine in
DDR-Zeiten

storbenen Schweizer Clown Grock anspielt, der vierundzwanzig Instrumente beherrschte. Es ist wohl auch eine Reminiszenz an seine eigene Zeit in der DDR, wo er 1974 wegen seiner Auftritte als Minigeige und Tröten-Flöten spielender Clown in den Medien als neuer Grock gefeiert wurde.

Nun also hatte es den ostdeutschen Grock-Grokenberger auf die nächtlichen Straßen von New York verschlagen. Damit ist Mueller-Stahl auch in Amerika als der Gaukler angekommen, der er immer sein wollte. Mit zwei kleinen Flöten und einer roten Knollennase nimmt er als Taxifahrer einen Schwarzen auf, der nach »Brookland« will. Weder mit dem Automatikgetriebe noch mit dem Stadtplan vertraut, überlässt Grokenberger schon nach wenigen Metern seinem Fahrgast das Steuer. Es ist ein skurriles Duo, auch weil beide eine ähnliche russische Pelzmütze mit herabhängenden Ohrenklappen auf dem Kopf tragen – was den auf den Fahrersitz hinübergerutschten Gast prompt dazu animiert,

Mit Giancarlo Esposito in *Night on Earth* (1991)

Grokenbergers urdeutschen Vornamen »Helmut« phonetisch als »Helmet«, Helm, zu verstehen.

Nicht nur bei der Gestaltung seiner Rolle, auch bei den Dialogen lässt Jarmusch Mueller-Stahl freie Hand. Da alle fünf Episoden nachts spielen, wird nur nachts gedreht, in New York im Januar 1991 bei grausamen minus 18 Grad. Die Crew besteht aus jungen Leuten. Die mögen den Kauz aus Deutschland, weil er trotz stattlicher Größe und blauer Augen so gar nicht schneidig ist, dazu ohne Allüren und zu Jarmuschs Wohlgefallen in der Eiseskälte »warmherzig« bleibt. Diese Augen übrigens haben es Jarmusch angetan. Die Einstellungen, in denen Mueller-Stahl-Grokenberger treuherzig in die Kamera aufblickt, gehören zu den schönsten des Films. Der Film heißt am Ende *Night on Earth* und wird nicht nur ein Riesenerfolg, sondern, wie *Avalon*, über die USA hinaus ein Kultfilm.

Jedoch, bei allem Spaß malt Mueller-Stahl in Erinnerung an die Drehtage in New York eines seiner ernstesten Bilder. Aus der alten »Skatrunde« von 1952–1956 entsteht das lasziv-düstere, neo-expressionistische Gemälde »The war just started«. »›Die Skatrunde‹ war ein fröhliches Bild. Doch nach dem Film *Night on Earth* übermalte ich es. Der Golfkrieg hatte soeben begonnen. Einem der Spieler malte ich einen Hitlerbart, das rote Blut floss.« Das Gemälde ist nicht verkäuflich. »Das übermale ich auch nicht mehr«, verspricht Mueller-Stahl lachend.

Bei anderen Werken war er sich da oftmals nicht so sicher. »Gerade habe ich ein Unfertiges gemalt, das werde ich auch unfertig lassen. Das zeigt zwei Leute unterm Hut. Drunter habe ich geschrieben: ›Es versteckt sich leicht im Hut …‹(?)« Seine Malereien sind für ihn häufig auch nur Tagebuchnotizen. Und er ist sich manchmal nicht sicher, wann ein Bild wirklich fertig ist und ob und wie es auf andere wirkt. »Oft stelle ich fest, dass unfertige Bilder sogar die schöneren sind.« Manchmal verliert er auch die Lust an einem Bild und legt es einfach weg. Oder er übermalt ein begonnenes oder vermeintlich fertiges.

Rollenspiele eines Verwandlungskünstlers

Ein lustiger Clown in *Night on Earth*, ein zwielichtiger Kriminalbeamter in dem in Prag gedrehten Film *Kafka* von Steven Soderbergh und ein schillernder, inmitten seiner unermesslich wertvollen Porzellansammlung im kommunistischen Prag lebender Baron Kaspar von Utz in George Sluizers Film *Utz* – das ist Armin Mueller-Stahls »Kriegsjahr« 1990/1991 vor der Kamera.

Kafka, eine internationale Koproduktion nach einem Drehbuch von Lem Dobbs, ist ein schwieriges Unternehmen. Soderbergh versucht, Kafkas Biographie mit Elementen aus dessen Werk, insbesondere aus dem Roman *Das Schloß*, zu einer bizarr-surrealistischen Kriminalgeschichte zu verweben, wobei sich der kommende Starregisseur verheddert. Gleichwohl wird der Film vor allem wegen seiner prominenten Besetzung mit Jeremy Irons als Kafka sowie Sir Alec Guinness und Armin Mueller-Stahl in tragenden Nebenrollen gelobt. Die *Frankfurter Allgemeine* findet dieses Mal sogar, die Rolle »als Inkarnation der jovialen Verschattung von Macht« sei einer der »überwältigendsten Auftritte« Mueller-Stahls überhaupt: »Schniefend und über der Zigarette lauernd, verkörpert der Schauspieler einen Ermittlungsbeamten, dessen Aufgabe eher darin besteht, die Wahrheit zu verschleiern, als aufzudecken. Wie er seine lakonischen Fragen aushustet, bis aus einzelnen Worten nur noch ein stimmhaftes Atmen geworden ist, und auf Antworten giert, das ist ein Charakter: verdichtet zum verräterischen Detail.«[114]

Diese Wandlungsfähigkeit, Vielschichtigkeit und Spielbreite verblüfft Kritiker, Produzenten, Regisseure und Zuschauer ständig aufs Neue – selbst in Filmen, die später wenige oder keine Bedeutung erlangen. Im Laufe des folgenden Jahrzehnts spielt Mueller-Stahl in Amerika wie in Deutschland seine ganze Professionalität aus. Er wirkt auch in einigen von ihm so genannten Mainstream-Produktionen mit, aber selbst dort gelingt es ihm oft, sich durch das Geheimnis seiner Präsenz mit kleinen Rollen in die bleibende Erinnerung der Zuschauer zu spielen: sei es in Filmen wie *The Power of One* (1982, Regie: John G. Avildsen), *The Peacemaker* (1997, Regie: Mimi Leder), *Akte X* (1998, Regie: Rob Bowman), *The Third Miracle* (1999, Regie: Agnieszka Holland), *The Thirteenth Floor* (1999, Regie: Josef Rusnak), *Mission to Mars* (2000, Regie: Brian de Palma), *The Long Run* (2000, Regie: Jean Stewart) oder in *Die zwölf Geschworenen* (1997, Regie: William Friedkin) mit Jack Lemmon und James Gandolfini (*The Sopranos*) als Partner und *The Game* (1997, Regie: David Fincher) mit Michael Douglas und Sean Penn. Über manche dieser Filme mag er nicht gern sprechen. Wenn er nach vermeintlich missglückten Produktionen wie *Mission to Mars* das Gefühl hat, der ganze Film ist misslungen, sieht er ihn sich nicht einmal mehr an, selbst wenn er mit seinem Auftritt darin zufrieden sein kann. Es kommt übrigens auch in Amerika immer wieder vor, dass sein Spiel in

Als Inspektor Grubach in *Kafka* (1991)

Filmkritiken gut wegkommt, auch wenn der Film selbst verrissen wird.

Aber warum hat er solche Filme dann gedreht? Weil das Drehbuch lockte und etwas anderes versprach, als am Ende herauskam. Und vielleicht lockte manchmal die Gage? Nicht zwanzig Millionen US-Dollar pro Film, aber fünfundzwanzigtausend US-Dollar und mehr pro Drehtag können verführerisch sein, vor allem dann, wenn bereits wieder ein Projekt in Sicht ist, das zwar einen schönen Film verspricht, aber nur auf Low-Budget-Niveau umgesetzt werden kann. Eine solche Mischkalkulation erlaubt Mueller-Stahl schließlich, auch zwischen dem deutschen, dem europäischen und dem amerikanischen Film hin- und herzupendeln. Auch wenn er seinen Arbeitsschwerpunkt ab 1989 in die Vereinigten Staaten verlagert, möchte er sich von seiner Heimat und seinem Publikum in Deutschland nicht abnabeln. Zumal von hier hin und wieder sehr attraktive Rollenangebote kommen. Das erwähnte *Spinnennetz* (1989, Regie: Bernhard Wicki) mit Klaus Maria Brandauer gehört dazu, ebenso wie *Bronsteins Kinder* (1990, Regie: Jerzy Kawalerowicz), *Der Kinoerzähler* (1993, Regie: Bernhard Sinkel) und *Der Unhold* (1996, Regie: Volker Schlöndorff) mit John Malkovich und Gottfried John als Partner.

Und er macht deshalb auch in der deutsch-italienisch-britischen Koproduktion *Utz* mit. Mit einem Budget von wenigen Millionen US-Dollar ist der Film kaum geeignet, das Mainstream-Kino zu bedienen. Aber dieser Baron von Utz, der in Prag inmitten seiner gewaltigen Sammlung Meißner Porzellans in einer großbürgerlichen Privatwohnung lebt, ist eine von Mueller-Stahls Lieblingsrollen. Für ihn ist der Baron mit dem beziehungsreichen Vornamen Kaspar »eine Schwejk'sche Figur«, die zwei politische Systeme, den Nationalsozialismus und den Kommunismus, überlebt. Durch seinen Schatz ist von Utz wertvoll geworden für den Staat. Weil er sich seine filigrane Porzellanwelt nicht zwischen groben Kommunistenfingern vorstellen mag, erwägt der Baron einen diskreten Verkauf an einen amerikanischen Galeristen. Doch es kommt anders, wie Mueller-Stahl es aus der Perspektive des Darstellers des Kaspar von Utz beschreibt: »Auf dem Sterbebett befreit er sich von den Fesseln seiner Sammelleidenschaft. Die Porzellanfiguren, seine Freunde, blicken plötzlich auf ihn wie Feinde. Die Gesichter werden Fratzen, Gesten werden Bedrohung, Träume werden Albträume. Er schafft es nicht, seine Figuren müssen sterben wie er. Er lässt sein Lebenswerk zerstören, auf dem Fußboden zersplittert es. Was bleibt von Utz? Ein Lächeln bleibt. Utz hat sich lächelnd aus dieser Welt verabschiedet.«[115]

»Das Drehbuch fand ich beinahe besser als das Buch«, sagt Mueller-Stahl. *Utz* ist der letzte Roman des 1989, nur ein Jahr nach Erscheinen des Buches, verstorbenen britischen Autors Bruce Chatwin. Ihm liegt die – allerdings stark mit fiktionalen Elementen durchsetzte – Geschichte des Prager Sammlers Rudolf Just (1895 – 1972) zugrunde, den Chatwin während einer Tätigkeit für das Auktionshaus Sotheby's 1967 kennengelernt hatte. In dem leider recht verschachtelt geschnittenen, gleichwohl wunderbar

Utz (1991) – der »Baron« mit Filmpartner Peter Riegert

vielschichtigen Film haucht Mueller-Stahl der Figur des Utz so viel Leben ein, dass er dafür 1992 bei den Berliner Filmfestspielen als bester Darsteller mit dem Silbernen Bären belohnt wird. Doch beinahe noch mehr freut ihn etwas anderes: Bei der Premiere des Films in Dresden bekommt er einen eigenen »Utz« aus Porzellan geschenkt. Entworfen hat die fünfunddreißig Zentimeter hohe Figur, die den Namen »Der Sammler« trägt, Peter Strang, seinerzeit Chefdesigner der Meißener Porzellanmanufaktur, von der man die wertvollen Requisiten für den Film ausgeliehen hatte. Mueller-Stahls Exemplar trägt die Nummer 1. Es steht in seinem Haus an der Ostsee auf dem Kamin, als, wie er mit spaßigem Ernst sagt, »Fußnote meiner Unsterblichkeit«.

Mueller-Stahl hat den »Baron von Utz« auch für sich selbst unsterblich gemacht – in Acryl auf Leinwand in flammend rotgelben Farben trübtraurig in den Spiegel blickend. Auch hat er achtzig der hundertzwanzig Drehbuchseiten übermalt und vollgezeichnet mit Porträts und Gedanken, die ihn während der Ar-

145

beitspausen beschäftigten. »George Sluizer, der Regisseur von *Utz*, konnte seine Gefühle nicht kontrollieren, sie überfielen ihn gelegentlich mit einer Kraft, dass er sich ihnen hilflos ausgesetzt sah. So konnte es vorkommen, dass er vor einer schweren Szene, zum Beispiel meinem Herzanfall beim Treppenaufstieg – vier Treppen taumelnd, niedersinkend, sich aufraffend, keine Luft kriegend, zusammenbrechend, eine sterbende Kreatur –, auf mich zusprang und mir ins Ohr flüsterte: ›Ich liebe dich, ich liebe dich.‹ Oder es konnte vorkommen, dass er nach einer besonders gelungenen Szene deprimiert vor sich hin blickte und den ganzen Film verfluchte, ihn in Grund und Boden schimpfte. Dann hatte er für mich etwas von einem Clown. Der Clown, der sein Unwesen in George Sluizer trieb, den habe ich gezeichnet.«[116]

Eine Auswahl der Blätter wurde 2007 im Hamburger Museum für Kunst und Gewerbe ausgestellt, welches über eine eigene umfangreiche, von großzügigen Spendern gestiftete Porzellansammlung verfügt. Parallel dazu erschien bei der Edition Braus ein aufwendig hergestellter Faksimile-Band mit Leinenrücken, in dem fünfundsechzig dieser übermalten Seiten abgedruckt sind. Dabei wurde den Abbildungen die deutsche Übersetzung des Drehbuchs gegenübergestellt. Und während man sich in den Dialogen dieser tiefgründigen Harlekinade festliest, behalten einen von der rechten Seite aus Mueller-Stahls farbschillernde Gesichter und Figuren fest im Blick. »Ich habe selten so viel gemalt und gezeichnet wie bei den Dreharbeiten zu diesem Film, und vor allem bunt. Die Farbenwelt der Meißener Porzellanfiguren hat mich sehr inspiriert«, wird er im Band zitiert.[117]

Als eine ähnliche Herausforderung, die er sich neben seinen sich mehrenden Verpflichtungen in den USA »leistet«, empfindet er den Film *Der Kinoerzähler* (1993), gedreht unter der Regie von Bernhard Sinkel nach einem Roman von Gert Hofmann. Mueller-Stahl spielt darin einen mit dem Stummfilm in die Jahre gekommenen Mann in Frack und Zylinder, der mit seinem Geigenspiel das tonlose Geschehen auf der flimmernden Leinwand untermalt.

Vergeblich versucht er, nicht nur gegen den sich Bahn brechenden Tonfilm anzusiedeln, sondern auch gegen die über sein Kino hereinbrechenden Nationalsozialisten. Es ist eine vielschichtige, romantisch-melancholische Geschichte über den Abschied von einer »guten alten Zeit« und über die Vorboten des Grauens. Doch das Werk reüssiert nicht. Die *ZEIT* macht den Film nieder, und der *Spiegel* lästert: »Der Kinoerzähler findet sich im Kino durch drei Damen (Ehefrau, Tochter, Geliebte) von solcher Dämlichkeit umstellt, dass man Zahnweh bekommen möchte, und auch seine Gegenspieler sind Pappkameraden, um deren Darstellung niemand zu beneiden ist – so muss Armin Mueller-Stahl im Alleingang mit verzückter Suada, Geigenspiel und strahlendem Träumerblick das Malheur zur Künstlertragödie veredeln.«[118]

In Amerika wird der Film hingegen als »Werk von großer Zartheit und stiller Autorität« *(Variety)*, als »trügerisch einfache Geschichte mit einer vielschichtigen Struktur, erfüllt mit einem Widerhall, der lang haftet und oft frösteln macht« *(Los Angeles Times)* gelobt und Armin Mueller-Stahl als »großer Schauspieler« gewürdigt, der »genau die richtige Würde und Tapferkeit« findet, »um diesen so theatralischen Mann zu spielen«.[119] Überhaupt fällt immer wieder auf, dass jene Filme, die Mueller-Stahl in Deutschland dreht, in Amerika eine größere und fast durchweg positivere Beachtung und Bewertung finden als in Deutschland. Und obwohl Deutschland in den neunziger Jahren außer Mueller-Stahl kaum einen derart anerkannten Schauspieler in Hollywood vorzuweisen hat, werden manche seiner amerikanischen Filme hier oft gar nicht zur Kenntnis genommen – von einigen Ausnahmen abgesehen. Besonders aufmerksam verfolgt in jener Zeit die *Frankfurter Allgemeine Zeitung* seinen Spagat zwischen Deutschland und Amerika. Im Januar 1993 schreibt Hans-Dieter Seidel, der Mueller-Stahls Darstellungskunst einer genauen Beobachtung und Analyse unterzogen hat, nach einem Treffen mit ihm: »Dass Armin Mueller-Stahl zu den Großen der Zunft gehört, die er selbstironisch Gaukler nennt, ist den meisten seiner Rollen aus nun bald vierzig Jahren Schauspielerei abzulesen. Der pedantische Moralist in Fassbinders Film *Lola* wäre zum Beispiel herauszugreifen, ein Mann, dessen Ehrbarkeit und ethische Integrität gegen die Fliehkräfte des wirtschaftswunderlichen Aufschwungs kein Gegengewicht bilden können; oder der Lauscher in Peter Schulze-Rohrs Fernsehfilm *Hautnah*, ein Mann als surrender Bestandteil seiner Instrumente, ganz Auge und Ohr; oder Mike Laszlo im Vater-Tochter-Drama *Music Box* von Costa-Gavras, […] der seine Nazischuld bitter leugnet; oder der Baron von Utz, ein Mann, […] der sich nicht scheut, in Kriegszeiten und Stunden der Verfolgung die Notlage all derer weidlich auszunutzen, die ihre Kostbarkeiten zu Geld machen müssen. Figuren, die das Abgründige in sich erkennen lassen, ohne es eitel auszustellen, sind bei diesem Schauspieler mit der aufgerauten Stimme, dem blitzenden Blick, der das Gegenüber ebenso bannt wie den Zuschauer im Kino, und mit den schnauzbewehrten Lippen, um die gerne ein mokantes Lächeln spielt, hervorragend aufgehoben. Aber auf welche Weise er das macht, in jeder Pose und Positionierung glaubwürdig zu sein wie kaum ein zweiter, ist den Figuren nicht mehr anzusehen – worauf erst deren Wahrhaftigkeit beruht.«[120]

Gleichwohl erlauben sich auch Produzenten und Vertriebs-»Genies« für den deutschen Markt grob peinliche Schnitzer, indem man beispielsweise in der deutschen Fassung des Thrillers *The Game* Mueller-Stahl durch einen fremden Schauspieler auf Deutsch (!) synchronisieren lässt. Das übertrifft noch den *Geisterhaus*-Lapsus, bei dem die US-Medien kritisiert haben, dass man Mueller-Stahls Englisch auf Englisch meinte synchronisieren zu müssen.

Der Fall der Mauer

Mit den Jahren des Pendelns über den Atlantik und den immer längeren Phasen des Verweilens in Amerika ergibt sich für Armin Mueller-Stahl die Chance, aus dieser neuen Perspektive und Distanz sein Heimatland und seine Landsleute besser kennenzulernen und mit seinem neuen amerikanischen Umfeld zu vergleichen. So erfährt er in der Neuen Welt – bei aller Härte des Geschäfts – eine lange nicht gekannte Herzlichkeit, Kollegialität und Offenheit. Am deutlichsten spürbar wird dies für ihn an der Reaktion seiner Kollegen auf die deutsche Wiedervereinigung. Er erlebt den Fall der Mauer während der Dreharbeiten zu *Avalon* in Baltimore. Schlafend.

Nach zwölf Stunden Drehen kommt er völlig erschöpft ins Hotel. »Ich gehe duschen, mache den Fernseher an, aber ohne Ton. Da sehe ich auf der Mauer zwei berühmte amerikanische Fernsehreporter stehen. Auf der Mauer! Aber ich mache den Ton gar nicht an, sondern falle ins Bett und schlafe ein. In der Nacht träume ich einen unruhigen Traum, vom Einsturz der Mauer. Erst als ich am nächsten Morgen aufwache, realisiere ich: Das war kein Traum, das ist wahr. Die Mauer ist weg. Die Zeitung vor der Zimmertür bestätigt es: Die Mauer ist weg.«

Halbstündlich ruft er seine Frau in Deutschland an. Dort ist das Haus voller Menschen, guter Freunde. Auch am Set wird gefeiert. »Die kamen und umarmten mich plötzlich. All die Juden, mit denen ich *Avalon* machte, kamen und beglückwünschten mich, den Deutschen. Eine denkwürdige Situation. Selbst Israel Rubinek, der als Jude den Holocaust am Ende achtundzwanzig Tage in einem Erdloch überstanden hatte. Er hatte sich mit seiner Frau eingebuddelt im Wald. Nachts sind sie herausgekrochen, haben Beeren gesucht, Äste gegessen, Blätter gegessen. Als sie nach achtundzwanzig Tagen mitbekamen, dass die Deutschen weg und die Amerikaner da waren, ist er raus aus dem Loch und hat erst einmal seine Zähne ausgespuckt. Skorbut. Selbst Israel hat mich umarmt und gesagt, lass uns feiern. Es war ein sehr, sehr bewegender Moment.«

In Baltimore sitzt er in der drehfreien Zeit vor dem Hotelfernseher und erinnert sich, wie er früher in der DDR immer Nachrichten gesehen hat. Westfernsehen natürlich. »Wie oft haben wir da gesessen mit dem stillen Wunsch, plötzlich möge eine Nachricht heißen: Morgen wird die Mauer niedergerissen. Und eines Tages ist es tatsächlich passiert. Das war schon toll. Ein glücklicher Moment in meinem Leben, auch weil ich Deutschland immer als eine Nation angesehen habe.« Die zerquälten Erfahrungen seiner letzten Jahre in der DDR und der ersten Jahre in der BRD werden verdrängt von dem alles überwältigenden Gefühl des Wiederauflebens seiner Familiengeschichte sowie einer alten Verbundenheit mit den Landsleuten »drüben« durch deren historische Leistung, eigenmächtig und unblutig praktisch über Nacht die DDR aufgelöst zu haben. »Ich dachte nie politisch, bin auch kein Nationalist […] Aber ich wurde geboren in einem Land, zu dem Ostpreußen genauso gehörte wie das Sauerland. Und ich hatte bis zum Schluss nicht glauben wollen, dass dies nun unser Schicksal war: zwei kleine Deutschländer nebeneinander und getrennt bis zum letzten Tage.«[121] Es kann einer eben doch nicht so einfach aus seiner Haut schlüpfen und seine kulturellen Wurzeln kappen. »Das ging so weit, dass mir plötzlich der Honecker schon wieder leidtat. Den habe ich anständiger gesehen, als er in Wirklichkeit war.«

Erst viel später erfährt er, dass nicht irgendwelche Bürokraten, niedere Chargen, sondern Honecker persönlich seine Ausreise zunächst abgeblockt und seine Isolation mit allem, was an Überwachung dazugehörte, verantwortet hatte. Wie es der Zufall wollte, begegnete er schon bald nach dem Mauerfall am Rande der Berliner Filmfestspiele, wo *Music Box* gezeigt wurde, in Begleitung von Costa-Gavras Honeckers Interims-Nachfolger Egon Krenz im Hotel Kempinski. »Da war der Krenz mit einem Mal ganz scheu, weil ohne Macht. Ein Ausgebooteter. Er traute sich nicht, mich anzusprechen. Also sprach ich ihn an. Da strahlte er wie ein Honigkuchenpferd. Das war ein denkwürdiger Moment.«

Armin Mueller-Stahl hat damals geglaubt, nun würden diese »beiden Deutschländer endlich zusammenrücken, in der Hoffnung, es würde ein wunderschönes Deutschland werden«. Leider sei es nicht ganz so gekommen, werde es noch Generationen dauern. »Das ist ja auch schwer zu begreifen«, sagt Mueller-Stahl, »wie da einige arrogante und dumme Leute aus Westdeutschland daherkommen und den Menschen, die vierzig Jahre im Osten gelebt, gearbeitet und auch etwas geleistet haben, nun einreden durften, sie hätten umsonst gelebt.«

»Operativ-Vorgang ›Violine‹, Reg.Nr. XV/4498/77«

In dieser Zeit der Wiedervereinigung der »Deutschländer« hält er sich häufig und lange in Amerika auf, hat aber noch keinen Wohnsitz dort, weil er seinem großen Glück noch nicht recht traut. Auch ist der Umbruch in Deutschland zu bewegend, um jetzt nach Amerika zu ziehen. Doch nach dem Fall der Mauer beginnen auch die politischen Aufräumarbeiten. Jetzt wird abgerechnet. Wer hat wem wann was und warum angetan? Das Amt des Bundesbeauftragten für die Stasiunterlagen wird eingerichtet. Die Aufarbeitung des größten organisierten Freundes- und Kollegenverrats seit der Nazizeit beginnt. Das Vermächtnis der DDR reduziert sich auf die deprimierende Tatsache, ein Spitzelstaat gewesen zu sein. Alles Glück war nur geborgt, verliehen und genommen, wenn's beliebte, von der Stasi und deren »IMs«.

1993 fahren Gabi und Armin Mueller-Stahl nach Berlin, um ihre Stasiakten einzusehen: »Operativ-Vorgang ›Violine‹, Reg. Nr. XV/4498/77«. Nach drei Tagen kehren sie zurück. Es ist der Tag, an dem wir zufällig in Hamburg im Restaurant Rexrodt zum Abendessen verabredet sind. Sie kommen zu spät, sind anfangs ungewöhnlich ernst und schweigsam, aber innerlich offenbar sehr aufgewühlt. Die stets Höflichen, Freundlichen und Gutgelaunten – haben sie vielleicht einen Ehekrach gehabt? Doch dann bricht es aus ihnen heraus, und sie erzählen von ihrer Exkursion nach Berlin in die Tiefen ihrer in der Gauck-Behörde gelagerten Akten der DDR-Staatssicherheit, erzählen ein wenig, nicht viel, von dem, was sie gesehen und gelesen haben. Aber das Wenige reicht aus, um einen jeden Menschen in seinen Grundfesten zu erschüttern. Was sie besonders mitnimmt, ist der fortgesetzte Freundesverrat. Man war darauf gefasst gewesen, weil es fast jedem passiert ist, der »drüben« gelebt hat. Doch auf einmal verwandelt sich der abstrakte Verdacht ins Konkrete, lösen sich Namen vom Papier, auch solche, auf die man nie gekommen wäre, und es tun sich Abgründe an Vertrauensbruch auf.

»Die Stasiakten haben natürlich Freund und Feind ein bisschen genauer markiert«, sagt Mueller-Stahl zehn Jahre später, als die Zeit viele Wunden geheilt hat, mit einer gewissen gelassenen Distanziertheit. »Da gibt's einen guten Freund, der hat der Stasi alles erzählt, was er der Stasi nicht hätte erzählen dürfen. Den suche ich von mir aus nicht auf. Wenn der von sich aus mich aufsuchen würde, hätte ich nichts dagegen. Obwohl er sicherlich den gröbsten Verrat begangen hat. Denn mit dem, was er denen erzählt hat, hätte ich verhaftet werden können.« Der »Freund« war Rechtsanwalt und Genosse. Es sei schon merkwürdig, wie sehr ein System die Menschen deformieren könne. »Dieser Freund hat die Freundschaft zur Stasi meiner Freundschaft vorgezogen. Vor die Wahl gestellt, wem er sich mehr nähert und öffnet, geht er zur Stasi.« Spiegel einer verrückten, deutschen Normalität. Es gebe, so Mueller-Stahl, den Landesverrat, den Hochverrat. Die Strafen dafür seien lebenslänglich, mitunter der Strang. »Ich frage den vermeintlichen Rechtsanwaltfreund: Was würde auf Freundesverrat stehen?«

Was mag ihn vor dem Gefängnis bewahrt haben? Wem habe er zu verdanken, dass er nicht verhaftet wurde, grübelt er noch heute. War es die Rolle als Ost-James-Bond Achim Detjen in *Das unsichtbare Visier*, oder waren es ihm unbekannte Genossen, die ihn für besser hielten als der verräterische Freund? Später liest er in einer von Jochen von Lang verfassten Biographie über Erich Mielke[122], einige Mitglieder des Politbüros hätten die Verhaftung von Christa Wolf und Armin Mueller-Stahl verlangt. Der allmächtige Chef der Hauptverwaltung Aufklärung im Ministerium für Staatssicherheit, Markus Wolf, wolle dies jedoch verhindert haben. In einem Brief an ihn habe Wolf dies später jedoch bestritten, von Lang soll ihn falsch zitiert haben, er habe nicht eingesperrt werden sollen. Mueller-Stahl, der Markus Wolfs Bruder Konrad, den Filmregisseur, sowie deren Vater, den Schriftsteller und Politiker Friedrich Wolf, kannte, habe Wolfs Einladung zu einem Gespräch angenommen und ihn angerufen. Nein, habe Wolf ihm gesagt, so weit sei man im Politbüro nicht gegangen damals, dass man ihn verhaften lassen wollte. Zu einer persönlichen Begegnung, wie von Wolf vorgeschlagen, kam es jedoch nicht. In seinen Memoiren verriet Mueller-Stahl später, dass er nach der Vorführung von Uli Theins restauriertem Film *Columbus 64* durch die Produktionsfirma Studio Hamburg in der Berliner Akademie der Künste zu einem Empfang in der Nähe der Friedrichstraße und dem Theater am Schiffbauerdamm gefahren worden sei. Von einer Tiefgarage aus sei er in einem Fahrstuhl direkt in eine Wohnung befördert worden »wie ich sie überhaupt noch nie gesehen hatte, nicht in der DDR, nicht im Westen und nicht einmal in Amerika«. An den Wänden hätten »die feinsten Gemälde« gehangen, »Möbel und Teppiche wirkten modern und auserlesen«. Außer ihm seien noch etwa dreißig andere Gäste dort gewesen, auch Schriftsteller und Künstler. Zum Abschied habe ihm die Gastgeberin ein verpacktes Buch überreicht – es war das letzte Buch von Markus Wolf, und die Gastgeberin stellte sich ihm als seine Witwe vor, Andrea Wolf.[123]

Im »Operativ-Vorgang ›Violine‹, Reg.Nr. XV/4498/77« taucht noch jemand anderes auf: der Mitunterzeichner der Biermann-Petition und schon 1976 in den Westen ausgereiste Dichter Thomas Brasch. Die Mueller-Stahls kannten ihn kaum, hatten ihn einmal im Schlepptau von Manfred Krug besucht und, wie sie sich erinnern, »einen sehr schönen Nachmittag« miteinander verbracht. Nun lesen sie mit ungläubigem Staunen darüber in ihrer Akte: »Der B. brachte gegenüber der H. zum Ausdruck, er versteht die Welt nicht mehr, denn er sieht keinen Grund, weshalb der Mueller-Stahl unbedingt in der DDR gehalten wird, denn er sei doch nicht viel wert.« B. soll auch erzählt haben, Mueller-Stahl fordere, dass seine Gedichte und Lieder binnen Jahresfrist in der DDR erschienen, andernfalls wolle er einen Ausreiseantrag stellen: »B. habe dem Mueller-Stahl gegenüber gesagt, dass er als mittelmäßiger Schauspieler und aufgeblasener Typ die DDR nicht erpressen könne.« Zu dem Präsidenten der DDR-Volkskammer Horst Sindermann habe Brasch gesagt: »Lassen Sie ihn doch gehen, dann kann die Kulturszene wieder besser arbeiten.«[124]

Mueller-Stahl verarbeitet die üblen, verletzenden Dokumente zu einem Bild. Er zitiert auf der linken Seite eines alten großen Umschlags handschriftlich die Brasch-Passage aus der Akte und tuscht rechts in glutrot-violetten Farben ein verschwimmendes, teilweise hinter dem aufgestützten linken Arm verborgenes Männergesicht mit einem geschwätzigen Mund. Unter das Zitat aus der Akte schreibt er das Wort »Arschloch«, von vier dicken Strichen eingerahmt. Brasch stirbt im November 2001, ohne dass es zu einem Gespräch der beiden über das Zustandekommen dieser Aktennotiz gekommen ist.

Aber es gibt neben den Spitzeln und denen, die – vielleicht auch unwissentlich – dazu gemacht wurden, eine Spezies, die moralisch zwar auf der sichereren Seite ist, deren Arbeit aber manchmal ähnlich zerstörerisch angelegt ist. Das sind jene »Enthüller«, die über das System DDR schreiben, ohne eine Ahnung von seinem einstigen Innenleben zu haben, die nur Schwarz oder Weiß sehen und keine Grauzonen. Solch ein »Schnüffler von der traurigen Gestalt«, wie Mueller-Stahl ihn nennt, ein westdeutscher Journalist, habe ihn gefragt, warum er am 19. März 1975 einem Stasiobersten ein Autogramm mit persönlicher Widmung gegeben habe. Ob es eine Fälschung sei? Noch heute amüsiert ihn diese »dämliche Frage«, regte sie ihn doch immerhin zu der filmreifen Vorstellung an, »wie alle Geheimdienste der Welt zusammenhocken und Autogramme fälschen. Das wäre grandios.« Er habe in seinem Leben

Abertausende von Autogrammen gegeben. Sogar Margot Honecker. Auf die Handfläche. Auch gab es in der DDR Medaillen und Auszeichnungen für Schauspieler, er erinnert daran, dass er unter anderem den Nationalpreis II. Klasse erhalten habe, auch den Theodor-Körner-Preis der Stasi für seine Rolle als DDR-Bond Detjen. Wozu hätte er dies ablehnen sollen? Und hätte er es können? Wie hätte er wohl seine Filme gegen den Staat machen können? Es schreibe sich leicht mutig aus der Perspektive eines Menschen, der gut abgesichert und unbeschwert westdeutsch sozialisiert worden sei. »Wie, bitte schön, hätte man denn leben müssen, um von denen gelobt zu werden? In einem luftleeren Raum?«, fragt Mueller-Stahl ärgerlich. Schließlich sei er ja gegangen, als die Luft zum Atmen auch für ihn allzu stickig wurde. Ihn stört auch, wie mit einem Male auffallend viele eigentlich schon immer regimekritisch und plötzlich Helden gewesen sein wollen, die damals alles andere als Helden waren. Deshalb gesteht er freimütig: »So sehr war ich gar nicht dagegen.« Er war jung, berühmt und privilegiert. Der beliebteste und meistbeschäftigte Theater- und Filmschauspieler der DDR, an dessen Seite sich die sozialistischen Politiker sonnten. Deshalb hielten sich auch die politischen Zumutungen sehr in Grenzen. »Ich habe mich arrangiert mit dem Bereich, den ich dort machte. Es gab immer wieder den einen oder anderen Zeitpunkt, wo ich am liebsten auf der Stelle über die Mauer springen wollte – nur weg, weg, weg. Aber dann habe ich wieder gearbeitet, und ich habe große Rollen gespielt und die verlangten meinen vollen Einsatz. Und auch im Film. *Wolf unter Wölfen* hätte ich nicht spielen können ohne vollen Einsatz. Also man war schon eine gespaltene Persönlichkeit dort, hin und wieder«, sagt Mueller-Stahl gut fünfunddreißig Jahre später im Gespräch. In seinen Memoiren liest man: »Ich empfand auch keinen Hass auf den Staat. Trotz manchen Ärgers war mein Leben in der DDR mit dem eines Normalbürgers nie vergleichbar gewesen. Viele Nöte hatte ich nicht gespürt. Die Filmgagen erlaubten mir einen gewissen Luxus – für DDR-Verhältnisse –, und der Nationalpreis war so üppig dotiert, dass ich mir später einen Volvo davon leisten konnte. Das war etwas so Außerordentliches in der DDR, dass man es jüngeren Menschen heute vielleicht gar nicht mehr verständlich machen kann. Selbst als ich noch unverheiratet war, konnte ich auch nach dem Mauerbau Konzerte im Westen geben und meine Mutter besuchen, nachdem sie in die Bundesrepublik übergesiedelt war. In mancher Hinsicht bin ich immer ein Wossi geblieben, wenn ich auch solche Etiketten nicht liebe.«[125] Aber zum Ende, »zum Ende hin litt ich an diesem Staat«.[126] Ein Vierteljahrhundert nach der Wiedervereinigung ist er sich sicher: »Wenn wir das Personal der beiden Deutschländer ausgetauscht hätten, wäre mit Sicherheit dieselbe Show gelaufen. [...] Die Schnüffelei scheint eine deutsche Leidenschaft zu sein. Jedenfalls besteht eine enge Verwandtschaft zwischen Ost und West.« Was ihn vollkommen angewidert und entsetzt hat, war, wie die Medien dem ehemaligen deutschen Bundespräsidenten Christian Wulff hinterhergeschnüffelt und ihn wegen Nichtigkeiten zum Abschuss freigegeben haben. »Ehrlich gesagt, war ich nach der Wende auf Deutschland nicht mehr so scharf. Ich wollte nicht nach den Schnüfflern im Osten die freiwilligen Schnüffler im Westen ertragen.«[127]

Die damaligen Zeiten sind einerseits vorbei, andererseits scheinen sie auch heute wieder aktuell zu sein – in anderem Gewand. Ein Vierteljahrhundert nach dem Ende der DDR sagt er, auf der Terrasse seines Hauses an der Ostsee sitzend: »Nach einem langen Leben weiß ich: Es hat sich nicht viel geändert. Es wird abgehört, gemauschelt, getrickst – wo man geht und steht. Gabi und ich haben uns beide dran gewöhnt, wenn die Telefone knacken oder unterbrochen werden, dann hört halt jemand mit. Und heute ist die Stasi ein kümmerlicher Sauhaufen gegen die NSA. Was die alles abhören und können und dürfen und machen – und zwar weltweit –, dagegen war die Stasi wirklich ein dilettantischer Betrieb. Allerdings nicht, was sie sonst gemacht haben. Was sie an Brutalitäten, Morde und anderen Dingen verübt haben. Aber auch das gibt es längst überall.«

Weimar und Tilsit am Pazifik

»Immer, wenn ich auf dem Flug nach Deutschland bin«, schreibt Mueller-Stahl in seinem Erinnerungsband *Unterwegs nach Hause*, »beschäftige ich mich mit den alten Freunden.«[128] Viele sind es längst nicht mehr. »Ich stelle fest, dass ich Freunde in Ost kaum habe. In West mehr«, heißt es an anderer Stelle.[129] In diesem Licht erscheint daher die Übersiedlung der Mueller-Stahls nach Amerika in genau jenem Jahr, in dem sie ihre Stasiunterlagen einsehen können, nur konsequent. In Marina del Rey im Süden von Los Angeles mieten sie sich ein Apartment am Pazifik. Ihre Wohnung in Hamburg geben sie auf, das Haus an der Ostsee behalten sie. Die Verlagerung ihres Lebensmittelpunktes nach Los Angeles hat auch damit zu tun, dass Armin Mueller-Stahl sich in Amerika in der Filmbranche etabliert hat und hier längst mehr Filme macht als in Deutschland.

Nun sitzen sie in Marina del Rey auf dem Balkon und schauen den Schiffen auf dem Pazifik nach. Ein wenig kommen sie sich wie freiwillige Asylanten vor. Sie sind in einem Land, in einer Umgebung angekommen, in dem Freundschaften »nicht einem Stasitest, sondern nur sich selbst ausgesetzt« sind. Aber das war auch einmal anders. Los Angeles hieß in den Vierzigerjahren des vorigen Jahrhunderts »Das Weimar am Pazifik«. Ein Großteil der intellektuellen Elite Deutschlands hatte hier Zuflucht vor dem Nationalsozialismus gesucht und gefunden. Viele waren Linke unterschiedlichster Ausprägung. Sie wurden beinahe vom Tage ihrer Ankunft an überwacht. Das FBI hatte damals auch ihre »IMs«, legte Akten über verdächtige »Subjekte« an, wie es die Stasi oder der KGB tat. Telefone wurden abgehört, Autonummern von Besuchern notiert, Spitzel berichteten, aber auch hier: deutsche Kollegen, Freundfeinde, logen, beglichen alte Rechnungen. Das ging so weit, dass der kommunistisch gesinnte Bertolt Brecht sich bemüßigt fühlte, die Überwacher öffentlich aufzufordern, wenigstens den wahrhaftig ganz und gar nicht kommunistisch gesinnten

Thomas Mann »klüglich in Ruhe« zu lassen. Die Geschichte der deutschen Emigranten ist allgegenwärtig in dieser Stadt. Und in gewisser Weise ist Hollywood ohne sie auch nicht mehr vorstellbar. Als die Mueller-Stahls eines Abends bei Barbara Schönberg, der Tochter des Komponisten Arnold Schönberg, eingeladen sind, drehen sich auch die Tischgespräche um jene Zeit, weil viele der Gäste aus ihr kommen oder Nachkommen von Emigranten aus Europa sind. Mueller-Stahl hat das Gefühl, wenn er die Augen schließe, sie alle um sich herum zu haben: die Mann-Brüder, Lion Feuchtwanger, Bert Brecht, Helene Weigel, Hanns Eisler, Theodor Adorno, Peter Lorre, Charlie Chaplin.

Oscar-Nominierung für Shine

Ungefähr zu jener Zeit, als die beiden sich in Marina del Rey niederlassen, und während in Berlin die staatliche Treuhandgesellschaft die alte DDR zerlegt, bereitet Armin Mueller-Stahl einen Film vor, der aufzeigen wird, wie sehr das Los der Emigration Seelen und Menschen zerstören kann. Es ist die authentische Geschichte des hochbegabten Pianisten David Helfgott, der an der tyrannischen Liebe seines Vaters psychisch zerbricht. Mit seiner Familie vor den Nationalsozialisten aus Europa nach Australien geflohen, versucht Peter Helfgott dort, in seinen Sohn die eigenen gescheiterten Träume von einem großen Musiker hineinzuprojizieren. Zugleich will er um jeden Preis die Familie zusammenhalten, ohne dabei zu realisieren, dass er damit allen das Leben zur Hölle macht. Nach einem Nervenzusammenbruch im Anschluss an eine triumphale Aufführung des dritten Klavierkonzerts von Rachmaninow und einem Aufenthalt in der Psychiatrie gelingt es dem inzwischen erwachsenen Sohn, eine neue Existenz als Solist aufzubauen. Mueller-Stahl lehnt die Rolle des Vaters zunächst ab, weil er sie für unspielbar hält: »Ich sagte: Diese Figur ist und bleibt irgendwo ein Monster. Ich wollte nicht einen Mann spielen, der sein Kind schlägt und vernichtet.« Doch nachdem er gedrängt wird, das Drehbuch ein zweites Mal zu lesen, erkennt er die Brüche, bemerkt er das Tragische in dem Mann: »Ich sehe, der Vater hat eine Lebenskonzeption, die wird ihm durch die Nazis zerstört. Seine Eltern sind im Konzentrationslager umgekommen. Und in Australien, wohin er mit seiner eigenen Familie geflüchtet ist, ist er unwillkommen. Sein Verhalten ist genährt von seinen Ängsten, seinem Fürchten. Ich kann untergründig spielen, dass der Sohn Opfer von zu viel Liebe wird. Und da habe ich ja gesagt.«

Shine unter der Regie von Scott Hicks erhält 1997 einen Oscar in der Kategorie »bester Hauptdarsteller« und außerdem sechs weitere Nominierungen, darunter eine für Armin Mueller-Stahl als bester Nebendarsteller. Zuletzt hatte es nur Emil Jannings 1929 geschafft, einen Oscar zu bekommen. Auch wenn Mueller-Stahl am Ende die Trophäe doch nicht erhält, wohl auch, weil Geoffrey Rush für die Rolle des David Helfgott ausgezeichnet wird, ist eine Nominierung beinahe genauso viel wert. Der Film gewinnt achtunddreißig weitere Preise, einige davon auch für Armin Mueller-Stahl, und wird ein Welterfolg. Und Armin Mueller-Stahl wird zum Mitglied der *Academy of Motion Picture Arts and Sciences* berufen, jener Organisation, die alljährlich über die Vergabe der Oscars entscheidet. Doch mehr als jede noch so enthusiastische Rezension bewegt ihn schließlich ein sehr persönlicher Brief, in dem zwei Geschwister David Helfgotts ihn zu seiner Interpretation des Peter Helfgott beglückwünschen: »Wir wollten Ihnen schreiben, um Ihnen unsere Anerkennung für die Art zu übermitteln, in der Sie die Komplexität des Existenzkampfes unseres Vaters vermittelt haben. Wir waren beeindruckt davon, wie Sie es geschafft haben, ein ausgeglichenes Bild unseres Vaters in seiner Beziehung zu David zu zeigen. […] Vater mag manchmal sehr hart und autoritär gewesen sein, aber er konnte auch sehr liebevoll und gütig sein.«

Der Versuch, das »Biest« loszuwerden

Drei Kinofilme sind für das Jahr 1996 in Mueller-Stahls Filmographie verzeichnet. Neben *Shine* noch *Der Unhold* von Volker Schlöndorff mit John Malkovich und *Gespräch mit dem Biest*, der erste eigene Film Mueller-Stahls. Während *Shine* die psychischen Folgen der Naziverfolgung spiegelt, verkörpert Mueller-Stahl in dem eindrucksvollen *Unhold* in der Rolle des auf seine Ehre bedachten Grafen Kaltenborn den Widerstand in Offizierskreisen gegen die Nationalsozialisten. In *Gespräch mit dem Biest* geht es indessen um Adolf Hitler selbst – gespielt von Armin Mueller-Stahl, nach eigenem Drehbuch und unter eigener Regie. Das wollte er schon immer einmal versuchen. Für die Produktion in den Filmstudios Babelsberg bei Potsdam lehnt er sogar eine große Rolle in dem Hollywood-Thriller *The Saint* mit Val Kilmer als Simon Templar ab. »Abgesagt wegen Dreharbeiten zu Hitler Babelsberg. Hoffentlich die richtige Entscheidung«, vermerkt Gabi Mueller-Stahl handschriftlich auf dem Angebot.

»*Gespräch mit dem Biest* war ein Bedürfnis von mir, endlich den Hitler loszuwerden«, gesteht er, »was mir für mich auch gelungen ist mit dem Film.« Entstanden ist die Idee dazu während der Dreharbeiten von *Music Box*. Anstatt wie sonst auf seinen benutzten Drehbuchseiten zu zeichnen, notiert er dieses Mal ein fiktives Gespräch zwischen einem amerikanischen Historiker und Hitler, der als uralter Mann in einem Keller in der Berliner Kantstraße 204 haust. »Die Absicht war, ihn zurück ins Leben zu beordern und zu erschießen. Es war eigentlich ein sehr ernsthaftes, literarisches Gespräch geworden. Eine interessante Gedankenspielerei. Man hätte es als Novelle oder als Kurzgeschichte herausgeben können.« Doch dann zeigt er es einem Filmproduzenten, der sofort einen Film daraus machen will. Mueller-Stahl kommt es bei dem Stoff darauf an herauszuarbeiten, dass Hitler kein alleiniger Irrtum der Natur war und nur mit der Bereitschaft des Volkes sein Unwesen treiben konnte. »Diese Hitler-Figur hat mich wie keine andere be-

Gespräch mit dem Biest (1996)

schäftigt. Dieses Aggressionspotenzial, das in Leuten steckt, die auf Macht so aus sind, diese furchtbare Tötungswut und -lust. Die entscheidende Frage dabei ist auch: Wieso folgen Menschen solchen lauten Stimmen?«

Beim Drehen merkt er, dass der Film nicht in seriösem Ernst daherkommen darf, anders als der Buchentwurf. Er begreift, warum Brechts *Arturo Ui* satirisch ist, warum Hitler in den Mel-Brooks- und den Chaplin-Filmen immer eine groteske Figur ist. Er kann und darf ihn nicht ernsthaft spielen, sondern muss ihn komisch überzeichnen. Und es soll offenbleiben, ob der in seiner Geschichte inzwischen hundertdrei Jahre alte Hitler im Keller der Kantstraße der echte Hitler oder nur ein Schauspieler ist, einer von mehreren Doppelgängern. »Das Ganze war ein Gedankenspiel, eine intellektuelle Spielerei. Aber es ist durchaus ein gut gemachter Film.« Dennoch ist er mit dem Ergebnis unzufrieden.

Die deutsche Kritik reagiert oberflächlich ratlos, bösartig, verächtlich – wie zum Beispiel der *Spiegel*: »Listig lächelnd linst der

Greis aus dem Rollstuhl und schießt seinem Besucher Bohnen ins Gesicht – die Zeit, da er noch die Welt bombardieren durfte, ist lang vorüber: Jetzt hockt er in Kellergrüften unter Berlin, 103 Jahre alt, ein milder Depp, resolut umsorgt von Zweitfrau Hortense, von Kerzen warm umleuchtet, um ihn herum gediegene Möbel, Bücher. Herz, was willst du mehr? […] Chaplin, die Marx Brothers, Mel Brooks, all die mögen ihm vorgeschwebt sein, Groteske, Farce, bös und schrill. Aber nun ist es eine plappernde Anekdote geworden, die grad mal als Vorfilm taugen könnte. […] Mueller-Stahls Manko ist, dass er ein guter Mensch ist (und ein guter Schauspieler); dass er nicht analysiert, nicht reflektiert, nie nachhakt. Er behauptet was und macht nichts draus.«[130]

Allein Jürgen Kesting erfasst in *Die Woche* Sinn und Tiefgang der Inszenierung: »Gilt für Mueller-Stahl, dass er Figuren so lange abklopfen muss, bis ihr Charakter nicht mehr hohl klingt, so spielt er Hitler, den wollüstigen Viertelskünstler klein ins Nichts. Er zeigt ihn als Mann ohne Individualität, ohne Eigenschaften; lässt spüren, wie das Gefühl der eigenen Nichtigkeit zum Antrieb wird für Rache und Vernichtung. Er verzichtet ganz auf die falsche Maske – auf jede Scheinähnlichkeit mit Hitler. […] Ein guter Film? Eher ein befremdlicher: mal psychologisches Kammerspiel, […] mal surrealistische Kolportage. Ein Film voller Brüche und Sprünge. Zudem ein unfertiger, zuweilen auch unentschlossener Film.«[131]

Der Regisseur Hans-Christoph Blumenberg, mit dem Mueller-Stahl 1983/84 den Film *Tausend Augen* gemacht hat, schreibt in der *ZEIT*, eine der schönsten Szenen des Films sei das Treffen von Hitlers überlebenden Doppelgängern – gespielt von Otto Sander, Harald Juhnke, Dietmar Mues und Dieter Laser – zur Nachkriegshochzeit des Führers. »Eine solche Sequenz, von nichts getrieben als der Spiellaune und der Improvisationskunst einiger großer Schauspieler, dürfte es in einem ›ordentlichen‹ deutschen Film nicht geben. In solchen Momenten (von denen es viele gibt im *Gespräch mit dem Biest*) findet der Film zu einer Freiheit und Frechheit, die mit jedem Jahr, das uns bleibt, kostbarer wird.«[132]

So kann man es auch sehen. In den USA und Kanada findet der Film – anders als in Deutschland – enorme Beachtung. Er wird – und das ist eine kleine Sensation – auf über dreißig Festivals gezeigt. Die *Washington Post* bringt einen groß aufgemachten Bericht nebst Porträt, ebenso die *Washington Jewish Weekly*. Beim Toronto-Film-Festival sowie auf zahlreichen anderen Festivals erhält Mueller-Stahl diverse Auszeichnungen. Das Branchenblatt *Boxoffice* hebt hervor, »diesem Film voll schwarzen Humors« gelinge es, »die feine Balance zu halten zwischen dem Skurrilen und dem Abgründigen«. Eine der wunderbaren Ironien des Films sei »die Idee, dass Hitlers spezielle Hölle nicht der Tod ist, sondern das ewige Leben, in dem er aber ein Niemand ist«. Und weiter: »In der dreifachen Position als Hauptdarsteller, Drehbuchautor und Regisseur bewegt sich Mueller-Stahl mit großem Selbstbewusstsein. Der Schauspieler vermittelt die Ausstrahlung, die der reale Mann hatte; der Drehbuchautor überlastet nichts mit großen Statements und der Regisseur liefert einen eigenwilligen Kommentar zu einem der meistanalysierten Übeltäter der Geschichte, indem er ihn ins Lächerliche verkehrt.«[133]

Doch Preise haben für Mueller-Stahl mit den Jahren eine abnehmende Bedeutung. Er freut sich zwar, »aber sie sind auch wirkliche Staubfänger«. Zudem wisse er inzwischen auch nicht mehr, »ob ich die Preise wegen der Leistung oder wegen meines Alters bekomme«. Nur eine Auszeichnung mag er davon ausnehmen. Sie ist etwas Besonderes, sehr Wichtiges: Die Verleihung des Ehrendoktortitels des *Spertus Institute of Jewish Studies* 1998 in Chicago für seinen »enormen Beitrag zu unserem Verständnis der Katastrophe Holocaust«. In der Begründung heißt es unter anderem: »Durch den Ihnen eigenen künstlerischen Stil und Ihr besonderes Feingefühl haben Sie deutlich gemacht, dass Kultur nicht nur ein kostbares Vermächtnis der Vergangenheit ist, sondern auch eine wirksame Kraft sein kann, um die Gegenwart zu veredeln und eine reiche Zukunft zu gestalten.«[134]

Pacific Palisades – Nachbar von Thomas Mann und Lion Feuchtwanger

1997 können die Mueller-Stahls es sich leisten, auf den Olymp der Stars zu ziehen, auf einen der sieben Hügel von Pacific Palisades oberhalb des Sunset Boulevard. Die weiße lichtdurchflutete Villa mit Traumblick auf ein Los-Angeles-Panorama unter leuchtender Nachmittagssonne in Cinemascope-Format und die Weite des Stillen Ozeans liegt nur einen Hügel entfernt von jenem, auf dem der deutsch-jüdische Erfolgsschriftsteller Lion Feuchtwanger und seine Frau Marta sowie Thomas und Katia Mann in ihrem amerikanischen Exil residierten. Die Feuchtwangers in einer mächtigen, seinerzeit günstig erworbenen Villa im maurischen Stil, die Manns etwas oberhalb davon, in einer in modern-zeitgenössischer Architektur gehaltenen Villa mit großflächigen Glasfenstern. Bruder Heinrich haderte währenddessen drunten in Santa Monica in einer Zweizimmerwohnung einsam mit seinem unglücklichen Lebensabend, vor allem nach dem Tod seiner geliebten Nelly. Es wimmelt in dieser Gegend unter- und oberhalb des Sunset Boulevard, vom Wilshire Boulevard in Santa Monica bis hinauf zum Mulholland Drive, von Pacific Palisades über Beverly Hills und Brentwood bis nach Hollywood von Villen der Stars vor und hinter der Kamera.

In dieser Kulisse leben die Mueller-Stahls eher zurückgezogen, verbringen mehr oder weniger die Hälfte des Jahres hier in Kalifornien. Sie halten sich von Glitzer, Glamour und roten Teppichen möglichst fern, besuchen lieber klassische Konzerte in der Konzerthalle der University of California. Freunde? »Amerikaner. Keine Schauspieler. Architekten, Museumsleute, Geschäftsleute, Unternehmer. Einer ist im Ölbusiness.« Jack Lemmon, den er bei den *Zwölf Geschworenen* kennengelernt hat, hätte ein guter Freund werden können. Ebenso Walter Matthau, der ein Nachbar war. »Sie starben leider zu früh.« Zum Essen gehen sie gern in die *Jazz Bakery* oder in die *Enterprise-Fish-Company* in Venice,

Die zwölf Geschworenen (1997): Ossie Davis, Courtney B. Vance, George C. Scott, Armin Mueller-Stahl, Dorian Harewood, James Gandolfini, Tony Danza, Jack Lemmon, William Petersen, Edward James Olmos, Hume Cronyn (v.l.)

einem großen, typisch amerikanischen Hallenrestaurant mit offener Küche hinter Glas, einer Bombenstimmung, Baseball auf großen Flachbildfernsehern und Riesenportionen frischen Fischs. Aber sie kochen auch gern zu Hause. Gesundes. Na ja, manchmal gibt's auch Kartoffelsalat. Oder Ostpreußisches. Königsberger Klopse zum Beispiel. Und manchmal verreisen sie, machen Autotouren oder fliegen immer mal wieder nach Hawaii, wo sie wirklich sehr weit weg von allem sind.

Hollywood – alles nur »Fake«!?

In den schicken Restaurants von L. A. sind die Mueller-Stahls nur seltene Gäste. Auch nicht im exklusiven Gartenrestaurant des legendären, 1927 erbauten Hotels Chateau Marmont am Sunset Boulevard in West-Hollywood mit seinen Zinnen, Türmchen und

Balkonen, in dem manche Filmgeschichte geschrieben wurde. Als wir eines Tages spontan zum Mittagessen hier einkehren wollen, ist natürlich leider zunächst kein Tisch frei. In Deutschland würden sich die anderen Gäste nach ihm umdrehen, hier scheint der Star aus Germany nur ein großer, schlanker und gutgekleideter, älterer Herr mit weißem Haarkranz und ausgeprägtem Faltenwurf im Gesicht zwischen all den glatten hoffnungsvollen wie hoffnungslosen Jungstars zu sein. Aber gerade, als wir uns wieder zum Gehen wenden, erspäht uns der Restaurantmanager, eilt beflissen herbei, raunt dem dann doch ziemlich überraschten Schauspieler ein gut hörbares »Ich bin ein großer Fan von Ihnen, Herr Mueller-Stahl« ins Ohr und zaubert uns flink den besten Tisch unterm Sonnenschirm herbei. Mueller-Stahl ist beeindruckt und amüsiert: »Um uns herum sind alle Schauspieler, richtige und falsche. Sogar die Ober.« Uns fällt der wunderbare Thriller *Der Himmel von Hollywood* von Leon de Winter ein, in welchem der Autor einem seiner tragischen Helden die Worte in den Mund legte: »Integrität, Solidarität, Bescheidenheit. Darum dreht es sich. Wenn du diese drei Dinge *faken* kannst, dann bist du in Hollywood der gemachte Mann.« Das sei das Geheimnis von Hollywood, bestätigt Mueller-Stahl amüsiert: »*Faken* ist alles. Die ganze Schauspielerei ist Lüge. Die Kunst dabei ist, glaubwürdig zu lügen. Wenn du Figuren glaubwürdig darstellen kannst, dann hast du gewonnen.« Hollywood, das sei eben »Falschgeld«. Eine exklusive Währung, die hoch im Kurs steht bei Insidern. Jenen, die damit zu jonglieren verstehen, öffnet sie den Zutritt zu einer Metaebene realitätsferner Kreise und Welten – und bisweilen grotesk hoher Gagen.

Mit am eindrucksvollsten spiegelt sich der Umgang mit dieser »Währung« für Mueller-Stahl am Filmset, zum Beispiel beim Umgang mit den Rollentexten. In einem Interview mit Alexander Kluge verriet er einmal: »Ich lese meine Texte mehrmals durch. Dann kann ich die Texte. Aber dann, wenn ich die Texte kann, vergesse ich sie. Und wenn ich sie gar nicht mehr habe, da wachsen die Texte, schlagen Wurzeln im Kopf. Das heißt, das Gehirn arbeitet auf eine wirklich faszinierende Weise. Und wenn Sie dann diese Texte abrufen, dann können Sie wirklich damit spielen. Sie rufen sie ab, sie sind dann wirklich Teil Ihrer selbst.«[135] Er beherrscht sein Handwerk. »Das merke ich manchmal, wenn ich mit dem einen oder anderen großen amerikanischen Kollegen spiele, die auch angeblich ihr Handwerk können. Dann gucke ich ihnen manchmal zu und sage mir: Können sie nicht! Da liest er seinen Text ab; oh, da schummelt er sich rüber. Ich lerne wenigstens bevor ich ans Set komme meine Texte. Denn wie soll ich frei spielen, wenn ich während des Spielens darüber nachdenke, ›Wie ist mein nächster Satz?‹. Ich sehe es dem Gesicht an: Der denkt über seinen Text nach. Das sehe ich sofort. Auch im Fernsehen. Gut geschnitten, sage ich mir. Aber ich sehe, sie haben ihn gut geschnitten, weil er mit seinem Text nicht weiterwusste. Man kann nicht spielen, wenn man über den Text nachdenkt.« Aber in Hollywood wird, so erzählt Mueller-Stahl, dann eben manchmal mit opulenten Mitteln nachgeholfen: Man bringt links und rechts der Kamera Computerbildschirme an, auf denen die Texte abrollen. Sogenannte Teleprompter, wie sie von den Moderatoren der Nachrichtenmagazine und längst von Politikern, Wirtschaftslenkern und anderen öffentlichen Rednern ständig benutzt werden, um freies Reden vorzutäuschen. Aber wer das nicht beherrscht, fällt, so Mueller-Stahl, durch »seltsame Kopfbewegungen« auf. Geschnitten komme alles prima daher. »Aber man muss einmal sehen, wie manchmal gearbeitet wird. Wie die dasitzen und ihre Texte nicht können. Eine berühmte Schauspielerin – den Namen lassen wir lieber weg, weil ich ja keine Illusionen zerstören will: nur in einer von zehn Einstellungen ist sie wunderbar. In allen anderen eine Katastrophe. Aber solange sie Stars sind, solange die Leute ihretwegen ins Kino gehen, können sie machen, was sie wollen, sich fühlen als Königinnen und Könige. Die Limousine, die sie abholt, kann nicht groß genug sein, der Trailer – bei uns sagt man einfach: Wohnwagen – muss ein Gym haben, eine Dusche, manchmal drei Fernseher, sogar in der Toilette. Und irgendwann werden sie als Stars eine Legende.« Wobei Mueller-Stahl bei aller Bescheidenheit, die er ausstrahlt, in Amerika schnell lernt, ebenfalls darauf zu bestehen, selbst bei Nebenrollen stets einen Wohnwagen oder eine Suite zu bekommen wie ein Hauptdarsteller: »Sonst bist du dort sofort unten durch.« Aber seine Art, sich selbst in solchen Situationen weder hochmütig noch demütig zu geben, wird für ihn in Amerika zum Erfolgsrezept.

Aber es gibt auch solche Kollegen, die »echt« sind, die ihre Texte und Rollen beherrschen. Er nennt Morgan Freeman, mit dem er in Südafrika für *The Power of One* (1992, Regie: John G. Avildsen) vor der Kamera stand, oder Jessica Lange, deren Vater er in *Music Box* gespielt hat. Oder auch Robin Williams, der sei als Schauspieler sehr gut: »Aber als Improvisateur ist er ein Genie. Ich habe das so noch nie bei einem Menschen erlebt. Wie der aus dem Stegreif spielt! Otto Waalkes hat etwas davon. Robin kann improvisieren wie kein anderer. Ich sollte mal eine Laudatio auf Harrison Ford halten. Damals drehte ich gerade mit Robin die Neuverfilmung von *Jakob der Lügner*. Am Abend frage ich also den Robin über Harrison Ford aus. Da steht er auf und spielt die Bibel vor, und zwar die zwölf Apostel. Aus dem Stegreif. Mit so viel tiefer Hintergründigkeit. Er spielt jede Figur vor, wie Harrison Ford sie gespielt hätte. Wir haben unter dem Tisch gelegen. Wir haben Tränen gelacht. Es war grandios. Es war ein Meisterstück.«

Ein anderer, den er sehr schätzt, ist George Clooney. Er hat in einer kleinen Rolle mit ihm zusammen in dem – angeblich – Hundert-Millionen-Dollar teuren Action-Thriller *The Peacemaker* (1997, Regie: Mimi Leder) gespielt. Clooney ist seiner Meinung nach jemand, »der begriffen hat, dass er auf der glücklichen Straße durchs Leben wandern darf«. Das mache ihn und die gemeinsame Arbeit sehr angenehm. Als dieser Film um einen Atombombendiebstahl durch Terroristen herauskommt, schreibt die *New York Times*: »Mit von der Partie in *The Peacemaker* ist Armin Mueller-Stahl als freundlicher alter Kamerad des liederlichen Offiziers Clooney. Dieser distinguierte Schauspieler ist eine wohltuende Erscheinung, solange seine Rolle dauert, aber leider bekommt keine Nebenfigur viel Raum in diesem rastlosen Film.«[136]

Als er sich gerade mit *Music-Box* und *Avalon* in der amerikanischen Filmbranche einen Namen erspielt hatte, besuchte ihn 1993 der damalige FAZ-Mitarbeiter Jordan Mejias in New York am Set der Dreharbeiten zu dem Low-Budget-Film *The Last Good Time* (1994, Regie: Bob Balaban) in einer Lagerhalle am Hudson River. In dem Film geht es um eine eigentlich wenig aufregende, immergleiche Geschichte: Ein Rentner lernt eine hinreißende junge Frau kennen, die ihm einen späten Frühling beschert. Mueller-Stahls Spiel macht das Ganze jedoch zu etwas Besonderem. Es lohnt, aus Mejias' genauen Beobachtungen zu zitieren, weil sie viel über das Wesen Mueller-Stahls erzählen – nicht nur über das professionelle: »Noch im schäbigen Morgenmantel umweht ihn ein Hauch von Distinktion. Vor und hinter der Kamera bleibt er Gentleman. […] Am Drehort herrscht eine fast beschauliche Atmosphäre. Sie dürfte zu einem Gutteil auf sein Konto gehen. Er ist die Seelenruhe selber. Die Figur, die er darstellt, verfolgt ihn nicht in die Pausen hinaus. Gerade hat er das schlimm misshandelte Mädchen in seinem Bad verarzten müssen. Cut!, brummt der Regisseur Bob Balaban, und schon lächelt Mueller-Stahl freundlich, unterhält sich, tuschelt mit der Kamerafrau. Genauso schnell kehrt er in die vorgetäuschte Welt zurück. […] Bei den New Yorker Dreharbeiten wird er von der jungen Crew angehimmelt. Er ist der unangefochtene Protagonist, mit ihm steht oder fällt der Film. Abgeklärt, von keiner Aufregung zu erschüttern, spaziert er hinter den Kulissen auf und ab. Spannung, um Leistung zu erzeugen, braucht er nicht. Die Emotionen gehen um mich herum, sagt er. Er hat gelernt, auch wenn es einen Regisseur gibt, den er schätzt, zwei besonderen Mitregisseuren zu vertrauen. Wo die zu finden sind? Ehe er die Frage beantwortet, spielt ein amüsiertes Lächeln um seine Lippen. Und er tut kund: Einen Regisseur habe ich im Kopf und einen im Bauch, und der dritte steht hinter der Kamera. Balaban ist ganz Ohr. Mueller-Stahl schlägt vor, gibt zu bedenken, regt eine Änderung an. Das ist seine Art. Er befolgt nicht bloß Anweisungen, sondern weist selbst an. [...] Er überdenkt ausführlich, was er vorhat. Aber sobald die Kamera läuft, ist Schluss mit der Kopfarbeit, Schluss mit der Analyse. Er kommt sich in diesem Augenblick wie ein Artist vor, der einen doppelten Salto in Angriff nimmt. Wer den Salto während des Sprungs analysieren wollte, erklärt er, könnte ihn nicht springen.«[137]

Venice oder das Gefühl, frei zu sein

Amerika ist für Armin Mueller-Stahl »Abenteuer gepaart mit Freundlichkeit«. Das hat ihm den schrittweisen Wechsel von der Bundesrepublik dorthin leichter gemacht. »Der Abschied von der DDR war schwieriger. Der war endgültiger. Ein Schritt ins Unbekannte.« Dieses Mal betraten er und seine Frau ein Land, das ihnen das Gefühl gibt, willkommen zu sein. »Die Leute haben die Arme aufgemacht. Man hat mich zwar nicht gleich eingemeindet in Hollywood, aber sie haben mich aufgenommen in ihre Gemeinschaft mit einer gewissen Herzlichkeit.« Aber ganz am Anfang, »da hat man mich mitunter noch begrüßt mit einem ›Heil Hitler!‹. Da sahen sie in mir noch den Nazi. Inzwischen wird Deutschland gelobt.« Hat Amerika seinen Blick auf Deutschland verändert? »Ein wenig ja. Ich gehe nicht mehr umher mit dem Gefühl – welches ich in der DDR hatte –, wir leben in dem saturierten Deutschland, wir haben die besten Leute, wir haben die beste Kultur, wir haben die beste Technik, wir haben dies und das, sondern ich bin in einem großen Amerika, wo ich sehe, da sind genauso gute Leute und zum Teil auch bessere Leute. Die Welt ist da sehr global ausgerichtet, mit guten Leuten, über die Welt verstreut. Deutschland ist plötzlich in Amerika nicht mehr so groß, wie ich es in Deutschland selbst empfunden habe, es ist ein Land unter vielen. Aber es gibt dann auch gewisse Dinge, die ich an Deutschland wieder sehr gerne habe im Ausland.«

Ihm ergeht es zwar nicht so, wie jenen ausländischen Schauspielern, deren Muttersprache Englisch ist und die sofort zur Familie gehören. So ist es mit Deutschen eindeutig nicht. Auch weil mehr als ein halbes Jahrhundert nach Kriegsende die Vergangenheit immer noch sehr präsent ist. Deutschen gegenüber gibt es nach wie vor Vorbehalte in einigen Studios. Das hat nicht nur mit der Sprache, dem Akzent zu tun. Viele dieser Studios sind von deutschen oder europäischen jüdischen Emigranten oder deren Freunden begründet, geleitet, durch Talent und Geist anderer Emigranten bereichert oder – auch in stark antikommunistischem Sinne – beeinflusst worden. Umso erstaunter ist Mueller-Stahl, dass ihm, der ja ursprünglich aus der kommunistischen DDR kam, so gar kein historisch oder ideologisch begründetes Misstrauen entgegenschlägt. »Ich wurde lediglich häufig gefragt: Können Sie diese Rolle ohne Akzent spielen?« So habe man es ihm und seiner Frau leicht gemacht. »Und heute ist es so, dass wir geradezu Sehnsucht nach drüben haben, wenn wir länger in Deutschland sind.« Denn »Barry Levinson ist Amerika. Pazifik ist Amerika. Die Weite ist Amerika. Die Freundlichkeit ist Amerika, die nicht immer nur oberflächlich ist.« 2005 bekamen seine Frau und er sogar einen amerikanischen Pass.

Mueller-Stahl ist viel zu Fuß oder mit dem Fahrrad in Venice, der »Unterseite« der Traumfabrik, unterwegs. Es ist der ihm liebste, lebhafteste Teil von Los Angeles. Wenn er sich hier auf der Strandpromenade mit den kleinen, skurrilen Geschäften, Cafés und Restaurants zwischen all die Großstadtnomaden mischt, die lustigen, traurigen, normalen und schrägen Typen, sie studiert und später an seinem Zeichentisch über dem Pazifik in Skizzen und Bilder überträgt, fühlt er sich ungewöhnlich frei. »In Venice ist jeder über vierzig Stoff für einen Film«, sagt er. Unter den Menschen hier, den Übergewichtigen wie den Sportlern und Bodybuildern, die ihre vermeintliche Schönheit und glänzenden Muskeln exhibitionistisch zur Schau stellen, fallen einem auch die vielen homeless people auf, Obdachlose, die sich als Maler, Gi-

Johnny, Homeless in Venice (Armin Mueller-Stahl, 2004)

tarrenspieler, Gaukler und Wanderprediger durchschlagen. Ihnen hat Mueller-Stahl vor wenigen Jahren ein Denkmal gesetzt, mit *Venice*, einem nicht ausschließlich fiktiven amerikanischen

Tagebuch voller kraftvoller wie filigraner Porträts und Boulevard-szenen.

Die Geschichte handelt von Frank, einem Alter Ego des Autors in der Rolle eines ehemaligen Bankdirektors, der sich zu einem freiwilligen Leben am Strand entschlossen hat. Er erzählt seinem Schöpfer und Freund, dem Autor Mueller-Stahl, die Geschichte seines Vaters, eines Jazzgitarristen, der sein Leben lang auf der Flucht war. »Der Schlüssel zum Geheimnis seines Lebens ist ein Lied, das in eine dunkle Vergangenheit führt. In Tagebucheinträgen, Notizen und zeichnerischen Momentaufnahmen lässt uns Armin Mueller-Stahl an dieser faszinierenden Spurensuche teilnehmen, in der er selbst als reale Person immer wieder neben die Handlung tritt, sie mit eigenen Erinnerungen kontrastiert und so die Grenze zwischen Fiktion und Realität verwischt«, verheißt der Klappentext zu dem Band.[138] Die Geschichte, die hier erzählt wird, ist in ihrer Verfremdung auch die seiner eigenen lebenslangen Suche nach dem früh verlorenen Vater. Ein Thema, das ihn über all die Jahre begleitet hat. In einem Nachwort zu *Venice* erinnert der Autor und Dramaturg Holger Teschke an ein Zitat Mueller-Stahls in seinen autobiographischen Aufzeichnungen *Unterwegs nach Hause*: »Die Toten sind für mich Heimat.« »Sie bleiben lebendig«, so die Interpretation Teschkes, »solange sich einer an sie erinnert, also bleibt ein Bild von Heimat, solange die Toten nicht vergessen sind.«[139]

Mit »Night on Earth«, dem »Urfaust« und »Hamlet« auf dem Olive Hill

In seinem 75. Lebensjahr, im Jahre 2005, ehren ihn Los Angeles und Hollywood auf eine einzigartige Weise, wie sie vor ihm noch keinem deutschen Schauspieler je widerfahren ist. Was nicht nur damit zusammenhängt, dass es kaum solche Vielfachbegabungen unter ihnen gibt wie Armin Mueller-Stahl, sondern weil er wie kein anderer das geistige Erbe des »Weimar am Pazifik« der deut-

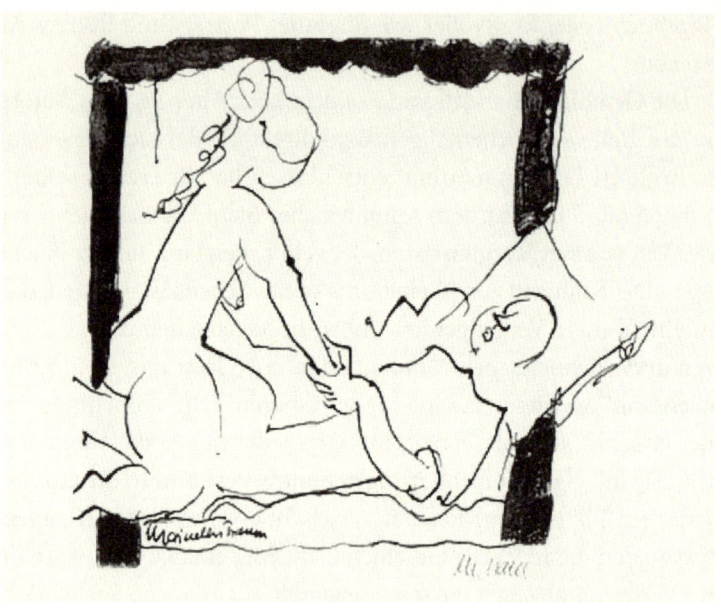

Marinellis Traum II (aus: »Hamlet in Amerika« (Armin Mueller-Stahl, 2001))

schen Exilanten verkörpert, die so sehr dazu beigetragen haben, diese Stadt an der Westküste zu einem kulturellen Gegengewicht zu New York an der Ostküste zu formen. Eher zufällig, durch die Summe seines Rollenspiels, hat er sich in die Rolle eines deutsch-amerikanischen Kulturbotschafters gespielt, gemalt, geschrieben. Von Januar bis April 2005 findet in der Los Angeles Municipal Art Gallery in dem von Frank Lloyd Wright auf dem Olive Hill gestalteten Barnsdall Art Park eine große Ausstellung mit Zeichnungen und Bildern Mueller-Stahls statt.

»Night on Earth – Day on Earth«, so ihr Titel, wurde von der Kulturabteilung der Stadtverwaltung von Los Angeles und der Villa Aurora in Zusammenarbeit mit dem Kunsthaus Lübeck seines Galeristen Frank-Thomas Gaulin organisiert. Gezeigt wurden neben anderen die erst 2004, dreizehn Jahre nach Mueller-Stahls Mitwirkung in Jim Jarmuschs Film *Night on Earth*, entstandene,

Der Traum des Marinelli (aus: »Hamlet in Amerika« (Armin Mueller-Stahl, 2001))

einundzwanzig Blatt umfassende Lithographie-Serie »Night on Earth – Day on Earth«, die zwanzig Blatt des 2002 entstandenen Lithographie-Zyklus zu Goethes »Urfaust« sowie die dreizehn Original-Lithographien zu »Hamlet in Amerika« aus dem Jahr 2001 und fünfzehn Ölgemälde.

Hans-Dieter Sommer erinnert in seinem Begleittext zum Ausstellungskatalog daran, dass die fünf Episoden in Jarmuschs *Night on Earth* alle des Nachts spielen: »Die Nacht in den Werken Armin Mueller-Stahls und Jim Jarmuschs ist voller Wahrheit. Sie ist das Negativ zur Positivform, der Spiegel, der die Welt seitenverkehrt zeigt und Veränderung provoziert. Die Nacht als der dynamische Ort, an dem jeder auf sein eigenes Licht angewiesen ist und sich Unerwartetes ereignen kann. […] Die Blätter sind keine nachträgliche Illustration, sondern eine eigenständige Schöpfung, die in der poetischen Kraft des Films *Night on Earth* wurzelt.«[140]

Die Lithographien »Hamlet in Amerika« basieren auf einem Drehbuchmanuskript Mueller-Stahls. Eine deutsche Filmförderungsanstalt zeigte sich zwar interessiert, doch wurde es nie realisiert. »›Hamlet in Amerika‹ war ein eigener Filmplan, der im Gespräch mit Fassbinder entstand, als er mein Buch *Verordneter Sonntag* gelesen hatte. Es ist schwierig, aus einem Buch ein Drehbuch zu machen, und während der Arbeit wandelte sich dann auch der Inhalt: Zwei alte Männer, die wissen, dass sie bald sterben werden, wollen ihre verbleibende Lebenszeit mit bizarren Erlebnissen würzen. Sie brechen in eine Bank ein, stehlen ein Auto, gehen in den Puff. Und plötzlich ist einer von ihnen tot. Das Buch lag viele Monate bei Produzenten in Amerika und in Hamburg.« Und dann? Dann kam 1997 der Film *Knockin' on Heaven's Door* von dem Regisseur Thomas Jahn mit Til Schweiger in der Hauptrolle heraus. In *Knockin' on Heaven's Door* geht es um zwei krebskranke Männer, die wissen, dass sie bald sterben werden, und sich mit der Beute aus einem Banküberfall ein paar schöne letzte Tage machen wollen.

»Als *Knockin' on Heaven's Door* in den Kinos anlief«, erinnert sich Mueller-Stahl, »mussten wir den Plot umschreiben. Es wurde ›*Over the Edge*‹ daraus, die Geschichte alternder Schauspieler, die sich zusammentun, um wieder in das Schauspielgeschäft einzusteigen. Wir hatten alles, ein gutes Buch, eine wunderbare Location, sehr gute Darsteller, aber fanden keinen Produzenten.« Das war dann leider das Aus. Doch etwas Besonderes ist geblieben: die »Hamlet«-Lithographien mit ihrer – im amerikanischen Kino längst verbotenen – wohltuend fröhlich-sündhaften Erotik.

Flugmomente oder das Geheimnis des Spiels

Im selben Jahr, 2005, dreht er einen Film, der auch seinen »Hamlet in Amerika«- oder »Over the Edge«-Plots entlehnt sein könnte. Die Filmrolle, die er zu spielen hat, ist dem Maler in Armin Mueller-Stahl nicht nur förmlich auf den Leib geschrieben, es schließt sich mit ihr auch ein Kreis in seinem Leben: *Local Color* (deutsche Version: *Die Farben des Herbstes*), ein im Sommer 1974 spielender, dramatisch-poetischer, semiautobiographischer Film des Autors und Regisseurs George Gallo *(Midnight Run)*. Mueller-Stahl ist Nicoli Seroff, einstmals ein berühmter Maler, jetzt ein alter, einsamer und dem Alkohol verfallener Mann. Er hat in den Wirren des Zweiten Weltkrieges seine Frau verloren und ist aus der Sowjetunion über Deutschland in die USA gelangt. Mit gebrochenem Herzen und ohne Perspektive lebt er auf einer heruntergekommenen Farm in Pennsylvania. Doch plötzlich steht der musisch interessierte achtzehnjährige John Talia (Trevor Morgan) vor Seroffs Tür, und bittet den Alten, ihm das Malen beizubringen. Während der Vater des Jungen (Ray Liotta) aggressiv und grundlos homophobe Ängste um seinen Sohn entwickelt, hält dieser an der Freundschaft zu dem schroffen Alten fest und verliebt sich nebenbei in dessen junge Nachbarin. Seroff geben die Freundschaft und das Kunstinteresse des Jungen unterdessen neuen Lebensmut. In einer Rezension der *New York Times* heißt es, der Film sei so gut gespielt, dass man ihm die strukturellen Schwächen und seinen kitschigen Kern beinahe verzeiht. In *Variety* ist zu lesen: »Glücklicherweise vermeidet Armin Mueller-Stahl jeglichen Schmalz und gibt einen Charakter jenseits des Stereotypen.«

Es sind immer wieder diese gebrochenen Menschen, die Außenseiter, die skurrilen oder schwierigen Figuren, die geheimnisvollen Charaktere, die stets anders, vielschichtiger sind, als sie zunächst scheinen, und hinter deren Fassade sich oftmals weitere Schichten und Facetten verbergen, welche Mueller-Stahl am liebsten spielt. Das ist nicht jedermanns Sache. Deshalb hat er nach seiner Übersiedlung in die Bundesrepublik Rollen in TV-Serien abgelehnt. »Zu läppisch« seien ihm diese Figuren gewesen. »Mich interessieren Rollen, die Abgründe in sich haben.« Er möchte herausgefordert werden. Und das fordert nicht nur ihn, sondern auch den Regisseur. Es fordert aber manchmal auch den Zuschauer.

Der muss bereit sein, sich auf ein verschattetes und bisweilen verschachteltes Wechselspiel und manche Überraschung einzulassen. Und meist lohnt es sich. Wie macht er das?

Eines Nachmittags, auf seiner ausladenden Holzterrasse unter dem Himmel von Hollywood, verrät er ein wenig vom Geheimnis seines Spiels: »Ein Drehbuch gibt immer zwanzig, dreißig Möglichkeiten zu spielen – dabei untertreibe ich eher –, und diese Möglichkeiten musst du nutzen können. Am Tag vor dem Dreh denkst du darüber nach. Du bist nervös. Hast Herzklopf. Immer, wenn ich zu Drehorten unterwegs war, im Auto, im Flugzeug, habe ich mir große Violinisten oder große Pianisten angehört. Damit habe ich immer den Tag begonnen. Die gaben mir immer das Gefühl von Perfektion, von Arbeit, von Vorbereitung. Ich bin vorbereitet. Auf der Basis von Vorbereitung kann ich auch improvisieren. Dann kommt die Szene. Und plötzlich passiert innerhalb der Szene etwas mit dir, was du nicht erwartet hast. Das ist dann der artistische Moment. Du wirst die Rolle. Du denkst nicht mehr darüber nach: Wie bist du? Sondern du bist die Figur, die du spielst. Du hörst dann manchmal in dir die Musik, die du gehört hast. Und dann fliegst du. Bist stärker als die Kamera, stärker als der Regisseur, stärker als die Partner. Das sind Flugmomente, die dich davontragen. Sind einfach erhaben und schön.« Und während er erzählt, gestikulierend, den Blick Richtung Unendlichkeit des Ozeans gerichtet, vergangene Rollenbilder vor dem inneren Auge vorüberziehen sieht, wandelt sich die Terrasse zur Bühne, und der einsame Zuschauer wird Zeuge eines dieser Flugmomente.

Was ihm hilft zu »fliegen«, ist neben der Musik die Malerei. Sie hat ihn das Beobachten gelehrt. Er liebt es, unter die Menschen zu gehen und zu beobachten. Haltungen, die er verinnerlicht und dann mit wenigen Strichen zu skizzieren vermag. Das tägliche, normale Leben um ihn herum ist der Fundus für seine Rollenspiele. Der Autor Jordan Mejias, der Mueller-Stahl 1993 bei Dreharbeiten in New York am Set besuchte, beobachtete schon damals: »Zu den Schauspielern, die sich die gesamte Drehzeit lang als

Liebhaber, Schurken oder Psychopath versuchen, gehört er gewiss nicht. Das wirkliche Leben und das, was sich auf der Leinwand abspielt, sind für ihn zwei Paar Stiefel. Die von der amerikanischen Filmprominenz bevorzugte Totalidentifikation mit der Rolle betrachtet er mit Misstrauen. Ich bin mein Instrument, sagt er. Und wenn ich ein Violinkonzert spiele, spiele ich auch nicht unentwegt. Ich spiele, wenn ich dran bin.«[141] Das macht den Unterschied aus. »Ein Schauspieler muss, wenn er nachts geweckt wird, einen leidenschaftlichen Ausbruch spielen können und dann weiterschlafen.« Er sei »ein Charakterdarsteller«, andere hingegen ein Star. »Gegen die bin ich ein Trinkgeldempfänger«, denn, wenn die dreißig Millionen Dollar kriegen, kriege ich noch nicht mal zehn Prozent. Aber nicht einmal das habe ich gekriegt.« Damals.

»Was trennt nun den wunderbaren Schauspieler vom Weltstar?«, wurde er von Mejias gefragt. Die Antwort liest sich so: »Mueller-Stahl macht keinen Hehl aus seinem Hang zur Bequemlichkeit und seinem hartnäckigen Mangel an Ehrgeiz. Die Karriere in Hollywood hätte er geschickter einfädeln können. Seine Erfolge mit *Avalon* und *Music Box* nutzte er gar nicht richtig aus. Ein Beispiel. Eines glamourösen Abends war er mit Dustin Hoffman und Robin Williams zu Gast bei Superagent Mike Ovitz. In der Luft lag seine Aufnahme in die Agentur. Er aber, erschöpft vom Flug, verließ die Party vorzeitig und ohne das Angebot des womöglich mächtigsten Manns in ›La-La-Land‹ abzuwarten. […] Das Schicksal hat ihn mit gehöriger Verspätung nach Hollywood befördert. Zu spät für die Gipfelbesteigung. Hätte er, unter einem günstigeren Stern, überhaupt Lust gehabt auf eine Karriere à la [Robert] Redford oder [Paul] Newman? Warum nicht? Fragt er zurück. Die Amerikaner sind die Stars, sagt er, aber meinen Sie denn, sie seien die besseren Schauspieler? […] Sein Schlusswort zu dem Kapitel: ›Ich sag mal, ich wär was geworden.‹ Er spricht das mit der Gelassenheit eines Menschen aus, der weiß, dass aus ihm etwas geworden ist.«[142]

Seltsame Begegnung in der Villa Aurora

Manchmal fahren die Mueller-Stahls hinüber auf den Nachbarhügel, besuchen die einstige Feuchtwanger-Villa, die heute ein Stipendiatenzentrum, eine »Villa Massimo am Pazifik« für Autoren, Künstler und Filmschaffende aus Deutschland ist. Sitzen dann mit Freunden, mit Leuten aus der Kulturszene von Los Angeles oder Besuchern aus Deutschland auf der großen Terrasse des von dem Architekten Frank Dimster aufopferungsvoll restaurierten Anwesens. Hier steht immer noch jene Steinbank, auf der die vor den Nationalsozialisten nach Kalifornien geflohenen Schriftsteller Bertolt Brecht und Lion Feuchtwanger ihren letzten gemeinsamen Abend verbrachten. Eine bekannte Fotografie zeugt davon. Draußen vor dem Tor der Villa Aurora lungerten währenddessen Beamte des FBI herum, um »unamerikanische Umtriebe« zu notieren und zur Anzeige zu bringen. Feuchtwanger und Brecht galten längst als verdächtige »Subjekte«, wie später veröffentlichte Akten enthüllten.

Hier in der Villa Aurora trafen die Mueller-Stahls 1995 auch einen alten Bekannten, der kaum ein Freund gewesen sein dürfte. Über die Begegnung heißt es in einer von Widerwillen geprägten Passage in *Unterwegs nach Hause*: »Heiner Müller, er ist besuchsweise in Los Angeles. Wir trafen ihn in der Villa Lion Feuchtwangers. Feuchtwanger ein Asylant und Heiner ein Arrangierter, ein IM aus Neugier oder Feigheit, wer wüsste es besser als er selbst; mir war gar nicht danach, ihn zu treffen, aber Gabi wollte ihn treffen, und so trafen wir uns, und er begrüßte mich wie vor fünfundvierzig Jahren, als ich ihm fünfhundert deutsche Ostmark leihen sollte, herzlich und küssend, seine Stimme war weg, so gut wie nicht vorhanden, wohl nach einer Speiseröhrenoperation, aber er rauchte und trank, erzählte stimmlos über Zadek und sich, über Hitler und Stalin, über Feuchtwanger und dessen Villa, in der er wohnte, mit Kind und Kegel, und er fragte, wie war das mit dem Geld? Wie viel hast du mir geliehen? Gar nichts, sagte ich, […] ich habe dir fünfzig deutsche Ostmark geschenkt. [...] Und dann bist du am nächsten Tag wieder zu mir gekommen, sagte ich, hast gefragt, ob ich dir noch einmal fünfzig Ostmark schenke. Warum wieder zu mir?, fragte ich. Geh doch zu einem anderen. Bei dir hat es doch gestern so gut geklappt, antwortetest du. Richtig, richtig, so war es, antwortete Heiner und lachte, und ich dachte, wie mag er sich mit der Stasi unterhalten haben, hat er auch seine Zigarren gequalmt, hat er auch Whisky getrunken? Und stelle mir die Stasi mit einem Hörrohr vor, wie sie vor seinem Mund auf der Lauer liegt und lauscht, aber was sie hört, versteht sie nicht – oder nur halb.«[143] Heiner Müller starb am 30. Dezember desselben Jahres in Berlin.

Die Atmosphäre in dem Feuchtwanger'schen Haus mit der großen Bibliothek und dem Blick auf den Pazifik, ähnlich jenem, wie ihn die Mueller-Stahls von ihrer eigenen Terrasse haben, strahlt immer noch etwas von jenen Tagen aus, als sich die gestrandeten Größen der deutschen Kultur aus der Zeit vor 1933 hier zu Lese-, Musik- und Gesprächsabenden versammelten. Der einstige Hausherr Lion Feuchtwanger blieb für den Rest seines Lebens in den USA. Er starb im Dezember 1958. Mueller-Stahl wirkt in dieser Umgebung wie ein Nachfahre der berühmten deutschen Exilanten, freilich nicht als Emigrant, aber als einer, der sich mit deren »Weimar am Pazifik« identifiziert, dem er sich in Geist und Haltung gleichermaßen verwandt wie verpflichtet fühlt.

Einer, der ebenfalls häufig hier zu Besuch war, war Thomas Mann. Als Armin Mueller-Stahl sich mit seiner Frau in Pacific Palisades niederließ, ahnte er nicht, wie sehr sich sein Schicksal schon bald mit dem von Thomas Mann verknüpfen sollte, dem Patriarchen der deutschen Schriftstellerfamilie aus Lübeck an der Ostsee, woher ja auch Mueller-Stahls Vorfahren vor fast einem halben Jahrtausend kamen. In seinem 70. Lebensjahr sollte er selbst Thomas Mann sein, wenigstens für ein paar Monate vor der Kamera. Und schon bald darauf verkörperte er auch eine seiner bedeutendsten Romanfiguren, den Konsul Johann »Jean« Buddenbrook.

ANGEKOMMEN

Der Zauberer

Im Sommer 1998 treffen sich die beiden deutschen Filmemacher Heinrich Breloer und Horst Königstein mit Armin Mueller-Stahl im Hamburger *Hotel Vier Jahreszeiten*. Sie arbeiten an einem Drehbuch für ein mehrteiliges Doku-Drama über die Familie Mann. Sie wollen, dass Mueller-Stahl mit dabei ist. Bald steht fest, dass er Thomas Mann spielen wird. »Was ich an der Serie *Die Manns* toll fand: dass einmal ein Schriftsteller im Mittelpunkt des deutschen Interesses steht, nicht immer diese Bösewichter wie Hitler, Stalin, Napoleon«, sagte Mueller-Stahl in einem Interview mit der *ZEIT*.[144] Es ist eine Rolle, die ihm wie auf den Leib geschneidert scheint. Thomas Mann wäre wohl auch zufrieden gewesen. Heinrich Breloer erinnert sich, wie Monika Mann ihm einst den Vater geschildert hat: »Er hat oft selbst nicht gewusst, dass er schaut. Und dann ist ihm vielleicht mal nach einem Jahr eingefallen, was er gesehen hat, unbewusst, sonst hätte er auch nie so schreiben können. Aber er hat einen nie bewusst angeschaut. […] Man fühlte sich nie beobachtet. Niemals. Und doch wusste man im Grund genau: Das hat er alles wieder mitgekriegt.«[145]

Zur Vorbereitung auf seine Rolle erhielt Mueller-Stahl von Breloer Bild- und Tonmaterial zu Thomas Mann, »eine kleine Orientierung für die Gesten und den Tonfall. Vielleicht könne er daraus eine Art Grundgestus destillieren. Keine naturalistische Imitation, bitte nur die Wirklichkeit der Person Thomas Mann herausfinden und den Menschen lebendig werden lassen mit all dem, was im Schauspieler Mueller-Stahl angelegt ist.«[146] Dann wird es vor der

Der Regisseur
Heinrich Breloer
(Armin Mueller-Stahl,
2000)

Kamera ernst: »Während der Aufnahmen entsteht eine seltsame Doppelung. Ich sehe Armin Mueller-Stahl im Studio, und mit ihm wird lebendig, was ich über Thomas Mann weiß und fühle. Er ist auch da – Armin beschwört ihn herauf.«[147]

Später wird Heinrich Breloer schwärmen: »Mueller-Stahl ist der viel bessere Thomas Mann.« Gegen so viel Lob und Gleichsetzung wehrt Mueller-Stahl sich jedoch, denn der eine war Schriftsteller, und er ist Schauspieler: »Und als solcher habe ich ihm meine Hände geliehen, meinen Kopf, meine Stimme – sogar meine Gefühle. Ich habe versucht, ihn mit meinen Mitteln nachzuzeichnen und ihn als Mensch in die heutige Zeit zu übertragen. Aber was ich nicht versucht habe und auch nicht wollte, das ist: ihn zu imitieren. Ich bin nicht Thomas Mann.«

Er interpretiert ihn nur, und deshalb spielt Mueller-Stahl ihn ganz bewusst nicht so, wie es manche Kritiker und Kenner der Mann-Familie vielleicht erwarten. Der große Thomas-Mann-Biograph Klaus Harpprecht schreibt in der *ZEIT* sicherlich zutreffend von einer »sachten Idealisierung des schwierigen Bürgers T. M. in der Interpretation durch Armin Mueller-Stahl, die den versöhnlich glatt gebügelten Reminiszenzen Elisabeths, des letzten überlebenden Kindes, entgegenkommt. Mueller-Stahl ist ein sensibler Schauspieler, der die strengen, ja oft kalt verschlossenen Züge des ›Zauberers‹ in einer behutsamen Weichzeichnung auflöst.«[148]

Mueller-Stahl wollte vermeiden, dass Thomas Mann in der auf insgesamt viereinhalb Stunden verkürzten Darstellung des Mann'schen Familienlebens nur als Tyrann oder Monster erscheint. Das wäre ihm zu einseitig und zu wenig darstellerische Herausforderung gewesen, weil eine zu konzentrierte Negativzeichnung einer Person ins Unglaubwürdige kippt, die anderen Figuren zu sehr dominieren lässt und einen Film zerstören kann. Auch ist er überzeugt, dass selbst der unsympathischste Charakter changiert und einnehmende Züge hat. »Die Besichtigung eines Monsters findet nicht statt, auch enthüllen und denunzieren die Autoren [Heinrich Breloer und Horst Königstein] nicht, weil sie es nicht wollen«, schreibt Nikolaus von Festenberg im *Spiegel*. Mueller-Stahl verzichte »auf Wort-Theatralik«, gebe sich, »als wäre er mit dem Nobelpreis auf die Welt gekommen«. Der Schauspieler wirke »wie ein in den Olymp des Geistes Entrückter, sitzend auf dem Thron des Clans, von dem aus er die olympischen Spiele um sich herum mal mild, mal missbilligend beobachtet, aber immer eine unumstößliche Autorität bleibt«.[149]

Die letzte damals noch lebende Tochter Thomas Manns, Elisabeth Mann-Borgese, die selbst als Zeitzeugin in dem Film mitwirkte, war zufrieden. Als die Fünfundachtzigjährige dem Darsteller ihres Vaters zu dessen 70. Geburtstag im Dezember 2000 gratuliert, redet sie ihn in ihrem Glückwunschschreiben so an, wie sie es früher gewohnt war, ihren Vater anzureden: »Liebes Herrpapale«. Und nicht nur das, sie schreibt: »[…] Ich wuensche Dir von ganzem Herzen das Allerbeste. Du hast auf viel Schoenes zurueckzuschauen, und noch viel Schoenes vor Dir. Hoffentlich auf baldiges Wiedersehen. Dein Kind Medi – P.S. Schade, dass es fuer Schauspieler keinen Nobelpreis gibt! Wir sollten das einfuehren!« Einen Nobelpreis hat Armin Mueller-Stahl für seinen Thomas Mann natürlich nicht bekommen, aber den Grimme-Preis mit Gold, den Bayerischen Filmpreis und dann sogar das Bundesverdienstkreuz.

Dabei ist er eigentlich viel mehr ein Bewunderer von Thomas' Bruder Heinrich. Dessen Roman *Henri Quatre* über den französischen König Heinrich IV. und seine Liebe zu Gabrielle d'Estrées gehört für ihn genauso zur Weltliteratur wie die *Buddenbrooks*. Inhalte und Handlungen der beiden Romane offenbaren sehr viel über die jeweilige innere Verfassung und die gegensätzlichen Lebenskonzepte der beiden Brüder. »Thomas Mann hat sein ganzes Leben lang für sein Nachleben gelebt, für die Unsterblichkeit. Heinrich hingegen war sein Leben lang darum bemüht, nicht so zu werden wie sein jüngerer Bruder. Er hat im Jetzt gelebt, war der Lebendigere, der Interessantere«, meint Mueller-Stahl.

Zeichnungen, die Mueller-Stahl während der Dreharbeiten auf dem Script anfertigt, zeugen davon, wie intensiv er sich für seine Rolle mit dem Innenleben der Familie Mann und vor allem den beiden Hauptfiguren Thomas und Heinrich auseinandergesetzt hat. »Die Gesichtszüge von Thomas und Heinrich verraten genau, welchen Platz jeder der beiden in der Familie und in seiner Zeit einnimmt. Es ist die innere Triebkraft, die Aufwärtsbewegung, die Thomas Mann auszeichnet. Ich versuche, ihn mit einem Strich zu zeichnen. Es funktioniert nicht. Man muss ihn stricheln, von unten nach oben, der Mund, die Nase, die Augenbrauen, alles will nach oben, erst so entsteht Ähnlichkeit. Anders bei Heinrich. Ihn kann man mit einem Strich zeichnen. Bei ihm geht alles abwärts. Der Mund, die Augenbrauen gehen nach unten. Ich stelle mir vor, beide fielen vom Schiff ins Meer, das Meer spielt bei Thomas eine wichtige Rolle, Heinrich würde nach unten, Thomas nach oben gezogen werden. Thomas gerettet, Heinrich ertrinkt. Es war ja auch so. Heinrich ist in Amerika ertrunken. Durch das Zeichnen

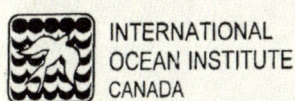

INTERNATIONAL
OCEAN INSTITUTE
CANADA

DALHOUSIE
University

December 12, 2000

Liebes Herrpapale,

Nun ist ja gleich Dein grosser Geburtstag, und da will ich doch nicht unter den Gratulanten fehlen. Ich wuensche Dir von ganzem Herzen das Allerbeste. Du hast auf viel Schoenes zurueckzuschauen, und noch viel Schoenes vor Dir.

Hoffentlich auf baldiges Wiedersehen.

Dein Kind

Medi

PS Schade, dass es fuer Schauspieler keinen Nobelpreis gibt! Wir sollten das einfuehren!

IOI – CANADA   1226 LeMarchant Street   TELEPHONE   1 902 494 1737   URL   http://www.dal.ca/ioihfx/
Dalhousie University   Halifax NS B3H 3P7   FAX   1 902 494 2034   E-MAIL   ioihfx@dal.ca
                           Canada

Glückwunschschreiben von Thomas Manns Tochter Elisabeth Mann-Borgese zu Mueller-Stahls 70. Geburtstag

Heinrich Mann (Armin
Mueller-Stahl, 2000)

lerne ich beide besser kennen. Die vielen Abwärtsbewegungen bei
Heinrich machen ihn mir sympathisch. Man möchte an seiner
Seite stehen, ihn unterstützen, man spürt die Ungerechtigkeiten
der Schicksale. Warum so viele Abwärtsbewegungen?«, schrieb
Mueller-Stahl in seinem Tagebuch während der Dreharbeiten zu
Die Manns.[150]

Immer wieder zeichnet er Thomas Mann, wohl auch, um ihn
für seine Rolle zu verinnerlichen. Und manchmal schimmert da
andeutungsweise auch ein Selbstporträt durch. Aus einem Stapel
gezeichneter und gemalter Blätter zieht Mueller-Stahl plötzlich
ein Bild hervor, das seinen Thomas Mann zeigt, wie er ihn sieht
und das den Titel trägt: »Selbst als Thomas Mann«. Da sitzt der
berühmte Autor, im steifen Hemd mit Fliege, in der linken Hand
eine Zigarre, scheinbar den Betrachter ansehend. Aber in den Augen ist kein Leben und das Schwarz und Weiß und die roten Ein-
sprengsel und Kleckse, die grauen Schatten, welche das Bild über

188

dem blaugrauen Grund dominieren, lassen ihn seltsam entrückt wirken. Als ob er aus der verschwommenen Kälte des Jenseits auf seine Epigonen hinunterblickt.

Aber Mueller-Stahl möchte noch ein Zweites aus dem Bild sprechen lassen: »Thomas Mann in seiner Rolle als ›weißer‹ Hitler.« Beim Hören alter Aufnahmen ist dem Schauspieler aufgefallen, dass Mann bei seinen im Ausland gehaltenen Rundfunkansprachen und Reden gegen die Nationalsozialisten eine Sprechweise verwandte, als imitiere er den rhetorischen Stil der Nazis. »Wie sie benutzte er diese expressionistische Ausdrucksform, die zum Stil jener Zeit gehörte. Dadurch wirkte er mit seinen im Ausland gehaltenen Ansprachen gegen den Nationalsozialismus noch glaubwürdiger als Antipode des Diktators.« Über Radiosendungen der BBC-London an »Deutsche Hörer«, die von Oktober 1940 an über Langwelle ins Deutsche Reich ausgestrahlt wurden, suggerierte er, so Mueller-Stahl, jenen deutschen Zuhörern, die trotz schwerster Strafandrohung die Sendungen heimlich hörten: »Hier spricht der Anständige, der ›Weiße‹, dort im Reich aber der andere, der Teufel.«

In einem aber fühlt er sich Thomas Mann verwandt: »Er war, wie ich es bin, ein Gaukler.« Vielleicht ist Mueller-Stahl die Thomas-Mann-Figur malerisch wie schauspielerisch auch so gut gelungen, weil dies eine Ebene ist, auf der er sich mit ihm treffen kann. Aber es gibt noch manch andere Ähnlichkeiten, Parallelen und sich kreuzende Wege in ihrem Leben. Für beide waren und sind Lübeck und der Ostseeraum Heimat. Bei Mueller-Stahl reicht die Ahnentafel seiner Vorfahren zwischen Tilsit und Lübeck wohl noch weiter zurück als bei den Manns. Und es trieb die politische Entwicklung sie fort von zu Hause, nach Westen. Den einen von Deutschland ins Ausland, den anderen von Ostdeutschland nach Westdeutschland. Beide landeten sie schließlich in Amerika. Der Zufall wollte es, dass Mueller-Stahl heute nicht nur in der Nähe von Lübeck, sondern auch in einer der besten Lagen von Los Angeles in Nachbarschaft zu der einstigen Mann-Zuflucht wohnt.

Thomas Mann kehrte schließlich nach Europa zurück. Er reiste nach Deutschland, ins Land Goethes, sah ein letztes Mal seine Vaterstadt Lübeck und zog es vor, in der Schweiz zu bleiben, wo er auch starb und begraben wurde. Denn dass er nicht nur im westdeutschen Frankfurt am Main, Goethes Geburtsort, eine Rede hielt, sondern – gesamtdeutsch denkend – auch im ostdeutschen Weimar, wo Goethe starb, nahm ihm die kalte Bonner Adenauer-Republik übel.

Fast ein halbes Jahr dauern die Dreharbeiten für *Die Manns*. Dann, am 12. September 2000, notiert Mueller-Stahl in sein Tagebuch: »Heute mein letzter Drehtag. Nach fünf Monaten streife ich die Thomas Mann'schen Ringe vom Finger, setze die Brille ab, steige aus dem Anzug, hole die Perücke vom Kopf und bin nun wieder verdammt, ich selbst zu sein. Da steh ich nun, ich armer Tor. Für fünf Monate war ich der Thomas, der ich nicht gerne achtzig Jahre gewesen wäre. Stattdessen bin ich nun fast siebzig Jahr ich selbst, mit kurzen Rollenleben dazwischen. Und bin ich nun glücklicher mit meinen siebzig, als Thomas Mann es mit seinen achtzig war?«[151] Die Antwort lässt er offen.

Seit der Arbeit am Mann-Film hält er sich wieder länger in Deutschland auf. Ist er auf seiner steten Wanderung nach Westen allmählich wieder dort angekommen, wo er losgezogen ist? Dass er sich nach vielen Filmen in Amerika und langer Drehpause in Deutschland in der Verkörperung des Großdichters Thomas Mann zurückmeldet, scheint geradezu in der Logik seines Lebensweges zu liegen. Irgendwann bekommen die Mueller-Stahls auch ihr »Wendenschlößchen« in Berlin-Köpenick zurück in ihren Besitz, wenngleich stark renovierungsbedürftig. Hier wohnen sie oft, wenn sie sich in Berlin aufhalten. Es ist, als ob sich erneut ein Kreis schlösse. Und doch mag Mueller-Stahl sich nicht festlegen auf die alte Heimat: Das Rückflugticket nach Amerika liegt stets griffbereit. Hollywood lockt weiterhin mit Drehbüchern und Rollenangeboten. Selbst mit fast achtzig ist er dort immer noch gefragt. Er kann es sich leisten, wählerisch bei der Auswahl von Rollen zu

Thomas Mann (Armin
Mueller-Stahl, 1999)

sein und Angebote abzusagen oder, wie er es nach den Manns tat,
fast drei Jahre gar keinen Film zu drehen, sondern im Haus an der
Ostsee und dem in Amerika zu schreiben und zu malen.

Die Buddenbrooks

Währenddessen bereitet Heinrich Breloer sein nächstes Groß-
projekt vor, dieses Mal kein Doku-Drama, sondern seinen ersten
Spielfilm, und er wünscht sich, dass Armin Mueller-Stahl wieder mit dabei ist. Er soll das Familienoberhaupt Senator Johann
»Jean« Buddenbrook in der Neuverfilmung der *Buddenbrooks*
spielen, dem Roman, für den Thomas Mann 1929 den Nobelpreis
für Literatur erhalten hatte. Ein ehrgeiziges Projekt. Mueller-Stahl
zögert. Er hat das Angebot, zur gleichen Zeit in der deutsch-
amerikanischen Koproduktion *Operation Walküre* mitzuwirken,

einem Film über das Attentat auf Adolf Hitler am 20. Juli 1944 durch eine Gruppe hochrangiger Wehrmachtsoffiziere, mit Tom Cruise als Claus Schenk Graf von Stauffenberg. Mueller-Stahl soll die Rolle des Generalobersten Ludwig Beck übernehmen. Beck spielte eine zentrale Rolle in der Zusammenführung des militärischen und zivilen Widerstandes gegen Hitler und sollte neues Staatsoberhaupt werden. Nach dem Scheitern des Anschlages wurde er vor die Wahl gestellt, sich entweder wie andere vor dem Volksgerichtshof zu verantworten oder sich mit der eigenen Waffe selbst »zu richten«. Nachdem ein zweimaliger Versuch gescheitert war, wurde der Sterbende auf Befehl von Generaloberst Fromm von einem Offizier erschossen.

Es ist eine Rolle, die Mueller-Stahl wie auf den Leib geschneidert scheint. Die andere aber auch. »Es stand auf Messers Schneide. Eigentlich hatte er sich schon für den Beck entschieden«, erinnert sich sein Galerist Frank-Thomas Gaulin. »Ich sagte ihm, es wäre wichtig für Lübeck und auch für Deutschland, dass er den Buddenbrook spielt. Und er antwortete: ›Du täuschst dich. Wenn ich den guten Deutschen als Oberst Beck spiele, dann tue ich mehr für Deutschland in der ganzen Welt, weil es ein Weltfilm wird, als wenn ich in einem deutschen Buddenbrook-Film den Senator Buddenbrook spiele.‹ Da hat er natürlich völlig recht. Aber er hat's dann doch gemacht.« Breloer war danach Gaulin offenbar etwas »schuldig«. In der Premierenpressekonferenz im Lübecker Rathaus kam er darauf zurück und betonte, ohne Gaulin hätte Mueller-Stahl wohl nicht so entschieden. »Es war vielleicht ein wenig übertrieben«, so Gaulin, »aber ich habe natürlich schon ein wenig mitgeschoben.«

Vielleicht war ja auch die Gage eine kleine Entscheidungshilfe. Vor allem aber hat Mueller-Stahl bei den *Buddenbrooks* natürlich auch mitgemacht, weil er seit den *Manns* die Arbeit mit Breloer als Regisseur schätzt. In einem Tagebucheintrag während der *Mann*-Dreharbeiten heißt es: »Die Arbeit mit Heinrich ist sehr gut, wenig anstrengend, er weiß, was er will. Ich misstraue gewöhnlich solchen Sätzen: ›Der weiß, was er will‹, ein guter Regisseur weiß selten, was er will, denn er kennt tausend Möglichkeiten, eine Szene zu inszenieren, er muss aber so tun, fürs Team muss er's, als wüsste er immer, was er will.«[152]

Im Gespräch lobt er Breloers enzyklopädisches Wissen über das Thema, seine Detailbesessenheit, seine Genauigkeit am Set. »Ich nenne ihn immer ›Mister Allegretto‹. Breloer ist einer, der für seine Arbeit Tag und Nacht brennt. Er kennt alle Hintergründe. Wenn ich in der Pause frage: ›Essen wir Bratkartoffeln?‹, dann fällt Breloer augenblicklich eine Bratkartoffelgeschichte zu einer seiner Filmfiguren ein. Auf diese Weise baut er den Schauspielern auch die Brücken zum Stoff und lässt die Figuren lebendig werden, sodass man mit ihnen etwas anfangen und sie umsetzen kann.« Und wie hat er den alten Buddenbrook gespielt? »Genauso wie den Thomas Mann«, erwidert Mueller-Stahl mit einem herzhaften Lachen. Eine Sache hat ihn besonders an dem Projekt gereizt: »Die Buddenbrook-Geschichte ist zeitlos modern, so wie alle Literaturgeschichten zeitlos sind. Die Generationenkonflikte sind ähnlich, sie werden nur in anderen Kostümen ausgetragen. Und: Die Niedergänge großer Familien und Unternehmen spielen sich heute oft viel dramatischer ab. Deshalb haben wir zwar die relativ altmodische Sprache übernommen, ihr aber einen modernen Duktus verliehen.«

Vaterfigur – nicht nur vor der Kamera

Heinrich Breloer und Horst Königstein, der im Hintergrund wirkt und bei fast allen Doku-Dramen und auch jetzt bei dem Film vor allem im Schneideraum eine entscheidende Rolle spielt, schwärmen von der Professionalität ihres Stars. »Er liebt diese Familie, die um ihn herumgruppiert worden ist, und er schützt diese Familie«, erzählt Königstein. Bei den Dreharbeiten sei Mueller-Stahl für die jüngeren Kollegen oft wie ein Vater gewesen, habe mit diskreten Hinweisen eingegriffen, wenn einer zu viel gab oder ins Schwimmen geriet. »Na ja, ich habe die ›Kinder‹ manchmal an meine Hand genommen, habe sie manchmal in den Arm genommen und gesagt: Kinder, es ist gar nicht so schwer, lasst es uns machen!« »Spiel einfach«, habe er zu Jessica Schwarz gesagt, als sie sich anfangs noch in ihre Rolle als ›seine‹ Tochter Tony finden musste. »Und sie hat einfach gespielt. Das Ergebnis ist wunderbar«, findet Königstein. Eine der eindrucksvollsten Szenen ist jene, in der der alte Buddenbrook seine Tochter aus ihrer Ehe befreit. Bebend vor Wut, seine würdevolle Eleganz einen Augenblick vergessend, schlägt Armin Mueller-Stahl mit seinem Stock nach den Fingern des wüste Beschimpfungen keifenden Mitgiftjägers, als dieser sich an der Tür der anrollenden Kutsche festkrallt, um sie aufzuhalten. Neben dem alten Herrn sitzt Tony. Das Mienenspiel der beiden lässt offen, wer in diesem Augenblick mehr leidet: Sie, der nach dem Scheitern ihrer Ehe nichts bleibt, als in ihr Elternhaus nach Lübeck zurückzukehren, oder der von einem schlechten Gewissen gepeinigte Konsul Buddenbrook. Sein steinerner Ausdruck spiegelt Gram und Schuld, weil er seine geliebte Tochter zur Heirat mit dem unattraktiven Kaufmann Bendix Grünlich (Justus von Dohnányi) gedrängt hatte, der nun, als schamloser Betrüger entlarvt, pöbelnd neben der Buddenbrook'schen Karosse herrennt. Die Schläge mit dem Stock waren nicht im Drehbuch vorgesehen, sondern ein spontaner Einfall, erzählt Mueller-Stahl später: »So verhält sich jeder normale Gentleman, wenn einer wie dieser Grünlich einer Frau alles nachschmettert an Gehässigkeiten, was er auf der Pfanne hat.«

Breloer und Königstein mögen Mueller-Stahl als erfahrenen Profi und vor allem als Teamplayer bei Dreharbeiten. Der jedoch relativiert: Sein Beitrag sei eher bescheiden, einer von vielen. Und so sehr dieser Film von den Schauspielern lebe, so entscheidend seien neben Buch und Regie die Kameraführung durch Gernot Roll, die dreitausend Kostüme von Barbara Baum und das Szenenbild von Götz Weidner gewesen, der auf einem Studiogelände

Mit Iris Berben in *Buddenbrooks* (2008)

des Westdeutschen Rundfunks (WDR) in Köln das Buddenbrookhaus originalgetreu nachgebaut habe. Das zweieinhalbstündige
Opus über den Niedergang der Lübecker Kaufmannsfamilie,
in dem Iris Berben die Ehefrau des Konsuls und Mutter Tonys
spielt, ist ein rauschendes Ausstattungs- und Kostümfest mit einer
Spitzenbesetzung und einem Teil der Lübecker Bevölkerung als
Komparserie. Und es ist mit 16,2 Millionen Euro einer der bislang
aufwendigsten und teuersten deutschen Spielfilme, mit dem Ziel,
den Mann'schen Schlüsselroman einem breiten Publikum nahe-
zubringen.

Zorn über Kritiker

Die deutsche Filmkritik zeigt sich diesem Unterfangen gegenüber verhalten: »Musste das wirklich sein? Ist nicht manches an
der Kunst des ›Zauberers‹ in die Jahre gekommen? Die ziselierte

Sprache etwa? Und vor allem Manns Flirt mit Morbidezza und Dekadenz?«, fragte Nikolaus von Festenberg später im *Spiegel* und resümierte mit gemischten Gefühlen: »Bewegung liebt Bewegung. Ausgiebig wird getanzt, ja, das Tanzen erscheint wie die moderne Grundhaltung zum historischen Stoff: weiter, bloß weiter. Zweieinhalb Stunden lang erteilt der Film dem großen Roman Nachhilfeunterricht – die Hexer belehren den Zauberer. Der Breloer-Film dünnt die Figurenwelt aus, [...] keine zwei Ahnen, sondern nur einer als idealler Gesamtstammvater, den Armin Mueller-Stahl eindrucksvoll statuarisch zelebriert. Nebenfiguren gibt's nur, wenn sie drastisch sind. So kichert Sylvester Groth den Bankier Kesselmeyer, als wäre er gerade aus Hollywoods *Kuckucksnest* ausgebrochen. Heutige Distanz zur alten Gefühlswelt zeigt sich vor allem bei Jessica Schwarz, die gelungen Tony verkörpert. In ihrer reservierten Darstellungsweise kommt sie den Modernisierungsabsichten Breloers am nächsten. Ob sie sich in den Lotsensohn Morten (Alexander Fehling) verliebt, sich gegen den Betrüger Grünlich (Justus von Dohnányi) wehrt oder über den Ehemann Nummer zwei (glänzend: Martin Feifel) empört – immer strahlt diese Tony höchst spöttische Verachtung gegenüber der Frauenunterdrückung aus.«[153]

Und in der *ZEIT* wird Breloer seine Detailbesessenheit vorgehalten: »Heinrich Breloer, der große Dokumentarfilmer, verhält sich auch zu der literarischen Vorlage als Dokumentarist: Alles Wesentliche muss vorkommen. Er haspelt die Daten und Begebenheiten herunter wie ein Schüler aus Angst vor dem Lehrer. Vielleicht hat Breloer, der eine bewunderte Fernsehdokumentation über die Familie Thomas Manns drehte, zu viel Respekt vor der Größe des Schriftstellers; jedenfalls fehlt ihm die schöpferische Rücksichtslosigkeit, [...]. Das Ergebnis: Eile, Flüchtigkeit bis zum Lieblosen. [...] Der Schaden, den Eile und Nacherzählungswahn anrichten, ist groß.«[154]

Mueller-Stahl kontert solch wohlfeile »Großkritik« mit einem seltenen Anflug von Zorn: »Es wurde gefragt: Ist es heute überhaupt noch gerechtfertigt, einen Film wie die *Buddenbrooks* zu drehen? Selbstverständlich ist das gerechtfertigt, nicht nur wegen der hohen Aktualität zu heutigen Wirtschafts-, Finanz- und Unternehmenskrisen. Wir zeigen doch im Theater unentwegt Wiederholungen, immer wieder. Das hat doch seinen Grund. Was wären wir ohne die ständigen Wiederholungen von Shakespeare? Das gehört zum Repertoire eines jeden Theaters und Schauspielers. In der Musik: Unentwegt hören wir Mozart, Beethoven, Bach. Die großen Komponisten der frühen Zeit sind mehr im Geschäft als die heutigen. Und ausgerechnet in der Literatur fragen wir: Was soll das? Das ist eine dumme Fragestellung. Der Rückblick in die Vergangenheit ist ein ganz wichtiger, denn wir stellen fest, dass die Kunst in früheren Zeiten zum Teil mehr zu sagen hatte als heute. Wenn wir Kunst machen, dann stehen wir mit einem Bein in der Vergangenheit und gehen mit dem anderen in die Zukunft. Mit beiden Beinen vorwärts – das geht nicht. Sollen sie doch das mal ausprobieren. Oder nehmen wir mal zum Beispiel Gustav Mahler: das ist eine Musik, die ist so emotional, dass sie diesen Menschen reflektiert, und ich erkenne eine gebrochene Figur darin. So etwas erzählt einem so viel mehr als vieles, was zeitgenössisch ist. Andererseits gibt es in der Kunst inzwischen so viel Widerwärtiges, das behauptet ›grenzüberschreitend‹ zu sein und einfach nur zu weit geht. Da bindet man zum Beispiel blutige Tampons zu einem Kunstwerk zusammen, und das wird dann für zwei Millionen an irgendeinen Asiaten verkauft oder an einen Russen, der gerade Oligarch ist. Da ist mir dann klar, dass Kunst nicht mehr grenzüberschreitend, sondern am Ende ist.«

Wie schon bei den *Manns* und anderen Filmarbeiten hat Mueller-Stahl auch die Drehbuchseiten der *Buddenbrooks* mit schnellem Strich und Pinsel übermalt mit seinen Eindrücken, Einfällen, Beobachtungen, Kommentaren und Reminiszenzen an Musiker, Schauspieler, Künstler, Politiker. Insgesamt 357 Zeichnungen und Aquarelle sind auf diese Weise als »spielerische Improvisationen« eher beiläufig entstanden. Zum Kinostart der *Buddenbrooks* stellte das Schleswig-Holsteinische Landesmuseum Schloss Gottorf 173 der Blätter aus und gab einen stattlichen Band mit den Abbildungen auf den Drehbuchseiten heraus. Es ist schon die zweite große Ausstellung Mueller-Stahls auf Schloss Gottorf. In seinem Vorwort zu den »Buddenbrooks«-Blättern schrieb der Kurator der Ausstellung und Herausgeber des Katalogs, Herwig Guratzsch, Mueller-Stahl habe damals begonnen, die Drehbuchseiten zu den *Buddenbrooks* zu bemalen, »als ob er dem ungeheuren Arbeitsdruck entfliehen und sich an das Freiheitsufer der Phantasie heranzeichnen könnte«. »Der Anspruch wächst mit jeder neuen Aufgabe und verschärft die Anspannung. Hat er deshalb in den letzten Filmen mehr und mehr das Ventil der Malerei und Zeichenkunst als befreienden Fluchtpunkt seiner schauspielerischen Arbeit gesucht und mit zum Teil eruptiv und arhythmisch aufeinanderfolgenden Bildserien in Szene gesetzt?«, fragt Guratzsch. Denn: »Die Intensität, mit der er teils parallel, teils nach der Probenarbeit ins Drehbuch […] gezeichnet hat, geht über die bisherigen Bildbegleitungen seiner Filmarbeiten hinaus.«[155]

Der Bösewicht Armin Mueller-Stahl

Mueller-Stahl begann mit der Arbeit an den *Buddenbrooks* direkt im Anschluss an die Aufnahmen zu dem Thriller *Tödliche Versprechen* (2007), gedreht in London unter der Regie des kanadischen Regisseurs David Cronenberg, einem, wenn nicht gar dem Meister bluttriefenden Horrors. Auch hier spielte er – an der Seite von Naomi Watts und Viggo Mortensen – einen Patriarchen, allerdings einen von einem ganz anderen Kaliber als der großbürgerliche Johann Buddenbrook. In diesem spannungsgeladenen Film ist Mueller-Stahl alias Semyon nicht nur der großväterliche Inhaber eines transsibirischen Restaurants in London. Hinter der Fassade seiner bedächtigen und zugleich wachsamen Freundlichkeit verbirgt sich darüber hinaus das Oberhaupt einer brutalen, in den Mädchenhandel verstrickten russischen Mafiafamilie. In der *New York Times* war über den international recht erfolgreichen Film zu lesen: »Semyon ist ein freundliches, leise sprechendes Monster mit funkelnden blauen Augen. Wenn er nicht gerade Geburtstagstorten für im Exil lebende Matronen dekoriert, leitet er die lokale Niederlassung von Vory v Zakone, der russischen Cosa Nostra, die ihren Ursprung in Stalins Gefangenenlagern hat, deren Mitglieder – ähnlich den japanischen Yakuza – die Haut bedeckende Tattoos tragen. Wie in Cronenbergs Filmen üblich zeigt der Film Szenen von außergewöhnlicher Brutalität, die der Zuschauer nicht nur mit den Augen wahrnimmt, sondern die ihn nahezu physisch peinigen. [...] Das Ergebnis ist ein Film, dessen Bilder und Handlung man lange nicht aus dem Kopf bekommt.«[156] In dem einflussreichen New Yorker Entertainment-Magazin *Variety* hieß es: »Mueller-Stahl mag auf den ersten Blick ein ungewöhnlicher Kandidat für die Rolle eines russischen Mafiabosses sein, aber er ist faszinierend in seiner stillen Autorität.«[157] Das Musikmagazin *Rolling Stone* bescheinigte ihm in dieser Rolle gar eine »angsteinflößende Ausstrahlung«.[158] 2008 wurde Mueller-Stahl für die Rolle des Semyon sogar als Bester Nebendarsteller mit dem Genie-Award der kanadischen Film- und Fernsehakademie ausgezeichnet, dem kanadischen Äquivalent zum Oscar. Insgesamt erhielt der Film sieben Genie-Awards. Zu Hause bei Mueller-Stahls kam der Film indessen überhaupt nicht gut an. In einem Interview mit *Welt Online* scherzte der Schauspieler: »Als meine Frau *Tödliche Versprechen* gesehen hatte, wollte sie sich am liebsten von mir scheiden lassen.«[159]

Nachdem er anschließend in den *Buddenbrooks* die Rolle eines guten Patriarchen verkörpern durfte, schlüpft er gleich danach erneut in die Figur eines Bösewichts. Es folgt ein Politthriller, frei nach einer wahren Geschichte: *The International* (2009), eine kommerziell recht erfolgreiche deutsch-amerikanisch-britische Koproduktion von Tom Tykwer *(Lola rennt)*. Wieder spielt er einen Bösewicht der besonderen Art: einen ehemaligen Stasiagenten namens Wilhelm Wexler, der nun in der freien Marktwirtschaft angekommen ist und als Mann fürs Grobe, aber mit feinen Manieren, für die International Bank of Business and Credit (IBBC) arbeitet, ein Institut, das global in Geldwäsche und Waffenhandel verwickelt ist. Auch Naomi Watts ist wieder mit dabei, als New Yorker Staatsanwältin, außerdem Clive Owen als Interpolagent.

Da es um Milliarden geht, sind der IBBC naturgemäß alle Mittel recht. Und hier wiederum kommt Armin Mueller-Stahl ins Spiel. Faszinierend zu beobachten, wie er dieser Figur eine atemberaubend eisige Präsenz verleiht, während es ihm gleichzeitig gelingt, in Bewegungen und kleinen Gesten und durch eine unbeholfen wirkende Weltläufigkeit die ostdeutsche Apparatschik-Mentalität eines alten Stasiagenten anzudeuten, der einst einer Killereinheit Mielkes angehört haben mag. Vielleicht haben Mueller-Stahl bei der Charakterisierung des Wilhelm Wexler die Erinnerungen an ein Erlebnis kurz nach der Übersiedlung in den Westen geholfen, als ihm zugeraunt wurde, er möge achtgeben, dass es ihm nicht so ergehe wie dem Arzt Dr. Schmith, seiner Rolle in *Die Flucht*, der das Ende des Films nicht erlebt.

Gedreht wurde *The International* in New York, Istanbul, Berlin, Mailand, in der VW-Stadt Wolfsburg und in den Studios in Babelsberg bei Potsdam, wo für eine dramatische Schießerei sogar das Innere von Frank Lloyd Wrights New Yorker Guggenheim-Museum mit dem berühmten Schneckengang nachgebaut wurde, um kurz darauf wieder zu einer Ruine gemacht zu werden.

Die um fiktive Action-Szenen angereicherte Story ist in ihrem Kern indessen eine kaum verhüllte Anspielung auf die Aktivitäten der Anfang der neunziger Jahre zusammengebrochenen *Bank of Credit and Commerce International* (BCCI), die sogar einen eigenen Nachrichtendienst unterhalten haben soll. Ihre Schließung durch die *Bank of England* in London 1991 löste den bis dahin größten internationalen Finanzskandal aus.

The International war wohl auch wegen seiner internationalen Dimension und Aktualität der Eröffnungsfilm bei den 59. Internationalen Filmfestspielen im Februar 2009 in Berlin. Die Filmkritik indessen war durchwachsen. In der gegenüber Action-Kino in der Regel kritischen deutschen *tageszeitung* (taz) erhielt der Film jedoch höchstes Lob: »*The International* hat die Effektivität und Intelligenz der Bourne-Trilogie, bedient sich aber in Aussehen, Kamera und Stil bei Michael Mann. Insbesondere dessen epochaler Film *Heat* scheint eine Inspirationsquelle gewesen zu sein. […] Der Shoot-Out im Guggenheim Museum zu New York. Fantastisch choreographiert […]. Das hat tatsächlich seit der berühmten Straßenkampf-Szene aus Michael Manns *Heat* keiner mehr so gut hinbekommen. Chapeau, Herr Tykwer: ausgerechnet der actionlastigste Moment ist Ihnen am besten gelungen!«[160] Lob kam auch vom internationalen Musikmagazin *Rolling Stone*: »Willkommen im ökonomischen Armageddon. […] *The International* ist ein ordentlicher, ja glänzender, wenn nicht spitzenmäßiger Thriller. Der großartige Armin Mueller-Stahl gibt einen tiefen Einblick in die Psyche eines Bankers, dessen Killer-Instinkt einen Sitzungssaal in ein metaphorisches Schlachthaus zu verwandeln vermag.«[161]

In der *New York Times* kam der Film hingegen nicht so gut weg. Immerhin aber fand sie die »kaltblütige Darstellung eines ehemaligen Stasiagenten durch den exzellenten Armin Mueller-Stahl« herausragend.[162] Eine der eindrucksvollsten Szenen, die wie ein Kammerspiel wirkt, ist jene, in der Mueller-Stahl in einem Kellerverlies von dem Agenten Salinger (Clive Owen) verhört wird. In dem Dialog um Moral und Charakter macht der alte Stasimann seinem idealistischen Verfolger mit philosophisch durchtränktem Zynismus die ganze Dimension der Geschäfte einer Bank wie der IBBC deutlich, indem er darauf hinweist, dass nicht nur Drogenkartelle und die russische Mafia deren Kunden sind, sondern auch Regierungen, bis hin zur deutschen und amerikanischen. Wenn er also weitermachen wolle, könne er dies allenfalls im Alleingang tun.

USA Today urteilte, *The International* sei zwar nicht so rasant wie die Bourne-Trilogie, dennoch aber sei er »ausgesprochen

Fototermin im September 2007 zum Produktionsstart von
The International (mit Clive Owen und Tom Tykwer (v. l.))

spannend und visuell phänomenal. [...] Es ist ein Vergnügen,
Owen und Mueller-Stahl zuzusehen, als sie aufeinandertreffen.«[163]
In der *ZEIT* hieß es: »Was wie ein gewiefter Schachzug wirkt – der
Film zur Krise –, ist purer Zufall. Die Finanzmisere hat diesem
Film eine Aktualität geschenkt, die in der Phase der Planung und
Umsetzung nicht abzusehen war. So konventionell Tykwers Plot
anmutet, so stimmig wirkt die Inszenierung im Detail. Als Vorbil-
der können Filme wie Sydney Pollacks Klassiker *Die drei Tage des
Condor* oder *Z* von Costa-Gavras gelten.«[164]

Auf die Frage, ob er ein politisch denkender Mensch sei, hatte
Armin Mueller-Stahl wenige Jahre zuvor in einem Interview geantwortet: »Eigentlich bin ich ein komplett unpolitischer Zeitge-
nosse, aber man hat mich nicht gelassen. Das war so in der DDR,
da konnte ich mich nicht heraushalten, und das ist auch heute
noch so. Wer ein bisschen nachdenkt, merkt doch, auf was für
einem Pulverfass wir sitzen. Schauen Sie, in Amerika: Was früher
Multimillionäre gewesen sind, sind heute Milliardäre. Das Geld

fließt in immer weniger Taschen. Diese Leute haben zehn Häuser, zwanzig Autos, fünf Jets und fünfhundert Anzüge. Gleichzeitig gibt es immer mehr Arme. Das kann nicht gut gehen. Früher haben die politischen Systeme gegeneinander gekämpft, aber die nächsten Kriege werden zwischen Reich und Arm geführt. Leider können wir mit Kunst keine bessere Welt machen, sie ist höchstens ein Tropfen auf den heißen Stein. Nein, ich widerspreche mir selbst: Sie ist ein Tropfen im Ozean, da geht er nicht verloren, wie Peter Ustinov einmal sagte.«[165]

»Kardinal Armin Mueller-Strauss«

Gleich im Anschluss an *The International* dreht er mit dem amerikanischen Regisseur Ron Howard *(Da Vinci Code, Apollo 13)* den nächsten internationalen Film – den Mystery-Thriller *Illuminati* (amerikanischer Originaltitel: *Angels and Demons*), nach einer Romanvorlage von Dan Brown. Es ist die Fortsetzung des Dan-Brown-Bestsellers *The Da Vinci Code*, wieder mit Tom Hanks in der Hauptrolle als Harvard-Historiker und Symbologe Robert Langdon. Mueller-Stahl spielt Kardinal Strauss, den Zeremonienmeister des Vatikans, der insbesondere bei der Wahl eines neuen Papstes eine bedeutende und machtvolle Stellung hat. »Im Roman ist das der Kardinal Mortati. Das wurde für mich umgeschrieben«, erläuterte Mueller-Stahl in einem Interview. »Der Kardinal heißt jetzt Strauss, damit mein Akzent erklärt wird. Ich bin sozusagen der Ratzinger, bevor er Papst wurde, im Absprung, Papst zu werden, aber er will es gar nicht. Er ist genau darunter, der Strippenzieher.«[166]

Hinter den Illuminati, um die sich bei diesem rasanten Action-Thriller fast alles dreht, verbirgt sich ein sehr alter, ehemals vom Vatikan verfolgter Geheimbund kirchenfeindlicher Wissenschaftler. Gegeben hat es ihn übrigens tatsächlich, er wurde 1776 in Ingolstadt von Freunden und Anhängern der Aufklärung gegründet, jedoch bereits zehn Jahre später wegen seiner antiklerikalen Haltung wieder verboten. Das, was Dan Brown und Ron Howard fürs Buch bzw. den Film zusammenfabulieren, erhebt jedoch keinerlei Anspruch auf Wahrheit, und niemand sollte auf die Idee kommen, das Thema allzu ernst zu nehmen: Nach dem plötzlichen Gifttod des Papstes entführen die Illuminati die vier Kandidaten, die für die Nachfolge bestimmt sind, und beginnen diese, einen nach dem anderen, aufs grausamste zu meucheln. Zugleich kündigen sie die Zerstörung des Vatikans durch eine Superbombe an. All dies ruft Tom Hanks alias Robert Langdon auf den Plan, der im Auftrag des Vatikans mal wieder das Schlimmste zu verhindern weiß.

Nach der Rückkehr von den Dreharbeiten zu *Illuminati* schwärmt Mueller-Stahl von der Arbeit mit Tom Hanks: »Für mich ist er der Beste seiner Generation.« Umgekehrt wird Tom Hanks von den Medien mit dem Satz über Mueller-Stahl zitiert: »Selbst ich kann noch von ihm lernen. Er ist einer der größten Schauspieler unserer Zeit.« Mueller-Stahl verrät, dass Hanks ihn zu Beginn der Dreharbeiten in den USA zur Begrüßung umarmt habe, »als würden wir uns seit unserer Kindheit kennen. Wir sprachen über Dean Reed, den amerikanischen Rockstar, der in die DDR ›geflüchtet‹ war. Die Geschichte hätte er gerne verfilmt. Oder über Christa Wolf – von der hatte er mehr gelesen als ich.«

Auf die Frage eines Journalisten, wie er eigentlich zu diesem Projekt gekommen sei, schließlich würde man in ihm eher einen Leser Thomas Manns als Dan Browns vermuten, antwortete er gegenüber dem Berliner *Tagesspiegel*: »Ach, ich lese hin und wieder gerne einen Krimi. Wenn er gut gebaut ist, erzählt er einem viel. Dan Brown habe ich bislang aber nicht gelesen, nur das Drehbuch. Wenn ich so einen Film gemacht habe, dann weiß ich, das ist ein sehr teures Projekt, das muss Knete machen. Was meinen eigenen Geschmack betrifft: Da haben Sie recht, Thomas Mann ist mir vielleicht näher, aber doch nicht so nahe. Natürlich interessieren mich menschliche Konflikte mehr als ein Film, wo es da explodiert, dort knattert und hier ein Hubschrauber runtergeht. Aber

In *Illuminati* mit Filmpartner Ewan McGregor (2009)

ich muss dann meinen Geschmack weglassen – und ich kann sagen: *Illuminati* ist ein gut gemachter Thriller, spannend – ein Film, der sein Publikum erreichen wird. Ich kann mir denken, dass er auch viele Gegner haben wird. Die deutsche Kritik ist gerne bereit, darauf einzuhämmern, wenn sich etwa der Film vom Buch löst – was nebenbei gesagt sein gutes Recht ist. Der Film muss seine eigene Sprache finden. Romane sind sowieso schwer zu verfilmen. Sie haben tausend Seiten, der Film dauert zwei Stunden. Kurzgeschichten sind gut zu verfilmen, wenn man noch etwas dazutun kann. Deswegen ist *Tod in Venedig* nach wie vor ein Kultfilm.«[167]

Auch hat ihn offenkundig der religiöse Hintergrund gereizt, der im Kino insgesamt wieder stärker in Mode gekommen ist: »Die Religion ist ein bisschen Ideologie-Ersatz. Der Kommunismus wollte eine gerechtere Welt und ist gescheitert. Und nachdem die Leute nichts mehr hatten, haben sie wieder zur Religion gegriffen – als Lebensgeländer, an dem sie sich festhalten können. Aber Sie wissen, wie viele Streitereien gerade durch Religionen auf der

Welt sind. Was für die verschiedenen Götter rumgeballert wird, ist gewaltig. Für viele ist Religion ein Kraftpotenzial, für viele ein Trost – aber für viele auch ein Grund, gegen andere Religionen Krieg zu führen.«[168]

Ob er sich auf seine Rolle als Kardinal besonders habe vorbereiten müssen, wird Mueller-Stahl gefragt: »Mir ist das ganz vertraut. Mein Großvater war evangelischer Pfarrer. Nicht dass ich nun unbedingt gleich gläubig geworden bin. Ich habe da doch, wie sagt man, meine Zweifel. Ich glaube, der liebe Gott hat uns auf kluge Weise sehr dumm gelassen, dass wir ihn nicht erkennen, und mein Kopf gibt mir keine Antworten auf diese ganzen Fragen. Aber die Kirche, die ist mir schon vertraut, und wenn ich jetzt nachzählte, würde ich auf diesen oder jenen Heiligen stoßen, den ich gespielt habe. Natürlich hatten wir einen Berater da, der selbst Bischof oder Kardinal war. Der hat erklärt, was zu tun ist und wie.«[169] Herausgekommen ist ein Kirchenmann, der sich mit einer solchen Souveränität durch die päpstlichen Gefilde bewegt, als sei der Vatikan schon seit langem sein Zuhause. Der als Papst Benedikt XVI. zum Stellvertreter Gottes auf Erden aufgestiegene »Kollege« Joseph Ratzinger würde jedenfalls seine wahre Freude an einem »Kardinal Armin Mueller-Strauss« gehabt haben.

Bei den Kritikern kam der Film trotz der zumeist haarsträubenden Handlung gar nicht so schlecht weg. Beispielsweise befand die *Süddeutsche Zeitung*: »Das ist alles ein rechter Schmarrn, in der bekannten Brown'schen Weise mit kleinen Körnchen Wahrheit abgeschmeckt. Das ist ja nicht das erste Mal, raunzt ein Kardinal, als aufkommt, dass der Papst ermordet wurde. Und es hat ja die Illuminaten tatsächlich gegeben [...], dass es sich nicht um Feinde der Wissenschaft, sondern um Aufklärungsfreunde handelte, spielt in *Illuminati* letztlich keine Rolle. Wer freilich glaubt, dieser Bund bastele im Dunkeln an der Übernahme der Weltherrschaft und morde Päpste, ist trotzdem nicht ganz bei Trost. Aber in der Version, die Goldsman und sein Ko-Autor David Koepp verfasst haben [...], macht es wenigstens Spaß, dem bunten, sinnlosen Treiben zu folgen. [...] Die Geschichte ist viel besser organisiert [als im *Sakrileg*, d. A.] und straff erzählt, und die Nebenfiguren bekommen tatsächlich etwas zu spielen [...]. Mueller-Stahl vor allem, als verknöcherter Traditionalist, den man vielleicht für machtbesessen halten könnte.«[170]

Nicht viel anders, aber dennoch wohlmeinend spöttisch, urteilte die *New York Times*: »So wie der *Da Vinci Code* gerettet oder zumindest aufgefangen wurde durch den sprühenden Unsinn eines Ian McKellen, so wurde *Illuminati* erst durch die schauspielerische Professionalität von Armin Mueller-Stahl, Stellan Skarsgård und Ewan McGregor so etwas wie Leben eingehaucht. [...] Herr Skarsgård, der Kommandeur der Schweizergarden, und Herr Mueller-Stahl, ein mächtiger Kardinal, sind die offensichtlichen Schwergewichte, [...].«[171] Und im *Spiegel* hieß es: »Der Esoterik-Blockbuster *Illuminati* ist frommer, als es die Bestsellervorlage verdient hätte. Am Ende umarmt die Kirche dann doch noch die Wissenschaft: ›Sie hat der Himmel geschickt‹, belobigt der alte Knochen aus dem Vatikan den jungen Forscher. Und weil der Schauspieler Armin Mueller-Stahl seinen Kardinal Strauss mit dem gleichen autoritären, deutsch gefärbten Röcheln ausgestattet hat, wie man es vom ehemaligen Kardinal Ratzinger kennt, bekommt der Schluss des Esoterik-Krawalls *Illuminati* dann tatsächlich eine klerusfreundliche Note: Als hätte der Pontifex hier selbst gesprochen.«[172]

Kühles Großmimentum versus schäumende »Großkritik«

Ende September 2006, knapp drei Jahre vor der *Illuminati*-Premiere, meldete die *Bild am Sonntag*, Armin Mueller-Stahl habe der Zeitung gesagt: »Ich spiele noch zwei, drei Rollen, dann sage ich der Schauspielerei Adieu. Ich muss nicht mehr mit hängender Zunge von einem Film zum nächsten rennen. Und ich muss auch niemandem mehr beweisen, dass ich noch gut im Geschäft bin. [...] So wie die Schauspielerei heute funktioniert, kann ich sie nicht ernst nehmen. Wenn ich jemanden von der Straße hole, in eine Serie setze und der wird anschließend berühmt, hat das mit meiner Auffassung dieses Berufs nichts zu tun.«[173] Es sei absurd, wenn amerikanische Stars dreißig Millionen Dollar pro Film verlangen können und auf dreihundert Millionen kommen, wenn sie noch am Verkauf beteiligt sind. »Und es ist vollkommen absurd, dass ein Produzent noch viel mehr verdienen kann.« Drei Rollen habe er noch zugesagt, unter anderem werde er in Heinrich Breloers Neuverfilmung der *Buddenbrooks* mitwirken, anschließend wolle er sich nur noch der Malerei, der Musik und der Förderung junger Künstler widmen.

Damals war gerade der Spielfilm *Ich bin die Andere* von Margarethe von Trotta herausgekommen. In dem wenig gelungenen und von Publikum und Kritik kaum zur Kenntnis genommenen Film, in dem es um wirre Dreiecks- und hörige Liebesverhältnisse geht, spielt Mueller-Stahl ein unausstehliches Familienoberhaupt. Er ist auch so ziemlich der Einzige, der in der Kritik gut wegkommt. »Armin Mueller-Stahl sind die besten Auftritte des Films vergönnt. Er darf den Schurken im Rollstuhl geben, einen weißen Anzug tragen und auf einer fahrbaren Plattform den Weinberg hochgleiten. Die Spielfreude ist ihm anzusehen, die Biestigkeit seines Despoten erfrischend.«[174] Danach drehte Mueller-Stahl die *Buddenbrooks*, *The International* und eben *Illuminati*. Also müsste – streng genommen – jetzt eigentlich Schluss sein mit der Filmerei. Doch das ist es – zum Glück für sein Publikum – nicht.

Wenn es freilich damals nach Tobias Kniebe, Filmkritiker der *Süddeutschen Zeitung*, gegangen wäre, hätte Mueller-Stahl gerade noch für die *Buddenbrooks* vor der Kamera stehen dürfen, auf keinen Fall aber mehr für *The International* oder gar für *Illuminati*. Kniebe geht nämlich das »Großmimentum« auf die Nerven. In Deutschland und überhaupt. Eine kostbare Seite opferte seine Zeitung für eine ungewöhnlich rüde Rempelei gegen den damals neunundsiebzigjährigen Armin Mueller-Stahl, weil dieser sich die

Freiheit nimmt, immer noch Filme zu drehen.[175] Anlässlich der Premiere von *The International* bei den Berliner Filmfestspielen 2009 wirft Kniebe Mueller-Stahl vor, sich nicht an seine eigene Ankündigung gehalten zu haben, nach den *Buddenbrooks* sei »definitiv und unwiderruflich« Schluss. Doch das hat Mueller-Stahl nie gesagt. Kniebe bezieht sich auf jene Meldung in der *Bild am Sonntag* vom September 2006 – und zitiert sie falsch. Hätte er korrekt zitiert, hätte dem Aufsatz der Bezug gefehlt. Mueller-Stahl sagte nämlich laut *Bild am Sonntag*: »Ich spiele noch zwei, drei Rollen, dann sage ich der Schauspielerei Adieu.« Bei Kniebe liest sich das dann so: »›Es ist genug‹, raunte er, womöglich mit demselben majestätisch-waidwunden Blick, den er auch in seinen letzten Rollen so luzide eingesetzt hat. [...] Sprach's und nahm nur sehr wenig später nicht nur die Rolle in *The International* an, sondern gleich auch noch einen Part in der nächsten bombastischen Hollywood-Dan-Brown-Verfilmung *Illuminati*.« Ein Foto, auf dem Mueller-Stahl und Clive Owen zu sehen sind, zeige »Chorknaben, die fromm zu Diensten sind, wenn Hollywood es verlangt [...].«

Dann setzt der Autor zum Großangriff gegen das an, was der gewöhnliche Kinogänger unter »Starkult« versteht: »Man könnte sich nun als kulturinteressierter Mensch, der gerade die besseren Schauspieler auch für ihre Glaubwürdigkeit jenseits der Leinwand verehrt, ein wenig verhöhnt vorkommen. Sollte man aber nicht. Wir sehen hier nur ein Virus am Werk, dessen Wirkung sich in subtilen Symptomen zeigt, das aber doch große Verheerung anrichten kann, wenn es nicht eingedämmt wird. Es ist das Virus des Großmimentums. Das Virus des Großmimentums befällt Schauspieler, die durch Preise, Lob und meist sogar berechtigte Verehrung über den Status eines bloßen Gesichtsverleihers hinausgewachsen sind. [...] Die Wahrheit ist: Selbst die Besten der Besten sind, wenn sie keine strengen Regisseure haben, anfällig dafür. Kaum ein Schauspieler, wie wach und gnadenlos selbstkritisch und immun gegen Selbstüberhöhung er auch sein mag, übersteht seine Karriere ohne den ein oder anderen Großmimenfilm. Na gut, Cary Grant vielleicht. Humphrey Bogart. Oder der Größte unter den Gegenwärtigen: Clint Eastwood. Dazu braucht man gute Gene, die im Zweifelsfall einen Großteil des Jobs allein machen, aber auch eine komplett bullshitfreie, unerschütterliche Professionalität, die auch die genuine Gewissheit evoziert, dass es einem wirklich egal ist, was alle anderen über einen denken [...].«[176] Auf eine Äußerung Mueller-Stahls gegenüber dem Magazin *Stern*, er gönne sich die Freiheit, Dinge wieder zurückzunehmen, die er einmal gesagt habe, reagiert Kniebe bitter wie auf eine persönliche Kränkung: »Kein Wort mehr vom Leiden am Hollywood-System, von der Absurdität der Gagen, die ihm den Beruf verleidet und den Schlaf raubt. Stattdessen sind wir jetzt eben alle reiche Profis mit Herz.«

Es ist ein merkwürdiges Stück verzagten »Großkritikertums« über weltläufiges »Großmimentum«. Die Frage ist nur: Sehen die Zuschauer, die Fans, ihre »Filmstars« – denn als solche bezeichnen sie ihre »Großmimen« – genauso? Oder freuen sie sich nicht eher, wenn sie »ihrem« Star im Kino, in einer Talkshow, in einer Zeitung oder Zeitschrift begegnen, und zwar so oft wie möglich, in guten wie in schlechten Zeiten, in guten wie in schlechten Filmen? Und verzeihen sie es »ihrem« Star nicht eher, wenn ein Film mal weniger gelungen ist, so wie ein ansonsten geschätzter Kritiker hofft, man verzeihe ihm einen Artikel, der ihm danebenging? Mueller-Stahl reagiert gelassen auf die polemische Attacke – mit einem gezielten Seitenhieb: »Ich wurde gefragt, was ich zu dem Artikel sage. Ähnliches, sagte ich, habe ich über mich in den Stasiakten gelesen. Sollen der Chefredakteur und der Schreiber mit so was selig werden. Punkt.«

Es scheint ein speziell deutsches Phänomen zu sein, dass der Kulturbetrieb sich oft so wenig oder nur verhalten an positiven Dingen erfreuen kann. Erfolg heißt breites Publikum, und das macht verdächtig, erst recht, wenn der Erfolg international ist. Wir lieben Hollywood mit seinem Starkult und seinem Glamour, aber wehe, einer von uns gehört plötzlich auch dazu und steht dort im Scheinwerferlicht. Dann mischt sich unter den Stolz schon Skepsis, als wäre das ein Sündenfall, ein Abstieg aus dem Olymp der Hochkultur in die Niederungen populären Geschmacks. Dabei ist es oft nur Neid. Kein deutscher Schauspieler hat sich je so lange in Hollywood halten können wie Armin Mueller-Stahl – trotz der Tatsache, dass er Deutscher ist und mit deutschem Akzent Englisch spricht. Er spiele jedoch meist in Nebenrollen, wird dann hier und da mit einem Anflug von Geringschätzung angemerkt. Dass es aber in Wahrheit oft auch große, tragende Nebenrollen sind, dazu eine durchaus stattliche Anzahl von Hauptrollen in großen wie kleinen Filmen, das wird ebenso verschwiegen wie die Tatsache, dass seine umfangreiche Filmographie eine Leistungsbilanz von überdurchschnittlich hohem Anspruch und hoher Qualität spiegelt.

Die Erfahrungen im öffentlichen Leben haben Mueller-Stahl und seine Frau Gabi rechtzeitig gelehrt, ihre Privatsphäre zu schützen. Sie führen seit 1973 eine für das Milieu, in dem er beruflich zu Hause ist, ungewöhnlich harmonische Ehe ohne Affären und Skandale. »Mein Zuhause ist da, wo Gabi ist«, antwortet er stets auf die Frage, wo er hingehöre. Sie ruht in sich selbst, ist meist bester Laune und von einnehmender, vollkommen unprätentiöser Herzlichkeit. Oft begleitet sie ihn zu Dreharbeiten oder besucht ihn am Set, managt ansonsten seinen Kalender und schirmt ihn vor allzu viel fremder Neugier ab. So herzlich, vergnügt und ausgelassen sie unter Freunden sein können, so zurückhaltend geben sich die Mueller-Stahls nach außen. Man kennt das Lauern der Reporter und gibt sich spröde, eckig, abweisend, wenn Fragen zu dumm oder intim sind. Familieninterna, Geschichten und Berichte aus der Verwandtschaft sind tabu.

Der Maler und sein Galerist

Als Armin Mueller-Stahl in Interviews immer öfter sagt, er wolle die Filmerei allmählich auslaufen lassen und sich mehr der Malerei, dem Schreiben und der Musik widmen, ist das keine Koketterie, etwa der Art: Seht, ich kann auch noch etwas anderes. Tatsächlich verdrängen das Schreiben und vor allem das Malen und dann auch wieder die Musik schließlich die Schauspielerei. Mittlerweile ist ihm vor allem das Malen so wichtig geworden wie einst die Arbeit vor der Kamera. Und immer häufiger zieht Mueller-Stahl sich zwischen den Dreharbeiten zurück in sein Haus an der Ostsee oder jenes in Pacific Palisades und malt und arbeitet an Texten, die schon lange in der Schublade liegen, oder bringt Neues zu Papier. Malerei kombiniert mit Tagebuchnotizen und Gedankensplittern. Und er findet wieder mit seiner alten Musikertruppe aus der einstigen DDR zusammen und geht mit ihnen wieder auf Tournee, mit Günther Fischer und Werner Pauli.

Dieser neue Lebensabschnitt als Maler beginnt um seinen 70. Geburtstag. Damals willigt er nach langem Zögern erstmals ein, einen Teil seiner im Laufe des zurückliegenden halben Jahrhunderts entstandenen Bilder öffentlich zu zeigen. Die Ausstellung findet im Filmmuseum Potsdam statt und verblüfft Publikum und Kritiker gleichermaßen. Denn was sie zu sehen bekommen, ist ein eigenständiges künstlerisches Werk. Zwei weitere Ausstellungen folgen im Jahr darauf in Lübeck: Die während der Dreharbeiten zu *Die Manns* entstandenen Zeichnungen werden im Buddenbrookhaus, andere Malereien im Burgkloster Lübeck gezeigt. Betrachter und Kritiker sind sich einig: Das ist mehr als nur »ein Schauspieler, der jetzt auch malt«.

Anderthalb Jahrzehnte später ist neben dem, was sich bis dahin seit den fünfziger Jahren bereits angesammelt hatte und nicht verloren gegangen war, ein weiteres umfassendes Œuvre entstanden, welches längst zu einem eigenständigen Lebenswerk geworden ist, dem Mueller-Stahl die gleiche Bedeutung beimisst wie seiner

Filmographie, wenn nicht gar eine höhere. Denn er geht davon aus, dass seine Malerei und viele oft damit im Zusammenhang zu sehenden Texte sein filmisches Werk überdauern werden. Zahlreiche Publikationen, Kataloge und Monographien sind inzwischen erschienen, als 2015 der renommierte Hatje-Cantz-Verlag das bildkünstlerische Werk Mueller-Stahls mit einem dreihundertdreißig Seiten umfassenden, großformatigen Bildband adelt. In einer Rezension verweist die *Berner Zeitung* darauf, dass viele Schauspieler sich der Malerei zugewandt haben und nennt unter der zweideutigen Überschrift »Auch ein Depp kann malen« als Beispiele die Namen Johnny Depp, Pierce Brosnan, Sylvester Stallone, Juliette Binoche und die US-Komikerin Rosie O'Donnell, um dann zu befinden: »Auf der qualitativen Ebene stechen die Arbeiten Armin Mueller-Stahl [...] heraus. [...] Stilistisch gehört Mueller-Stahl klar zu den Nachfahren der klassischen Moderne. Die expressionistischen Porträts, die sich durch scharfe Charakterzüge auszeichnen, erinnern an Werke von Willem de Kooning oder Ernst Ludwig Kirchner. Ein reifes Œuvre, dem der Hatje-Cantz-Verlag nun eine Monographie widmet – den Oscar unter den Kunstpublikationen.«[177]

Es war eine wegweisende Entscheidung, sich und sein Werk von Anfang an dem Galeristen und Mitinhaber des Kunsthauses Lübeck, Frank-Thomas Gaulin, anzuvertrauen, der ihn davon überzeugt, nicht nur für sich im stillen Kämmerlein zu malen, sondern sich auch von Originalen zu trennen und sie auf dem Kunstmarkt anzubieten. Gaulin vertreibt auch das graphische Werk Horst Janssens und das des Schriftstellers Günter Grass. Er arbeitet dabei mit dem weltweit zu den Besten seines Gewerbes zählenden Steindrucker Christian Müller aus Südthüringen zusammen, der nun auch Mueller-Stahls Druckgraphiken herstellt. »Eine merkwürdig angenehme Figur in der Besitznahme«, beschrieb Mueller-Stahl mit einer gewissen Verwunderung damals seine neue Bekanntschaft zu Gaulin. Zwischen den beiden entwickelt sich ein Verhältnis, das für den in Sachen persönlicher Nähe äußerst wählerischen und zurückhaltenden Mueller-Stahl von der reinen Arbeitsbeziehung in eine späte, neue Freundschaft übergeht.

»Er hat richtig in mein Leben eingegriffen, menschlich emotional eingegriffen«, sagt Gaulin. »Das war noch einmal eine neue Wende für mich mit Ende fünfzig, wo man glaubt, nicht mehr formbar zu sein. Das ist dann auch sehr stark ins Persönliche hineingegangen, dass die Familien das eine oder andere zusammen machen.« Wann und wo immer es gilt, Mueller-Stahls künstlerisches Werk zu fördern, zu repräsentieren, auszustellen, ist Gaulin dabei. Durch die Verzahnung von Schauspielen und Malerei unternimmt er an der Seite Mueller-Stahls bisweilen auch Ausflüge in die außerhalb seines normalen Aktionsradius liegende Welt des Showbusiness und ihrer Stars. Gemeinsam reist man zu Ausstellungseröffnungen wie nach Karlovy Vary (Karlsbad) in Tschechien, wo anlässlich des renommierten Filmfestivals im Juli 2008 Armin Mueller-Stahls »Menschenbilder« in der städtischen Kunstgalerie gezeigt werden. Einer der Ausstellungsbesucher ist Robert De Niro, der mit seiner Frau Grace Hightower und den gemeinsamen Kindern angereist war, um eine Auszeichnung für sein Lebenswerk entgegenzunehmen. So vertraut ist man inzwischen im Umgang miteinander, dass Gaulin und seine Frau dort auch bei einem gemeinsamen Abendessen der Familien De Niro und Mueller-Stahl dabei sind. Oder bei einem Treffen des ehemaligen »DDR-James-Bond« Detjen-Mueller-Stahl und des »richtigen« James Bond 007, Roger Moore, in kleinem Kreise in Berlin anlässlich der Veranstaltung »20. Pariser Platz der Kulturen«, wo die beiden sich zunächst wie zwei Geheimdienstler im Ruhestand begrüßen, indem sie – die Hände zu Pistolen geformt – aufeinander zielen, und sich dann wie alte Freunde in die Arme fallen. Auch als der frühere Bundespräsident Christian Wulff ihm zu Ehren anlässlich seines 80. Geburtstages ein Abendessen im kleinen Kreis in Schloss Bellevue gibt, sind die Gaulins dabei. Als Überraschungsgast spielt dabei der von Mueller-Stahl verehrte südafrikanisch-britische Geiger Daniel Hope auf. In seinem Toast sagt der Bundespräsident: »Mit Armin Mueller-Stahl hat Deutschland die große Ehre, einen Weltstar mit vielfältigen Talenten feiern zu dürfen. Wir feiern einen Schriftsteller, der ein exzellenter Musiker ist, wir feiern einen Maler, der ein ausgezeichneter Schauspieler ist, einen Sänger, der gut malt, einen Schauspieler, der dichtet und lesenswerte Bücher schreibt, einen Autor, der singt und wunderbar Geige spielt, einen Musiker, der nebenbei Hollywood-Filme macht. Seine Vielfalt macht Armin Mueller-Stahl einmalig. Unser Land kann stolz sein, dass Sie, lieber Armin Mueller-Stahl, seine Kultur mit Ihrer Kunst beschenkt haben.«[178]

»Bei ihm handelt es sich nicht um einen Maler, den man einfach zu nehmen weiß, sondern um eine komplexe künstlerische Begabung. Als die nimmt er inzwischen einen breiten Raum in unserem Galerieprogramm ein. Der Galerist«, so Gaulin, »ist natürlich immer auch ein Stück Sekretär. Und so wächst man plötzlich auch in die Rolle einer gewissen Sekretärstätigkeit hinein, die man bisher in diesem Maße selbst bei bildenden Künstlern so nicht innehatte. Manchmal stellt er mich schmunzelnd als seinen ›Eckermann‹ vor, was einmal zur Folge hatte, dass hinterher eine junge Journalistin kam und mich fragte, wieso Armin mich als ›Neckermann‹ vorstelle, dann aber, als ich sie korrigierte, auch mit ›Eckermann‹ nichts anzufangen wusste. Das verdeutlicht übrigens ein großes Problem, mit dem wir und die Künstler zunehmend konfrontiert sind: Den Rezipienten fehlen immer mehr die bildungsmäßigen Voraussetzungen, um Kunst verstehen zu können. Es ist schon so, dass manche Themen, mit denen Armin Mueller-Stahl sich auseinandersetzt, neu erarbeitet werden müssen. Ich finde zum Beispiel, dass er mit seinem malerischen und seinem zeichnerischen Lithographie-Zyklus zu Goethes ›Urfaust‹ einen wesentlichen Beitrag zum Verständnis dieses deutschen Klassikers geleistet hat, weil er ihn nicht einfach illustriert hat, sondern sich zwanzig Textsequenzen ausgesucht und gegen sie angezeichnet hat. Durch seine Deutung und Interpretation hat er eine Herausforderung auch des Sehens provoziert. Heute ist es so, dass

1

2

Aus dem Zyklus »Der Urfaust«:
Die Herrlichkeit der Welt (1), Der Zauberlehrling (2),

3

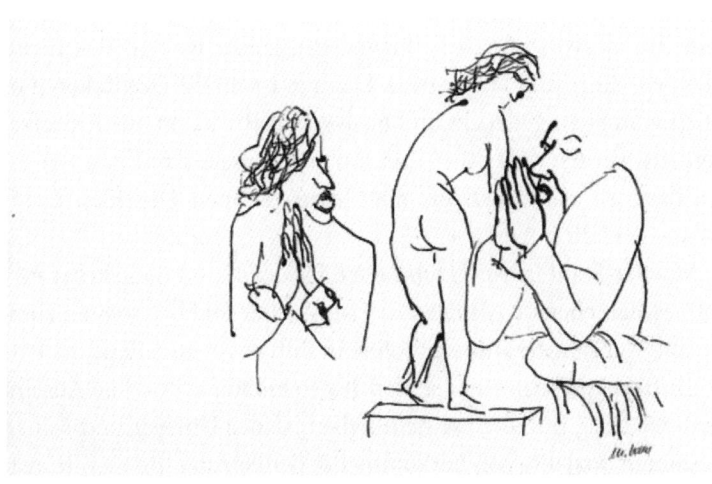

4

Die Teufelsmarionette (3), Ecce homo (4)
(Armin Mueller-Stahl, 2002)

der Katalog mit den Blättern zunehmend von Schulen nachgefragt wird. Er ist mit bald achtzehntausend Exemplaren schon in der dritten Auflage. Und bei Ausstellungen stellen wir den Lehrern Klassensätze des Katalogs zur Verfügung.«

Gaulin erwähnt beiläufig, dass die drei Preise für den jährlichen Bundeswettbewerb »Jugend musiziert«, der 2010 in Lübeck stattfand, von Mueller-Stahl kamen: dreimal 550 handsignierte Lithographien für 1650 der mehreren Tausend Teilnehmer. Der ursprüngliche Plan, eine Fotoedition als Auszeichnung zu verschenken, scheiterte in letzter Minute. Nun aber musste Ersatz her. Gaulin hörte davon, versprach Rettung und eilte mit einigen Blättern Umdruckpapier zu Armin Mueller-Stahl nach Hause: »Ich sagte: ›Armin – Jugend musiziert … Hier hast du fünf, sechs Blätter, kannst du nicht für die jungen Leute was machen?‹ Mürrisch ist er dann ja manchmal erst, sagte, ich fliege in vier Tagen nach Amerika und habe den Kopf voll mit anderen Dingen. Aber am nächsten Tag rief er an: ›Kannst sie abholen!‹ Drei Blätter. Die vom Bundesvorstand von ›Jugend musiziert‹ wollten das nicht glauben, die waren fassungslos. Dann mussten die Graphiken nur noch vom Stein gedruckt und nach seiner Rückkehr aus Amerika signiert werden – das sind drei Wochen Arbeit. Am Ende war es so, dass wir als Kunsthaus noch einen kleinen Druckkostenzuschuss spendiert haben.«

Mueller-Stahl ist für Gaulin ein Glücksfall, und umgekehrt verhält es sich ebenso. Als der Galerist Mueller-Stahls Arbeiten zum ersten Mal sah, erkannte er sofort in ihm »eine künstlerische Persönlichkeit, die, von einer stark privaten bildkünstlerischen Auseinandersetzung mit sich, seinem Leben, seiner Umwelt und seiner gesamten Sozialisation herkommend, den Sprung hin zum Künstler geschafft hat«. Durch das Hinausgehen an die Öffentlichkeit mit seiner ersten Ausstellung zum Jahreswechsel 2000/2001 im Filmmuseum Potsdam, von der es nicht einmal einen Katalog gibt, seien seine Bilder Kunst geworden. Das Echo damals war ebenso enorm wie die Überraschung des Publikums. »Da kam ein großes

Feedback, weil er sofort als jemand mit einer solitären Handschrift wahrgenommen wurde. Das schlug sich dann auch sehr schnell nieder in zahlreichen Einzel- und Gruppenausstellungen im Galerie- sowie im musealen Bereich, auch Privatsammler begannen, gezielt nachzufragen – gegen alle Widerstände. Denn richtig gute Kunst muss bei Mehrfachbegabungen doppelt gut sein, damit sie anerkannt und nicht in die Schublade des malenden Schauspielers gesteckt wird. Was er macht, ist ja nichts für die Couchgarnitur der Schöner-Wohnen-Fraktion, sondern anspruchsvolle Kunst. Das heißt, er hat es doppelt schwer, weil er immer mit dem Schauspieler in Verbindung gebracht wird.«

Figuren wie aus der Commedia dell'Arte

Ermutigt durch die unerwartet positive Resonanz auf die Potsdamer Ausstellung investiert der nun siebzigjährige Mueller-Stahl einen Teil seiner Gage für *Die Manns* in seine Zukunft: »Ich habe mir endlich ein Atelier gebaut.« Nach den Dreharbeiten lässt er in sein Haus an der Ostsee einen Architekten sowie Maurer, Fußbodenleger und Anstreicher kommen, um sich diesen lang gehegten Wunsch zu erfüllen. Ein Loch wird in die Wand hinter dem Flügel geschlagen, ein Türrahmen gesetzt, ein kleiner Anbau hochgezogen, eine Treppe gebaut und fertig ist die Malerklause mit Blick in den hinteren Garten und auf die gespannte Wäscheleine. Hier sollen nun endlich jene größeren Bilder, die er schon so lange im Kopf hat, in Öl und Acryl auf Leinwände übertragen werden. Aber schon bald reicht auch das nicht mehr. Dieses Mal geht es nicht in die Breite, sondern in die Tiefe und Weite: Aus der Garage im Haus wird ein weiteres Atelier für die ganz großen Gemälde, die mitunter bei geöffnetem Garagentor entstehen. Nach anderthalb Jahrzehnten gemeinsamer Arbeit glaubt sein Galerist: »Die Bildende Kunst hat ihn geradezu manisch erfasst. Das ist ganz eindeutig. Das heißt, er steht morgens auf und geht runter in sein Atelier – wir kennen das von Horst Janssen, dieses manische ›Zeichnen-müssen‹ –, nur bei ihm ist es nicht nur das Zeichnen, sondern auch die Malerei.«

Mit den Umbauten und Erweiterungen versucht er zugleich, Ordnung in das bisher Entstandene zu bringen, das herumliegt, sich stapelt, aus Ecken hervorquillt. Er räumt auf unter seinen Bildern, auch, um sie außer Haus zu lagern. Dann ruft er seinen »Eckermann« Gaulin an, der mit seinen Helfern anrückt, um die Arbeiten ins Depot zu schaffen. Es ist wie eine Sisyphos-Arbeit, weil es inzwischen, so Gaulin, »Tausende« von Malereien auf Papier und Leinwand geworden sind sowie rund vierhundert Lithographien, Radierungen, Siebdrucke und Fineart-Prints. Anfangs sind es noch die kleineren, auch früheren Arbeiten, Tuschzeichnungen, die Gaulin regelmäßig abholt, dann, als Mueller-Stahl die achtzig überschreitet, sind die Gemälde bisweilen auch schon mal »Meterware«.

»Dieses ist der Regisseur Peter Stein, nachdem er zweiundzwanzig Stunden *Faust* inszeniert hat. Hier, der Helmut Kohl vor dem Parteispenden-Untersuchungsausschuss. Statt eines Mundes ein Querbalken, auf dem geschrieben steht: ›Ehrenwort‹. Das ist ›Christoph Daums kurzer Koksbericht‹ und hier Steven Spielberg beim Blick durch die Goldene Kamera, die ihm in Deutschland verliehen wurde.« Aber auch die »Beobachtung einer Biene« ist darunter. Ein Zyklus aus sechs Blättern, den er auf dem Boden vor dem grün gestrichenen Flügel auslegt: Ein dicker Spießer folgt mit Blicken dem flinken Flug einer ihn umsummenden Biene, reckt und verrenkt sich dabei so sehr, bis er das Gleichgewicht verliert und auf den Boden kugelt. Oder sein »Pinkelnder Kellner«, im Profil dastehend, eine Hand an der Hose, das Serviettuch überm Unterarm, »gesehen in einem Hotel«.

Ein anderes Blatt zeigt einen kleinen korpulenten Mann mit drei Frauen. Daneben ist ein Gedicht getuscht: »Früher wollte er die Welt verändern, heute nur noch sein Gewicht.« Das, sagt er, sei seine Seele. »Ich habe Spaß, Figuren zuzugucken, die Comme-

Steven Spielberg (Armin Mueller-Stahl, 1999)

dia dell'Arte sind.« Die Skizzen haben etwas von Wilhelm Busch. Wenn er sie vorzeigt, kichert er in sich hinein wie über einen gelungenen Bubenstreich. So wie bei dem Bild, das den amerikanischen Sonderermittler gegen den ehemaligen Präsidenten Bill Clinton wegen dessen Verhältnis zu einer Praktikantin im Weißen Haus zeigt: Kenneth Starr als »Schlüpfermephisto«. Frei nach Wilhelm Busch hat er dazu 1998 einen Reim auf die Präsidenten Clinton und George Bush senior verfasst, dessen prophetische Substanz dem Leser Jahre später, als dessen Sohn George W. Bush junior an der Macht ist, das Lachen gefrieren lässt:

Der Präsidente George Bush
War immer treu der Barbara
Doch schmiss er Bomben rigoros
Fernab von Nordamerika
Das scheuchte auf den Scheich Bin Laden
Und seine Terrorinski
Da ist mir lieber Clintons Sex
Mit Monica Lewinsky

Beobachten führt zu Erkenntnis. Mueller-Stahl ist ein Beobachter. Immer schon hat er sich für die Haltungen von Menschen als Ausdruck ihrer Gefühlslage und ihres Charakters interessiert – um Handlungen nachvollziehen und um sie spielen zu können. »Mich interessiert das Detail, wie jemand auf die Uhr guckt, wie ein alter Mann zittert, einer den Brautwerber macht, welche Schuhe oder was für einen Hut jemand trägt und was für ein Typ das sein mag.« Solches zeigt er in seinen Bildern. Wenn er durch die Straßen geht und ihm eine Person oder eine Szene auffällt, habe er »mit einem kurzen Blick bereits einen Eindruck«. Der zweite Eindruck sei anders als der erste. »Der dritte ist dann wieder wie der erste. Den zweiten braucht man, um zum dritten zu kommen. Tolstoi hat einmal gesagt: Die Leute sind so, wie sie aussehen. Ich durchschaue sie manchmal beim Zeichnen – dann sehe ich das zweite hinter dem ersten Gesicht.«

Weil ihm das Zeichnen stets so leicht von der Hand geht, glaubte er lange, die Bilder wären nicht viel wert. Heute bedauert er, die frühen Skizzenbücher, in denen er seine DDR-Zeit und die damaligen Kollegen festgehalten hat, verschlampt, verschenkt, verloren zu haben. Manches von damals hat er aus der Erinnerung nachgezeichnet, die Liedtexte und Gedichte von einst dazugestellt oder -geschrieben. Ehedem Subversives gegen die Obrigkeit in der DDR, was ihm manche Schwierigkeiten eingebracht hat.

Dreh-Tagebücher

Besonders gerne malt Armin Mueller-Stahl auch die Szenenblätter aus seinen Drehbüchern voll, wenn er sie nicht mehr braucht, und lässt so ein ganz neues Werk entstanden. Eine ganze Galerie von Charakterstudien seiner Kolleginnen und Kollegen, Filmpartner, Regisseure hat er auf diese Weise erstellt und sie mit kleinen Texten versehen, in denen Augenblicksgedanken oder Reflexionen über politische Tagesereignisse erfasst sind. In einem Aufsatz zu seinem Dreh-Tagebuch des Films *Utz* gab er Einblick in den kreativen Prozess beim Entstehen der Übermalungen: »Wenn ich in ein Filmskript zeichne, entsteht so eine Art von Tagebuch. Im Vordergrund das Gezeichnete, im Hintergrund der Text, die Szene. Der Hintergrund erzählt, ob es ein guter oder schlechter Drehtag war, der Vordergrund, wer an diesem Tage dabei war, oder welche Stimmungslage beim Dreh vorherrschte. Wie schon von mir mehrmals gesagt, halte ich ein gezeichnetes Tagebuch für ehrlicher als ein geschriebenes. Worte suchen nach Geschichten, Pointen. Gezeichnetes hält fest. Es erzählt beinahe halbe-halbe genauso viel über den Zeichner wie über das Gezeichnete. An dunklen, schweren Tagen schwere, dunkle Gesichter, schwerer Strich. Die Zeichnung passt sich der Szene oder Stimmungslage an. Sie ist gewissermaßen ein Spiegel der inneren Verfassung. An leichten, heiteren Tagen leichter Strich, eventuell Farbe, wenn vorhanden. Die Heiterkeit erkennt man am Strich, an der Auflösung der Figuren – noch erkennbare Gesichter, noch erkennbare

Körper. Aber die innere Heiterkeit, die Lust am Spontanen wird der Gestalter, der Former, der Grenzen zu überspringen in der Lage ist.«[179]

In dem während der Filmarbeiten zu *Die Manns* übermalten Drehbuch sind die Mitglieder der Familie Mann ebenso verewigt wie die politischen Ereignisse zwischen Mai und September des Jahres 2000: »Dies ist Katia Mann. Sie war die Macht hinter den Kulissen. Das ist der Barak aus Israel, diese sind Günter Grass und Jürgen Flimm bei dessen Abschied vom Thalia-Theater. Dies ist mein Maskenbildner bei den Manns, Waldemar Prokomski, und dies ist Breloer. Zu jeder Szene gibt es eine Zeichnung und zu jeder Zeichnung gibt es eine Geschichte.«

Prinzip Minimalismus

Hat Mueller-Stahl Vorbilder? Er erwähnt viele: Nolde, Cézanne, Matisse, Schmidt-Rottluff, der wie er an der Ostsee lebte. Aber vor allem Rembrandt und Picasso. Dabei haben seine frühen Bilder viel von Honoré Daumier, dem französischen Karikaturisten des 19. Jahrhunderts, von Toulouse-Lautrec und von den Expressionisten der zwanziger und dreißiger Jahre des 20. Jahrhunderts. Manchmal entblößt er mit wenigen Strichen einen komplexen Charakter, bleiben Köpfe gänzlich ohne Gesicht und erzählen doch alles. »Das Wichtigste bei der Schauspielerei ist das Minimalisieren, beim Malen gilt für mich das Gleiche. Mit geringstmöglichem Aufwand das Wesentliche hervorheben.« Er vergröbert gern, um eine Haltung zu betonen. »Also wenn einer einen dicken Bauch hat, zeichne ich ihn etwas dicker, weil ich denke, das ist das Hervorstechende. Wenn eine Frau schielt, zeige ich das Schielen etwas deutlicher. Das ist mein Prinzip des Minimalismus. Auch beim Schauspielern will ich etwas mit sehr sparsamen Gesten und Bewegungen festhalten oder ausdrücken.« Sein großes Vorbild ist Charles Laughton. »Zunächst denkt man, er macht viel.

Dann guckst du ihn dir genau an und merkst: der macht eigentlich nichts. Aber dabei macht er viel, du denkst einfach, er macht viel. Das ist große Schauspielerei.«

Was Gaulin vor fünfzehn Jahren von Armin Mueller-Stahl gezeigt bekam, war ein »neuer Realismus, der damals wieder am Anfang stand«. »Diese Malerei war ja totgesagt. Aber hier konnte man sehen, dass der neue Realismus gar nicht totzukriegen ist, ganz im Gegenteil, dass er immer wieder neue Möglichkeiten entfaltet. Und es war wirklich eine Überraschung, dann auch zu sehen, dass hier nicht einer hobbymäßig nebenbei malt und zeichnet, sondern sein ganzes Leben bildkünstlerisch begleitet hat. Es war im Grunde ein gezeichnetes Tagebuch, was sich da offenbarte. Das war und ist immer noch sensationell.« Er erkannte schnell, dass Mueller-Stahl sein wahres Potenzial als Maler noch gar nicht ausgeschöpft hatte. Also entwickelt der Galerist, kaum, dass sie sich kennengelernt und festgestellt haben, dass die Chemie stimmt, eine Strategie: »Dann habe ich ihm Lithosteine ins Atelier geschleppt und gesagt, er soll es jetzt mal damit versuchen. Und wie erwartet, hat er sich sehr schnell in die Lithographie eingearbeitet in Zusammenarbeit mit unserem Lithodrucker Christian Müller.« Das Medium der Lithographie sei ihm »wie auf den Leib geschneidert«. »Die Radierung und der Holzschnitt wären gar nicht das Richtige gewesen, weil er im Grunde ein Spontaneistischer ist, der sich mit wenigen Strichen wie in der Schauspielerei auf das Wesentliche konzentriert. Das ist ja seine Stärke: mit wenigen Strichen ein Gesicht umreißend, eine psychische Stimmung einfangend oder eine soziale Komponente erfassend. Fast bis zur Abstraktion hin. Das ist ihm in der Malerei wichtig.«

Gaulin nennt Beispiele. Ein Porträt des Komponisten Arnold Schönberg: »Das ist nicht nur ein Schönberg-Porträt, sondern das ist im Grunde der Intellektuelle der Zwanzigerjahre des vorigen Jahrhunderts. Als Kopf. Das könnte genauso Tucholsky sein. Aber es bleibt Schönberg im Wiedererkennen, aber die Versinnbildlichung des Intellektuellen der Zwanzigerjahre könnte ich nicht

Kurt Masur (Armin Mueller-Stahl, 2005)

besser umschreiben als mit diesem Kopf von Schönberg. So wie George Grosz diese Schlachterköpfe als die herrschende Klasse der Bourgeoisie dargestellt hat, so ist dies ein Kopf, der es in der

Reduktion einfach schafft, zu dieser Erkenntnis zu gelangen. Ein großartiges Bild.«

Wie viele große Maler und Zeichner arbeite auch Mueller-Stahl in Zyklen. Seine Musikerreihe hätte aber nie so entstehen können, käme er nicht selbst aus der Musik. Eine große Ausstellung unter dem Titel »Menschenbilder« anlässlich der Festspiele in Mecklenburg-Vorpommern im Sommer auf Schloss Güstrow zeigte 2006 eine Serie von zwei Dutzend wahrhaft atemberaubenden Porträts: Alban Berg, Franz Schubert, Giuseppe Verdi, Kurt Masur (mit dem Mueller-Stahl ebenfalls eine späte Freundschaft verbindet), Leonard Bernstein, Béla Bartók, Mstislaw Rostropowitsch, Max Reger, Gabriel Fauré, Carl Orff, Franz Liszt mit halbem, Richard Wagner ohne Gesicht, Peter Tschaikowsky und andere mehr. Aber auch einen Dirigenten wie Günter Wand. »Wie er ihn darstellt, diese zerbrechliche Figur, den Dirigentenstab in der Hand – ihn so zeigen, das kann nur jemand, der um die Musik weiß.« Oder sein John-Lennon-Porträt. »Er vermittelt ihn uns so, wie wir ihn in Erinnerung haben. Dieser ganz bestimmte Blick des John Lennon – das ist nicht Naturalismus, sondern das ist allerbester Realismus, weil das Innere nach außen gekehrt wird. Das ist der Anspruch des Realismus im Gegensatz zum Naturalismus, der einfach nur formal abbildet. Hier wird die Psyche von John Lennon sichtbar. Genauso wie Psychologen oder Psychiater sofort etwas mit dem Sigmund-Freud-Porträt anfangen können.«

»Eine unverwechselbare Position in der zeitgenössischen Bildkunst«

Was Gaulin ursprünglich vorfand, waren aber fast ausschließlich »Papierarbeiten, die wie Notate waren«. Doch schon bald, kaum hatte Mueller-Stahl sein neues Atelier bezogen, haben diese Bilder »sich explosionsartig« auf die Leinwand übertragen. »Das Ventil Leinwand musste dann auch her«, so Gaulin, »und zwar ganz schnell.« Zu den erst in jüngerer Zeit, um 2009, entstandenen Arbeiten zählt die Serie »Illuminati«, nach dem Urteil Gaulins »ganz große Malereien und Papierarbeiten«, auch großformatige Leinwände, die seine innere Auseinandersetzung mit dem Film spiegeln. Eines der faszinierendsten Bilder aus dieser Serie ist ein in Grau-Schwarz gehaltener, rätselhafter Tom Hanks, im Profil wie hinter einer violett-braun-verschlierten Milchglasscheibe an seiner spitzen Nase erkennbar.

Zeit seines Lebens zeichnet und malt Mueller-Stahl fast nur Menschen und Figuren. Erst als er auf die achtzig zugeht, wagt er sich auch an Gegenständliches und Landschaften. »Mit dem Öffnen nach außen hat er sich qualitativ noch einmal verbessert, und irgendwann haben die Museen angefangen, sich für ihn zu interessieren«, freut sich der Galerist. Die Illustration einer Sonderausgabe des Brockhaus-Lexikons ging einher mit einer großen Ausstellung in der Kunsthalle Mannheim. Die anfänglichen Vorbehalte der Museumsdirektorin seien umgekippt in Begeisterung. Das habe sie denn doch nicht erwartet, habe sie gegenüber Gaulin eingestanden. Nach dem Urteil von Klaus Honnef, dem ehemaligen Mitorganisator der documenta 5 und 6 in Kassel und langjährigen Ausstellungsleiter im Rheinischen Landesmuseum in Bonn, hat sich Armin Mueller-Stahl »in der zeitgenössischen Bildkunst eine unverwechselbare Position erworben«. Infolgedessen falle es schwer, »den Ort des Werks in der Kunst der Gegenwart auch nur einigermaßen zu fixieren«. »Dies würde außerdem seine Vorstellungen und die Prinzipien seiner Kunst untergraben«, vermutet der renommierte Kunstexperte. »Sie widersetzen sich den gängigen Formen der zu Beginn des 21. Jahrhunderts vorherrschenden Kunstmarktkunst. Sie zitieren künstlerische Traditionen, verfallen jedoch nicht dem Illusionismus, diese nach dem Verblassen der Avantgarde ungebrochen fortsetzen zu können. Aber sie sind nicht austauschbar.«[180]

In der nicht mehr nur auf Menschenbilder, auf Porträts, bezogenen gegenständlichen Malerei sind inzwischen überraschende, sich ins Abstrakte tastende und vorwagende Farbkompositionen entstanden. So zum Beispiel Reflexionen über den terroristischen Anschlag auf das World Trade Center am 11. September 2001 oder das seit Henry Miller zum literarischen Ort gewordene Big Sur südlich von San Francisco. Ferner eine Serie über Venedig, die Nordsee und Bäume, bis hin zu einer 2008 entstandenen »Chronik der Gefühle«. Hatte er früher über seine »Flugmomente« beim Drehen gesprochen, so erlebt er sie heute beim Malen. »Tatsächlich entstehen Flugmomente, wenn ich etwas verarbeiten kann, was mich bewegt oder berührt, politische Situationen, die ich dann bildnerisch auf die Leinwand bringe. Weil ich da alleine zuständig bin. Dinge, die man eigentlich nicht malen kann, werden plötzlich ein Bild. Zu Fukushima zum Beispiel oder zu 9/11 habe ich verschiedene Bilder gemalt. Die sind wirklich aus der Feder oder aus dem Pinsel geflossen, das ist sehr schnell geschehen. Das ist auch ein Stückchen Therapie. Wenn ich das umgesetzt habe, fühle ich mich wohler, ein Stück befreiter von der Beklemmung. Im Moment beschäftigt mich das Schiff, welches am Yangtse umgekippt ist in einem Hurrikan. Da sind vielleicht noch vierhundert Leute in Luftblasen in dem Schiff. Man hörte Klopfgeräusche. Das hat mich bewegt bis zum heutigen Tage, und ich habe nachts wach gelegen und mich in dem Schiff gewähnt, wie ich Klopfgeräusche abgebe, aber keiner kann mich mehr retten. Ich weiß also, ich bin dem Untergang, dem Sterben geweiht. Das ist ein Bild geworden. Das ist eingeflossen in Porträts. – Jetzt habe ich Matthias Claudius gemalt, einen Poeten, den ich schon allein mag, wegen seines wunderbaren Lieds ›Der Mond ist aufgegangen‹. Und in dieses Bild ist merkwürdigerweise der furchtbare Untergang dieses Schiffes im Yangtse eingeflossen. Oder diese Menschen in Nepal, die nach dem Erdbeben unter den Trümmern liegen. Was für Qualen erleiden die? Oder die Menschen in dem Flugzeug, das der Co-Pilot hat abstürzen lassen? Oder die Zahl von vierundzwanzigtausend Flüchtlingen, die im Mittelmeer ertrunken sind. Vierundzwanzigtausend! Das muss man sich einmal vorstellen.

Das sind Themen, die mich bewegen. Und das sind dann auch Dinge, die für mich Kunst werden. Nicht eins zu eins, sondern sie fließen ein in die kompositorische Arbeit, mit der ich das für mich verarbeite. Solche Gefühle kannst du natürlich überhaupt nicht als Schauspieler loswerden. Ein Schauspieler ist im Korsett des Textes, des Films, der Story gefangen. Da kannst du durch Improvisation kaum etwas loswerden. Aber in der Malerei, in der Schriftstellerei – da ja. Und manchmal gelingt es, manchmal misslingt es.«

Und so befasst sich Mueller-Stahl auch mit der Tagespolitik. Wenn er zum Beispiel darüber nachdenkt, ob und wie sehr »die beiden Deutschländer«, wie er gerne sagt, seit der Wiedervereinigung zusammengewachsen sind, und auch Europa, erfüllt es ihn mit großer Sorge: »Alles was an kultureller Identität gerade am Entstehen ist, wird wieder durchgerührt, nicht nur durch die Flüchtlingsströme, auch durch die globalen Probleme insgesamt, die Europa berühren, tangieren oder in den Griff nehmen. Es ist ein zartes Wachsen. Es wäre wichtig, eine gemeinsame, grenzüberschreitende Sprache – vielleicht Englisch – in Europa einzuführen. Das ist das A und O. Das verbindet. Solange es keine gemeinsame Sprache gibt, solange gibt es diese nationalen Kleindenkereien. Mit der Sprache steht und fällt alles.« In diesen »nationalen Kleindenkereien« wurzeln auch all die Konflikte, Auseinandersetzungen, Unnachgiebigkeiten und Gehässigkeiten, und der an den europäischen Rändern wieder erblühende Nationalismus. Das treibt ihn um, erfüllt ihn – auch vor dem Hintergrund des eigenen Familienschicksals – mit Sorge. »Der liebe Gott hat uns mit Kunst gesegnet. Sieh dir diese Natur an. Es ist ein Geschenk vom lieben Gott fürs Auge, für die Seele. Das ist Kunst. Perfekte Kunst. Und diese Kunst, die Naturgeschenke vom lieben Gott, die rufen dich innerlich auf, zu genießen, friedlich zu sein. Es ist eine friedliche Ausstrahlung, die die Natur uns liefert. Es ist das Gegenteil von dem, was in der Welt geschieht. Aber der liebe Gott hat den Menschen vielleicht auch so gestaltet mit seiner Niedertracht, mit seinen Kriegsgelüsten: Ich bin der Größte, ich bin der Mächtigste. ICH, ICH, ICH. Diese ICHs. Diese große Egozentrik, die es überall gibt.«

Es sei ja nicht zu übersehen, wie er »wieder seine Fratze« zeige, »der gemeine Krieg«: »Es lodert an den Rändern.« Wir seien »merkwürdigerweise« nur gesichert »im Moment noch, durch zwei schreckliche Waffen, die uns den Krieg noch vom Halse halten. Das sind die Atomwaffen. Wir haben welche, und die haben welche.« Er aber habe »die Furcht und auch das unangenehme Gefühl«, dieser Frieden werde nicht ewig dauern. »Wir haben zwar die Europäische Union, und die schenkt uns, bewahrt uns noch den Frieden. Aber wir merken, es kriselt gewaltig von Seiten von Leuten, die den Krieg nie erlebt haben. Und das hat zwei Gründe: Das hat mit der Dummheit der Menschheit zu tun und mit ihren Führern, die ihnen gerade wieder befehlen. Es ist ja nicht die Ukraine alleine, es ist wieder das Großmachtdenken da, eines Einzelnen, und der wird vom Volk hofiert dafür und geliebt dafür, dass er sagt: ›Wir sind die Stärksten!‹ Dabei ist den Leuten nicht klar: Ein Krieg ist kein Fußballspiel. Da kann man brüllen: ›Ja! Wir wollen siegen!‹ Aber nicht beim Krieg. Sie haben es nicht kapiert. Sie haben bei Hitler mit ›Ja!‹ gebrüllt, als sie gefragt wurden: ›Wollt ihr den totalen Krieg?‹ Sie wählen Putin heute. Es ist eine gefährliche Zeit, denn diese Leute haben alle den Krieg nicht erlebt.«

Ein – sehr provokantes – Bild, mit dem er sich seine Erbitterung über die »politische Dummheit« von der Seele gemalt hat, rechnet mit der amerikanischen Innenpolitik ab. Er habe sich grenzenlos über die Republikaner und deren Tea-Party-Bewegung in den USA geärgert, »wie diese nur ein Ziel hatten«, nämlich »den Obama aus dem Weißen Haus zu kriegen«. Da habe er eines Tages kurzentschlossen ein älteres Bild hervorgekramt, das einmal »Das Blaue läuft immer runter« hieß, und es übermalt. Nun ist da eine schwarze Figur wie ein Schatten zu sehen und statt eines Gesichts ein triefender blauer Farbklecks, der mit dem danebenstehenden neuen Bildtitel korrespondiert: »Obama gerät von einer Scheiße in die nächste«. »Das platzte förmlich aus mir raus«, erinnert er sich. »Das ist ein Beispiel, wie ich etwas therapeutisch lösen kann mittels Malerei …« sagt er, lacht und freut sich wie über einen gelungenen Streich. Über das Malen kann er viele Dinge viel klarer auf den Punkt bringen. Besser als mit Schreiben: »Soll ich schreiben, was die Zeitungen eh schreiben? Wird ja alles geschrieben, da muss ich nicht auch noch schreiben. Einen Tagebucheintrag vielleicht, um der Welt mitzuteilen, dass ich auch was weiß? Oder dass ich vielleicht einen neuen Gedanken habe? Ist doch unwichtig. Ich will keinen neuen Gedanken mehr haben. Malen ist die bessere Lösung für so was. So simpel.«

Einer, den dieses Obama-Bild laut Mueller-Stahl »ungeheuer gefreut« hat, ist Bundesaußenminister Frank-Walter Steinmeier. Über dessen Schreibtisch im Auswärtigen Amt hängt ein Mueller-Stahl-Porträt von Willy Brandt, versehen mit dem Brandt-Zitat: »Wir wollen ein Volk der guten Nachbarn sein, im Innern und nach außen.« Mueller-Stahl hat es ihm zum Amtsantritt persönlich im Büro vorbeigebracht. Die beiden sind seit einiger Zeit befreundet. Als Steinmeier hört, dass im Frühjahr 2015 in der Kunsthalle Brennabor in Brandenburg an der Havel eine große Mueller-Stahl-Ausstellung unter dem Titel »Menschenbilder« stattfinden soll, bittet er sich aus, die Eröffnungsworte sprechen zu dürfen. Es wird eine sehr persönliche, bewegende Rede. Inmitten der Wahrnehmung all seiner Amtspflichten auf den internationalen Schauplätzen der Welt nimmt er sich die Zeit, mit seiner Frau nach Brandenburg zu kommen und den da schon bald fünfundachtzigjährigen Mueller-Stahl zu ehren. Dabei greift er das Brandt-Zitat auf und würdigt Mueller-Stahl als »guten Nachbarn« in allen Disziplinen des Lebens. Und Mueller-Stahls »biographische Bildwelten« seien für ihn »spannende, nachdenkliche, manchmal ironische Auseinandersetzungen mit Geschehenem und Erlebtem«. Ausstellungen mit seinen Werken seien nicht nur »schön«, sie forderten auch. »Wer seine Kunst nicht kennt, wird vielleicht sogar irritiert sein. ›Menschenbilder‹ sind nicht gemalte

Ebenbilder. Sie suchen nicht nach klassischer Schönheit. Sie laden ein zur Auseinandersetzung mit dem Gegenüber, suchen nach Wesens- und Charakterzügen.«[181] Und Steinmeier zitiert aus einem Interview der *Süddeutschen Zeitung* mit Mueller-Stahl, in dem er auf die Frage, warum er Menschen nicht einfach »schön« male, geantwortet hat: »Ich bin eher für die Zerstörung der Schönheit. Wenn mir das Gesicht einer Frau zu schön gelingt, dann versuche ich, den Charakter hineinzumalen.« Und er kommt auch direkt auf das Obama-Bild zu sprechen: »Da wird man als Außenminister neidisch, wie geradeheraus und völlig undiplomatisch der Maler formulieren kann.« Mit schelmischer Freude kündigt er den Zuhörern an: »Sie werden gleich ein Bild von Obama in der Ausstellung sehen, in das Armin Mueller-Stahl – in einer seltsamen Mischung aus Enttäuschung und Zuneigung – die Zeile gesetzt hat: ›Obama gerät von einer Scheiße in die nächste.‹« Es ist Steinmeier anzumerken, welches undiplomatische Bedürfnis es ihm ist, diesen Satz – natürlich unter ausdrücklicher Berufung auf Mueller-Stahl – auszusprechen.

Zur Freude seines Galeristen ist »der Arbeitsstil von Mueller-Stahl nicht berechenbar, nicht vorhersehbar«. Er sei »tatsächlich ein Maler aus dem Bauch heraus«. Wie habe er doch so schön gesagt: »Beim Malen muss ich den Verstand außer Kraft setzen.« Das mache es auch aus, dass er seine Botschaften immer auf den Punkt bringe – auch in der Abstraktion. »Die Abstraktion ist bei ihm keine wilde Malerei, die von riesigen pastosen Malflächen geprägt ist, sondern sie ist eher, oft auf dünnem Farbauftrag basierend, in schnellen Pinselstrichen hingeworfene, aber immer festsitzende Impression. Er wird aber nie ein Abstrakter in dem Sinne, dass er nur Farbspiele macht, es bleibt bei ihm immer inhaltlich.«

In dem bei Hatje Cantz erschienenen großformatigen Edelband hat der frühere schleswig-holsteinische Ministerpräsident Björn Engholm – auch er inzwischen ein Freund Mueller-Stahls – unter der Überschrift »Von der Poesie des Realen« ein einfühlsames Vorwort verfasst, welches die Konsequenz des künstlerischen

Ausstellung *Menschenbilder* in der Kunsthalle Brennabor in Brandenburg an der Havel

Entwicklungsprozesses des Menschen, Schauspielers, Autors und Musikers zum Maler plausibel erklärt: »In der Bildkunst findet Mueller-Stahl eine Freiheit, die er über lange Wegstrecken nicht besaß; jetzt, im Atelier, mit Skizzenblock am Wegesrand, im Café, selbst am Set, findet er die rare Freiheit, genießt die neuen Räume des Selbstbestimmens – und füllt sie mit bildnerischem Reichtum von hoher Qualität. Das Geheimnis dieser Qualität liegt, wie bei aller großen Kunst, in den ästhetischen Potenzialen des Künstlers, in seiner Fähigkeit, die Welt mit allen Sinnen – sehend, hörend, tastend, empfindend – höchst sensibel wahr- und aufzunehmen, das Wahrgenommene zu speichern, innerlich zu reflektieren und es fantasievoll als eigenständige Kreation zu entäußern. […] Die Einfühlungs- und Ausdruckskraft, mit der er als Schauspieler alle Charaktere zwischen Gut und Böse, Niedertracht und Größe, Freude, Lust und Leid mit Leben erfüllt, die Gabe, als Musiker abstrakte Noten in warme Tonwelten zu verwandeln; die Fähigkeit des Autors, aus Gedanken und Wörtern Bilder zu entwerfen,

Ausstellung *Menschenbilder* in der Kunsthalle Brennabor in Brandenburg an der Havel

Texte zum Klingen zu bringen – all das findet in Zeichnung und Malerei zu einer glückhaften Synthese zusammen.«[182]

In den vielen Jahren der Zusammenarbeit konnte sein Galerist beobachten: »Armin Mueller-Stahl ist eigentlich immer freier geworden in seinem Malduktus, aber auch in seinen Sujets. Waren es früher doch sehr stark Menschenporträts, die klare Bezüglichkeit zu einer jeweiligen Person hatten, das heißt, Abbildung von Realität im weitesten Sinne, natürlich mit seiner Handschrift, mit seinen hervorragenden Ausdrucksmöglichkeiten, so hat er im Laufe der Jahre immer wieder neue Experimentierfelder gesucht. Er hat aus der Kunstgeschichte schöpfend stilistische Mittel aufgenommen, die ihn weit weg von dem bringt, was er vorher gemacht hat – bis hin zur Abstraktion.« Gerade das neue Hatje-Cantz-Buch mit den großen Bereichen der Abstraktion und der sogenannten ›Kopfgeburten‹ zeige eine bisher unbekannte Reduktion auf Fläche und Form. »Er wirft aber das eine nicht über Bord für das andere. Er arbeitet also in solchen Schaffensperioden auch immer

Im Atelier an der Ostsee

wieder mit Rückgriffen auf seine alten Ausdrucksformen. Doch er verwirft sie auch immer wieder mal und schöpft ganz neue. Sei es, weil er durch Presseartikel oder durch das Sehen von Ausstellungen inspiriert wird. Er sieht sich konsequent zeitgenössische, aber auch klassische Kunst an, wobei er dann letztlich immer wieder auf die großen Heroen von Dürer bis Picasso kommt, allerdings ohne sie zu kopieren. Vielmehr versucht er, seine eigene Formsprache in der intellektuellen Auseinandersetzung mit ihnen zu finden.«

Eine Ahnung von dem bildkünstlerischen Lebenswerk vermitteln schließlich nicht nur zahlreiche Kataloge, die zu vielen seiner inzwischen über einhundert Ausstellungen seit dem Jahre 2000 erschienen sind, sondern insbesondere zwei voluminöse Monographien. Neben der 2015 bei Hatje Cantz erschienenen, ist dies der im Januar 2011 bei der Edition Braus publizierte Band.[183] Mit ihren – von wenigen Ausnahmen abgesehen – ganzseitigen Wiedergaben einzelner Bilder bieten sie ein atemberaubendes Panorama über das malerische und zeichnerische Lebenswerk von Armin Mueller-Stahl. Und dabei sind die darin gezeigten Abbildungen nur ein Bruchteil dessen, was er seit den fünfziger Jahren, aber insbesondere seit der Jahrtausendwende, auf Papier und Leinwand gebracht hat. Herausragend sind immer wieder seine Köpfe von Zeitgenossen und Weggefährten, besonders seine Komponistenporträts, deren Ausdruck nicht nur von seiner Liebe zur Musik zeugen, sondern auch von seiner großen Kenntnis der Werke der Abgebildeten. Die Porträts sind von solcher Intensität, dass sie den Betrachter nicht nur kaum mehr loslassen, vielmehr möchte man diese Bilder am liebsten alle selbst besitzen und um sich haben. Eine ähnliche Kraft haben auch seine teilweise sehr großflächigen Ölbilder zu Filmen, die er gemacht hat, wie *Illuminati*, oder solche zu Themen, an denen er sich schon lange, meist ein ganzes Künstlerleben lang abarbeitet. Dazu gehören nach seiner Lithographienmappe die wirklich gewaltigen Ölmalereien zum *Urfaust*, wie er ihn sieht, oder sein *Hamlet in Amerika*. Es sind Zyklen in Öl, aber auch Papierarbeiten, bei denen er zur Höchstform aufgelaufen ist und bei denen man versteht, was er meint, wenn er von »Flugmomenten« spricht, die ihn bei seiner Arbeit in Sphären der Phantasie forttragen und dabei Schöpfungen entstehen lassen, deren kreative Umsetzung den Betrachter nicht mehr loslassen will.

»Aufgezeichnetes Leben, so lässt sich vielleicht am besten die Bilderwelt Armin Mueller-Stahls beschreiben. Was immer ihn berührt, was immer er erlebt, was immer er durchlebt und durchlitten hat – es fand und findet seinen Niederschlag in seiner Kunst«, schreibt Rainer Meyer in der Braus-Monographie. Für den Bonner Kunsthistoriker und Kunstkritiker Klaus Honnef sind die Zeichnungen und Gemälde Mueller-Stahls »zwar unverwechselbar, doch zu komplex und beziehungsreich, um sich auf bloße Markenzeichen zum Zwecke prompter Wiedererkennung reduzieren zu lassen«.[184] Seine Bilder seien »nicht selbst-bezüglich«. »Vielmehr ist die visuelle Erfahrung sichtbarer Realität ihr Dreh- und

Angelpunkt. Doch meistens handelt es sich um eine Realität, die durch eine künstlerische Transformation zuvor schon ästhetisch gefiltert wurde. Eine sozusagen über Bande gespielte Wirklichkeit scheint auf.« Und immer wieder nehme er bereits abgehandelte Motive auf und dekliniere sie neu, so Honnef.

»Es verwundert nicht«, schreibt der Kunstkritiker Rainer Meyer in der Braus-Monographie, »dass die Verarbeitung von Schauspielrollen einen wichtigen Teil seiner Malerei und Zeichenkunst darstellt.« Bei der großen Hollywoodproduktion *Illuminati* habe er die Dreharbeiten als Maler wahrgenommen: »Er sah Sepiafarben.«[185] Meyer verweist darauf, dass schließlich auch die Auseinandersetzung mit seiner DDR-Vergangenheit einen bedeutenden Rang einnimmt. Es werde deutlich, wie sehr die Beschäftigung mit der »Mauer« für ihn »eine hoch persönliche Angelegenheit« sei: »Verzweiflung, Elend und Hilflosigkeit sprechen aus diesen Bildern, deren Grundton oft ein Grau ist.« Ein Grau, welches vor allem die Menschen im Westen mit der DDR assoziieren. »Mueller-Stahl gelingt es mit Hilfe von Methaphern komplexe Sachverhalte anschaulich zu machen, wenn er zum Beispiel den Betrachter mit einer geschlossenen Mauer (!) aus Stasiakten – darunter auch seine eigenen – konfrontiert. Er verknüpft sein Schicksal mit dem Schicksal Tausender Leidensgenossen.«[186] Auch der Zyklus »Verlassen eines Landes« sei ein Stück aufgezeichnetes Leben. »Der Betrachter kann ermessen, welch Leid und Identitätsverlust über denjenigen kommen, der seiner Heimat aus politischen Gründen den Rücken kehrt. Die persönlichen Erfahrungen Mueller-Stahls liegen diesbezüglich über dreißig Jahre zurück, doch scheint sich diese Wunde nie ganz geschlossen zu haben.« Aber er kann auch anders: »Wie sehr Mueller-Stahl auch die Linie beherrscht, verdeutlichen unter anderem seine Aktzeichnungen«, schreibt Meyer. »Mit wenigen Strichen erfasst er den weiblichen Körper und verleiht ihm Kraft, Ausdruck und Dynamik.«

Der Kunsthistoriker und einstige Vorsitzende der Stiftung Schleswig-Holsteinische Landesmuseen Schloss Gottorf, Herwig

Frank-Thomas Gaulin – Galerist und Freund

Guratzsch, bringt sehr zutreffend ein wesentliches Merkmal der Malerei und Zeichenkunst Armin Mueller-Stahls auf den Punkt, wenn er sagt, es liege darin »eine Freiheit und Unbeschwertheit, die sich unmittelbar auf den Betrachter überträgt. Alles wirkt schnell und spontan entstanden. Allem haftet Leichtigkeit an, ohne dass Direktheit und Treffsicherheit leiden. […] Ein Panoptikum von Einfällen, in denen Goethe illustriert sein kann, in denen Strandgeschichten von der Küste vor Los Angeles oder Themen aus der Musik, beispielsweise Porträts von längst gestorbenen Berühmtheiten, genauso vors Auge gebracht werden, wie Bäume in Baumlandschaften, die anthropomorph Schicksale und Analogien zu Menschen beschreiben. Mit lockerem Strich, mit dynamischer Pinselschrift zielt er auf den Menschen in seiner je verschiedenen Ausprägung, in seiner ihm eigenen Rolle, in seiner unverwechselbaren Typik.«[187]

Geholfen hat sicherlich, dass es Mueller-Stahl, wie sein Galerist Gaulin sagt, »nie um Ökonomie« ging. »Er musste nicht darauf schielen, dass möglichst viele seiner Bilder in der Galerie durch einen roten Punkt als ›verkauft‹ gekennzeichnet waren. Das hätte die ganze Sache sofort suspekt gemacht.« Nicht der Auftrag, nicht eine kommende Ausstellung stehe im Vordergrund, »sondern der innere Drang, eine Art von Botschaft nach außen dringen zu lassen«. Der Maler und sein Galerist beobachteten vielmehr ein Herantasten von Museumsleuten und Sammlern an das Werk. »Das ist ein Zeichen für Qualität. Das braucht diese Kunst. Wäre sie sofort angenommen worden, hätte man ihr sofort misstrauen müssen. Sie waren alle unsicher, weil sie eigentlich das Gefühl hatten, das ist Qualität, mochten es aber kaum glauben, weil ihnen die Figur Mueller-Stahl unbekannt war als bildender Künstler.« Inzwischen aber hatte sich das auch schon auf die Preise ausgewirkt, die von dreistelligen Beträgen für Papierarbeiten wie Lithographien bis in den hohen vier- und fünfstelligen Bereich für seine Malerei reichen.

Ewiger Abschied

Nachdem Mueller-Stahl die achtzig überschritten hat, möchte er die Schauspielerei tatsächlich ausklingen lassen. Gerade noch hat er in der nur mäßig erfolgreichen russisch-britischen Kinoproduktion *Leningrad* über die neunhunderttägige Belagerung des heutigen St. Petersburg durch die deutsche Wehrmacht während des Zweiten Weltkrieges in einer Hauptrolle den deutschen Kommandeur Ritter von Leeb gespielt. In einem Interview mit der *Frankfurter Rundschau* gesteht er wenige Monate später: »Ich habe meinem Agenten gesagt, er soll bis auf weiteres alle Angebote in den Papierkorb werfen. Die Schauspielerei hat mein Leben dominiert, weil es der schnellste Weg war, Geld zu verdienen. Ich habe mich ein wenig dagegen gesträubt. Aber mit meiner Malerei oder dem Geigenspiel hätte ich nicht täglich die Brötchen auf den Tisch zaubern können.«[188] Tatsächlich ist dann auch vorläufig Schluss –

240

bis auf eine kleine Nebenrolle, fünf Jahre später, an der Seite von Christian Bale, Cate Blanchett und Natalie Portman in dem 2015 auf der Berlinale vielbeachteten, als kleines Meisterwerk gepriesenen und im Herbst 2015 ins Kino gekommenen Film *Knight of Cups.* In dieser eindrucksvollen, schnellen Filmcollage von Terrence Malick über die Traumwelten und Realitäten, zwischen denen sich ein Drehbuchautor in Hollywood bewegt, spielt Mueller-Stahl einen Priester.

Dass ihm diese Arbeit nicht mehr so wichtig ist, wird daran erkennbar, dass er kaum oder gar nicht darüber spricht. Anderes steht im Vordergrund. Als sei es eine Gesetzmäßigkeit, dass um jeden runden Geburtstag herum Neues passiert, ist Mueller-Stahl 2010 nach seinen letzten großen Rollen wie in *Illuminati, The International,* den *Buddenbrooks* oder *Leningrad* wieder an einem spannenden Punkt angelangt. Monatelang hat er sich an Malereien zum Thema »Abschied« abgearbeitet. Wenn ein Mensch und Künstler so etwas in dem Alter tue, sei das – so sein Galerist Gaulin – etwas anderes als zum Beispiel bei einem vielleicht fünfzigjährigen Neo Rauch. In seinem 2010 erstmals in Regensburg ausgestellten Zyklus setzt Armin Mueller-Stahl sich vor dem Hintergrund des 20. Jahrestages des Mauerfalls mit seinem eigenen, genau vierzig Jahre zurückliegenden Abschied aus der DDR auseinander. Rainer Meyer hat zu dieser Bildfolge die wohl einfühlsamste Interpretation abgegeben: »Mithilfe des dominierenden Grau breitet der Künstler in seinen Gemälden die Tristesse und Tragik der innerdeutschen Grenze vor uns aus. Auf dem Bild ›Trauer‹ sieht man eine kauernde Gestalt mit tief gesenktem Kopf. Sie scheint in einem nicht näher definierten Raum zu schweben. Ein vehementer Klang in Moll tritt dem Betrachter entgegen. Von dem Werk geht etwas ungemein Berührendes und Aufrüttelndes aus. […] In den DDR-Kontext gehört auch die Reihe ›Verlassen eines Landes‹. Das gleichnamige Werk zeigt vier menschliche Gestalten, die in sich verschlossen keinerlei Kontakt zueinander haben. […] Beim Verlassen der Heimat geht ein Stück Identität verloren. Durch das Kappen der Wurzeln ist man ein anderer, vielleicht nicht mehr so sicherer und standfester Mensch.«[189]

Das Bild reflektiert, wie alle Werke in diesem Zusammenhang, nicht nur eigene Erfahrungen, sondern die Erfahrung des Exils insgesamt, auf dessen Spuren Mueller-Stahl sich in seiner zweiten Wahlheimat Los Angeles ständig bewegt. Die Besuche in der ehemaligen Feuchtwanger'schen Villa Aurora, in welcher der Atem jener Zeit beinahe noch körperlich zu spüren ist, lassen die Schicksale der Feuchtwangers, der Manns, der Werfels, Brechts, Schönbergs, Chaplins und Dutzender anderer auf der Flucht vor den Nazis heimat- und staatenlos Gewordener schmerzhaft wiederaufleben. Seit Jahren schon arbeiten diese Eindrücke in ihm. In *Unterwegs nach Hause* ist die Notiz zu finden: »Kommen die Toten näher? Vor mir ein Plakat mit etwa zweihundert deutschen Asylanten, die es noch schafften, Deutschland zu entkommen, nicht nur Deutschland vor dem Zweiten Weltkrieg, sondern Deutschland zu allen Zeiten. Wegen nicht vorhandener Liebe. Ich sehe mir die Gesichter an, sie sind mir vertrauter, lieber, ich fühle mich zu ihnen mehr hingezogen als zu den Dagebliebenen, den Zurückgebliebenen, denen, die sich arrangierten, die sich anpassten. [...].«[190]

Er findet auf dem Plakat Porträtfotos von Otto Klemperer, Egon Erwin Kisch, Albert Einstein, Mies van der Rohe, Ernst Bloch, Fritz Lang, Willy Brandt, Bertolt Brecht, Anna Seghers, ehemalige Kollegen wie Therese Giehse, Helene Weigel, Elisabeth Bergner, Lilli Palmer, Wolfgang Heinz, mit dem er *Krieg und Frieden* spielte, und Paul Dessau, seinen Lehrer an der Schauspielschule. Er schreibt: »Ich denke darüber nach, ob wir, Gabi und ich, zu denen auf dem Plakat gehören würden. Unfreiwillig auf dem Weg von Deutschland nach Amerika? Sind wir nicht freiwillig auf dem Weg von Deutschland nach Amerika? Freiwillige Asylanten? Weg von Enthüllten und Enthüllern? [...] Freiwillige Asylanten auf Zeit. Warum?

»es gibt tage
da bin ich so unversöhnt
da hätt ich mir am liebsten
die menschen abgewöhnt«[191]

In diesem Kontext ist auch »Das letzte Passfoto« zu sehen, das sich auf seinen Abschied aus der DDR bezieht. »Es zeigt den schemenhaften und wiederum transparenten Umriss einer Person vor einer gitterartigen Struktur. Die Assoziation mit Gefangensein liegt nahe und ist«, so Rainer Meyer, »auch vom Künstler beabsichtigt. Das Passfoto, das normalerweise die Identität einer Person unterstützt, wird hier zu einer allgemeingültigen, aber anonymen Parabel menschenverachtender Politik totalitärer Systeme.«[192]

Zur Abschiedsparabel Mueller-Stahls gehört aber auch das Sich-Bewusst-Werden, dass eigentlich alles Leben auch Abschied bedeutet. In dem Augenblick, in dem man geboren ist, in dem man sich begegnet, ist der Abschied bereits programmiert, läuft die Zeit ab. Oft weiß man nur nicht, in welcher Form und Stimmung der endgültige Abschied sich vollzieht.

Zwei der herausragendsten Arbeiten dieses Zyklus sind jedoch die beiden Gemälde »Umzug aus der DDR (1979)« und »Reminiszenz von 2008: 1979–1995«, die etwas anziehend Geheimnisvolles und Rätselhaftes haben. In beiden dominieren grau-braun-schwarz verwischte Töne, in beiden verschwindet hinter diesen nebeligen Schleiern etwas Zurückgebliebenes. Im ersten Bild ist es ein Gegenstand wie ein Stuhl oder vielleicht auch ein Mensch, im zweiten sind es etwa zehn nebeneinanderstehende Stühle. Einigermaßen deutlich sind jedoch nur die vier, fünf Stühle in der Bildmitte zu erkennen, die anderen lösen sich links und rechts auf im Dunst. Zu diesem Motiv gibt es allerdings eine Erklärung. Es geht um die Zahl einstiger Freunde, die ihm damals, 1995, noch geblieben waren. Es ist auch das Jahr, in dem sein alter Freund und Schauspielerkollege Ulrich Thein gestorben ist, mit dem er in der DDR so manchen Film, oft unter der Regie von Frank

Beyer, gedreht hat *(Fünf Patronenhülsen, Königskinder)*. Der Tod des gleichaltrigen, langjährigen Weggefährten ging Mueller-Stahl sehr nahe. Die Nachricht erreichte ihn während der Dreharbeiten zu *Shine* in Australien. Das Bild bezieht sich aber vor allem auf einen Tagebucheintrag vom 6. Mai 1995 in seinen Erinnerungen *Unterwegs nach Hause*: »Wir sitzen auf unserem Balkon in Marina del Rey, schauen den Schiffen zu, die zum Pazifik wollen, der ist ja nur drei Minuten (zu Fuß) von uns entfernt, und ich sage zu Gabi, kaufen wir einen Eichentisch mit sechs Stühlen, und wenn wir noch ein paar Freunde in der ehemaligen DDR finden, hat sich der Einkauf gelohnt.«[193] Später heißt es: »Ich stelle fest, dass ich Freunde in Ost kaum habe. In West mehr. [...] Und B.? Der Sänger B. [Biermann, d. A.]? Der müsste doch ein Freund von Ihnen gewesen sein, fragte mich jemand, immerhin haben Sie für ihn Ihre Karriere aufs Spiel gesetzt, mit Ihrer Unterschrift. [...] Nein, nein, ich war nie befreundet mit ihm, er hat nie auf meinen Stühlen gesessen, wir kannten uns persönlich kaum, die Petition habe ich 76 unterschrieben, um der DDR-Führung zu sagen, dass sie sich gefälligst nicht unseren Kopf zu zerbrechen habe [...].«[194]

Jahrzehnte später erinnert er sich schemenhaft, dass 1976, als man die Unterschrift unter die Biermann-Petition setzte, »die Sensibilität unter den Schauspielern und den Schriftstellern so ausgeprägt« gewesen sei, dass jeder jedem den Kontakt zum anderen nur noch »übel« nahm. Es gab »unglaubliche Spannungen untereinander«. Einen ganz festen freundschaftlichen Bestandteil bildeten für ihn Klaus Poche und Stefan Heym. »Mit dem Jurek Becker war es ganz merkwürdig. Ich hielt ihn für klüger, als er ist, und er hielt mich für dümmer, als ich bin. Wir haben uns immer wieder angefreundet und zerfreundet. Dann hat Krug mir plötzlich übel genommen, dass ich nicht gleich mit ihm rübergekommen bin. Dabei hatte ich das nie vor. Ich sagte, ich verlasse die DDR auch. Aber ich hatte nie vor, mit ihm zusammen rüberzugehen. Das gab große Spannungen von Krug zu mir. Und das mit dem Jurek, das tut mir beinahe leid.«

»Der Humor ist der Fingerprint des Charakters«

Auch wenn seine Bilder in den letzten Jahren nicht mehr nur Heiterkeit ausstrahlen, sondern auch die dunklen und bedrohlichen Seiten unserer Gegenwart zeigen, weil sie auch Reflexionen auf Enttäuschungen und Verletzungen der Seele spiegeln, so ist es Armin Mueller-Stahl in der Malerei wie in der Schauspielerei und im täglichen Leben wichtig, sich seine Gelassenheit, seinen Humor und seinen Hang zur Komik zu bewahren. »Ich lache gerne. Ich fühle mich immer zu Leuten hingezogen, die mich lachen machen.« In größeren Gesellschaften sucht er sich möglichst die Gruppe, den Tisch aus, an dem es heiter zugeht. So wie er, als er mit Robin Williams *Jakob der Lügner* drehte, immer darauf aus war, am Ende des Drehtages mit ihm zusammenzusitzen. »Ich habe selten so viele Tränen gelacht wie mit ihm.« Deshalb bedauert er, zu wenig Tragikomödien gespielt zu haben. Das werden viele Zuschauer auch so empfinden, vor allem, wenn sie ihn als Helmut Grokenberger in *Night on Earth* gesehen haben. Doch er hat etwas beobachtet, das ihn beunruhigt: »Das Lachen nimmt leider ab im Laufe des Lebens. Alte Leute lachen anders. Ich stelle fest, dass der Rhythmus langsamer wird bei alten Leuten, während junge Leute noch kräftig lachen. Das hat wahrscheinlich auch mit der Körperkraft zu tun.« Und dann macht er es vor, wie zum Beweis: junges Lachen und altes Lachen. So lange, in so vielen unterschiedlichen Variationen und albernen Grimassen, bis die geschauspielerte Szene in gemeinsames echtes Gelächter hinübergleitet.

»Lachen, sagt man, ist gesund. Ich stelle fest, dass ich mich Leuten, mit denen ich lachen kann, immer stärker verbunden fühlte als Leuten, mit denen ich weinen konnte.« Nach Robin Williams fällt ihm augenblicklich der verstorbene ehemalige erste schwarze südafrikanische Präsident Nelson Mandela ein, der fast dreißig Jahre lang, von 1962 bis 1990, im Gefängnis saß und trotzdem seinen Humor nicht verloren hat. Mehrmals sind die beiden sich begegnet, und der Eindruck, der bei Mueller-Stahl jedes Mal haften blieb, war: »Er hat in seinem hohen Alter ein so wunderbares Gesicht, wenn er lacht. Das ist kongruent. Das Gesicht von außen stimmt mit dem von innen überein. Der Humor ist ja gewissermaßen der *Fingerprint* des Charakters.«

Eine andere Person, deren Humor er bewunderte, war für ihn Elisabeth Mann-Borgese, die Tochter von Thomas Mann, die leider kurz nach der Ausstrahlung der Fernsehtrilogie starb. Sie war Meeresbiologin und, was Mueller-Stahl besonders gefiel, »eine gelernte Pianistin«. Dass sie ihn nach der Verfilmung ihrer Familiengeschichte als die an Jahren Ältere stets mit »Herrpapale« anredete, hat ihn besonders bewegt. »Wir dachten, wir sollten einmal zusammen Musik machen. Das wäre ein schönes Dokument für die Aufhebung von Zeit gewesen, wenn ein einundsiebzigjähriges ›Herrpapale‹ mit seiner jungen dreiundachtzigjährigen Tochter Musik macht.« Nach der Pressevorführung von *Die Manns* im Hamburger Atlantic-Hotel hatten die beiden ein Gespräch, das ihm unvergesslich geblieben ist. Was sie denn am Meer so sehr interessiere, habe er sie gefragt. Und sie habe geantwortet: »Erstens: die Unerforschtheit. Wir wissen über das Meer nur zwei Prozent. Zweitens: die Verbundenheit mit allen Kontinenten. Und drittens: das Geheimnis der Tiefe.« Und was faszinierte sie an der Musik? »Das Gegenteil. Das Geheimnis der Höhe. Das ganze Universum ist in die Musik eingeschlossen.« Er habe eingeworfen, ob das auch noch für hundert Millionen Lichtjahre in die Höhe gedacht gelte, und sie gefragt, ob es denn noch etwas Schnelleres als die Lichtgeschwindigkeit gebe. Darauf habe sie erwidert: »Es gibt etwas, das kann innerhalb von Bruchteilen einer Sekunde hundert Millionen Lichtjahre überwinden. Das sind die Gedanken.«

Mueller-Stahl ist nachhaltig berührt von diesen Worten: »Was für eine poetische Vorstellung.« Das sei der Jammer unseres Lebens: »Wenn du das Staunen über das Funktionieren der Menschen verloren hast und Erkenntnis einsetzt, dann bist du leider auch so alt geworden, dass du bald wieder abtreten musst.« Und was bleibt am Ende? »Man weiß nicht, was man hinterlassen hat, wenn man in der Kiste liegt. Aber ich habe sehr wohl über die Frage nachgedacht, warum ich auf diesem Planeten bin«, sagte er der *Frankfurter Rundsschau*. »In meinem Falle geht es darum, kreativ zu sein. Und die vielen Ausstellungen sind Inspiration für mich zum Weitermachen. Ich will mich nicht in den Sessel setzen, Musik hören und abwarten, wann der Gevatter Tod endlich erscheint. Ich möchte gerne mit dem Pinsel in der Hand vor der Leinwand Adieu sagen.«[195] Aber als er das sagt, ist noch Zeit. Jahre später, mit bald fünfundachtzig, steht er dann auf seiner sonnigen Terrasse an der Ostsee, das Ticket für die Reise mit seiner Gabi hinüber zur anderen Terrasse in Kalifornien, wo auch Leinwände auf ihn warten, ist gebucht, als er einen seiner Lieblingsverse deklamiert:

> »Davor hab' ich Angst:
> … *dass ich zufrieden bin*
> – *außer, man fordert von mir,*
> … *dass ich mich nicht verändere*
> – *außer, ich werde unansehnlicher,*
> … *dass mich nichts erfreut*
> – *außer, mein Erfolg,*
> … *dass mich nichts aufregt*
> – *außer, man gibt mir nicht recht,*
> … *dass mein Tod nicht bemerkt wird*
> – *außer, durch meine zurückgelassene*
> Unordnung.«

»Ick bin schon gaukler über sechzich jahr«

Und nun? Ist er angekommen nach seiner jahrzehntelangen Wanderung durch die Zeit, auf der Suche nach seiner Heimat? Heimat. Wo ist sie? In Kalifornien? An der Ostsee bei Lübeck? In Tilsit, wo ihm einst die Engel begegneten und das jetzt Sovetsk heißt? 2011 kehrt er dorthin zurück, er war eingeladen worden, die Ehrenbürgerwürde entgegenzunehmen. Ihm gegenüber sitzt ein anderer Ehrenbürger, ein neunzigjähriger General, der als junger Sowjetsoldat die Stadt mit eingenommen und die Deutschen vertrieben hatte. An seinem Geburtshaus enthüllt man eine zu seinen Ehren angebrachte Tafel. In seine frühere Wohnung möchte er nicht gehen, um nicht seine Erinnerungen an die schöne Kindheit zu zerstören. Mit Gabi an der Seite fährt er weiter nach Königsberg zu einem Filmfestival. Kurz vor der Stadt biegen sie ab zum einstigen Gut Mertensdorf. Hätte er es nur sein gelassen. Das Gutshaus, das als eines der schönsten Herrenhäuser Ostpreußens galt, war vor einiger Zeit angeblich von einem Betrunkenen abgefackelt worden. »Mertensdorf wirkte so armselig und entheimatet, dass alle warmen Gefühle, die ich je für diesen Ort empfand, auf der Stelle starben.« Und so ging es ihm auch mit Tilsit: »Der trostlose Ort ist leider nicht mehr meine Heimat.«[196] So scheint die Heimat der Kindheit unwiederbringlich verloren, im Gedächtnis der Lebensgeschichte versunken. Seit langem. Wie fragte er schon in *Unterwegs nach Hause*: »Ist die alte kalte Heimat auch meine Heimat? Gabi schweigt. Oder ist die neue Heimat mehr Heimat, als die alte es je war? Habe ich in Los Angeles bereits mehr Freunde, als ich sie in der ehemaligen DDR hatte?«[197]

An einer Stelle des von ihm gelegentlich immer noch hervorgekramten, langen melancholischen Liedes von seinem Abschied aus der DDR, seiner zweiten Heimat, des Liedes von der Verbrennung seiner Vergangenheit in seinem Köpenicker »Wendenschloß«-Garten, bevor er sich aufmachte nach Westdeutschland in die nächste, die dritte Heimat, erinnert er sich wehmütig an die unschuldige Zeit in der ersten Heimat, Ostpreußen:

»... die kinderzeit
Det war mir der liebste teil meiner verjangenheit
Da war die welt für mich noch rund und ok

Denk ick daran, tut mir das herz irgendwie weh
Mein janzes leben hab ick mir nach heimat jesehnt
Und nu hab ick mir heimat abjewöhnt.«

Und dabei ist es wohl geblieben. »Die Toten sind für mich Heimat, sagte ich einmal zu Gabi«, resümiert er bitter in *Unterwegs nach Hause*.[198] Die Wanderschaft nach Westen und zurück, war auch eine stete Suche nach einem zu Hause, nach einer Ersatzheimat. Die Wechselbäder von sieben politischen Gezeiten und Systemen hat er dabei durchleben müssen: Geboren in der Weimarer Republik, Kindheit im Nationalsozialismus, aufgewachsen zwischen Krieg und adligem Landidyll, wilde Jahre ehrgeizigen beruflichen Hoch- und Durchkämpfens als Musiker und Schauspieler und einem flotten Leben zwischen den Welten von Ost- und Westberlin. Hin- und hergeworfen zwischen Sozialismus und Kapitalismus, schließlich fest verankert im persönlichen Erfolg, aber am Ende Resignation im real existierenden Sozialismus der Ideologen und Bürokratenhirne der DDR. Dann, mit fünfzig, ein skeptischer Neuanfang auf der anderen Seite der Mauer in einer sozialen Marktwirtschaft mit freiheitlich demokratischer Grundordnung und spießiger Enge in der Bundesrepublik. Ab sechzig dann, statt baldigen Rentnerdaseins, Blick auf ein neues wahrhaft waghalsiges Lebensabenteuer zwischen dem Himmel von Hollywood als Filmstar und den Niederungen der deutschen Wiedervereinigung im Gewühl von Stasiakten. Seit einem Vierteljahrhundert schließlich hin- und hergeworfen zwischen den Gestaden des Pazifik und der Ostsee, zwischen den virtuosen Herausforderungen der Schauspielerei und denen als Maler, wobei seit fünfzehn Jahren die Schauspielerei zunehmend in den Hintergrund tritt und er mit siebzig zu einer neuen Karriere als Maler und Erschaffer eines enormen bildkünstlerischen Werkes durchstartet und nebenbei sogar zu dem zurückfindet, womit alles anfing: zur Musik. Denn: »Die Musik und die Malerei haben verwandte Seelen«, sagt Mueller-Stahl immer. Er holt all seine alten Gedichte und Verse hervor, überarbeitet sie gründlich, schreibt neue, bündelt vierundachtzig davon in einem seiner schönsten Bücher, angereichert durch achtundsechzig Bilder und Zeichnungen, dem er den Titel gibt »Die Jahre werden schneller«[199] und geht mit ihnen und seinem alten Freund Günther Fischer, begleitet von dem Bandoneonspieler Tobias Morgenstern, auf Tournee. Über mehrere Jahre geben sie sechs, sieben Abende pro Jahr Konzerte vor ausverkauften Sälen, in der Regel drängeln sich dort fünfhundert Menschen. Da kommt es dann wieder, das Gefühl von den Brettern, die die Welt bedeuten – zumindest musikalisch, wenn er im Sprechgesang seine alten und neuen Texte rezitiert. Da ist sie noch einmal, die Bühne, die ja doch sein Leben bedeutet.

Mueller-Stahl noch einmal dorthin zurückzuholen, wo er herkam – in diesem Fall auf die Theaterbühne –, will schließlich niemand Geringeres als Claus Peymann, der Intendant des Berliner Ensembles: Er möchte Shakespeares *König Lear* inszenieren und bietet Mueller-Stahl die Hauptrolle an. Mueller-Stahl fühlt sich zwar geehrt – »Ich habe gesagt, ich werde darüber nachdenken« –, aber inzwischen habe er sich entschieden, es nicht zu machen. »Ich muss mit meiner Zeit kostbarer umgehen, ich möchte noch ein paar andere Ideen umsetzen.« Obwohl, gesteht er dann: »Es wäre eine wahnsinnige Rolle.« Aber er glaubt, er habe »nicht mehr die Kraft«, eine so große Rolle durchzustehen. »Und ich würde mich davor fürchten, möglicherweise zu versagen.« Und hier spielt noch ein anderer gewichtiger Grund mit hinein: Denn wenn er das machte, »dann müsste ich mich verabschieden mit einer Leistung, die müsste an die von Paul Scofield heranreichen, mit dem ich *Utz* gedreht habe. Der war – unter Peter Brook in London – der beste *King Lear*, den es je gegeben hat.« Aber vielleicht hat Peymann Mueller-Stahl in bester Absicht die falsche Rolle angeboten. Denn tatsächlich wäre Scofields Leistung auch für einen wie Mueller-Stahl kaum zu überbieten. Als nämlich die Mitglieder der *Royal Shakespeare Company* im Jahre 2004 die beste Shakespeare-Interpretation aller Zeiten auszeichnete, fiel die Wahl bei den männlichen Darstellern auf Paul Scofield für seinen *König Lear* aus dem Jahre 1962 (und bei den weiblichen Darstellern auf Judy Dench als Lady Macbeth im Jahre 1976). Just dazu weiß Mueller-Stahl eine Anekdote zu erzählen, die seine Absage auf den Punkt bringt. Bei Drehen des *Utz* habe es eine große, schwierige Szene gegeben, vor der beide »Schiss« gehabt hätten. Aber nachdem alles gut geklappt hatte, hätte Scofield ihn angesehen und zu ihm gesagt: »Und jetzt musst du den *König Lear* spielen …!« Mueller-Stahl, überrascht, habe nur bei sich gedacht: »Wieso soll ich eigentlich den *Lear* spielen? *Er* ist doch sowieso der beste *Lear*. Warum soll ich der Welt beweisen, dass ich schlechter bin als er? Und so sagte ich – nach einer langen Pause – nur zu ihm: ›Why?‹ Und er antwortete mir dann – nach einer noch längeren Pause: ›You're right!‹« Dieser kurze Dialog sei ihm wieder eingefallen, als Peymann ihm den *König Lear* angeboten habe. Er habe sich die Szene innerlich noch einmal vorgespielt: »You're right!« Er hätte Scofield gerne von dem Angebot erzählt, doch der britische Schauspieler ist 2008 im Alter von sechsundachtzig Jahren gestorben.

Für Mueller-Stahl, inzwischen selbst im 85. Lebensjahr stehend, stellt sich gegen Ende der unruhigen, manchmal gezackten Lebenskurve immer noch mehr oder weniger drängend die Frage: Wo gehörst du hin, was und wo ist deine Heimat, was ist deine Identität? »Heimat? Das sind natürlich meine Vorfahren, das ist die furchtbare Geschichte der Kriegs- und Nachkriegszeit. Aber das ist nun doch auch Deutschland, der Ostseeraum zwischen Lübeck und Tilsit und Memel und St. Petersburg. Dort, wo ich mich inzwischen wieder häufiger und länger aufhalte, denn ich rücke ja auch immer näher der Kiste.« Das Ende seines Lebensweges, so scheint es, möchte er denn auch gerne in jenem Kulturraum erleben, wo alles begonnen und sich vieles entschieden hat. »In meinem Alter kann es einen jeden Tag erwischen.« Einige, wie Günter Grass, der Danziger und Nachbar aus Behlendorf, ebenfalls bei Lübeck, hätten es ja schon gezeigt, dass sie ein gutes Leben und ein gutes Ende hinbekommen hätten. »Und zwar so, dass das Ende ziemlich kurz und schmerzlos verlaufen ist. So wünsche ich es mir auch. Die Angst vor dem Tode ist nicht da, aber die Angst vor dem Sterben schon, der Respekt vor dem Sterben«, sagt er. Er war bei der großen Trauerfeier für Grass in Lübeck dabei und bedauert, dass man sich zu wenig gekannt habe. »Heute tut es mir beinahe leid. Wir haben uns immer mal gesehen, wollten uns immer mal zum Essen treffen. Aber es sollte nicht sein«, bedauert der Überlebende. Man denkt, die beiden hätten eigentlich gut zusammengepasst, sich eigentlich eine Menge zu sagen gehabt und dabei gut und heftig miteinander streiten können in ihrer beider Dickschädeligkeit, der knubbelige, streitbare Westpreuße und der ihn überragende, auf Haltung und Harmonie bedachte Ostpreuße. Nun ist es zu spät. Aber vielleicht kommen sie ja in einem anderen Leben zusammen. Vielleicht treffen sich die Lübecker Größen ja eines Tages im Unendlichen um einen großen Tisch zum Palaver über die Kleinheit des Erdendaseins: Thomas und Heinrich Mann, Willy Brandt, Günter Grass und Armin Mueller-Stahl, mit Frank-Thomas Gaulin als Eckermann.

Dazu passt auch die Geschichte von der Verleihung des Bayerischen Filmpreises: Als Mueller-Stahl, dreiundachtzigjährig, dort mit dem Ehrenpreis des Bayerischen Ministerpräsidenten Horst Seehofer ausgezeichnet wird, gerät seine »kurz und knapp in Form einer Anekdote« gehaltene Dankesrede zum »nachhaltigsten« und wohl »auch nachhallendsten Moment des Abends«, wie die *Frankfurter Allgemeine Zeitung* berichtete. Er habe erzählt, wie er einmal mit Rainer Werner Fassbinder »über die Dinge des Lebens« gesprochen habe. »Fülle und Länge«, das sei bei ihm, so Mueller-Stahl laut FAZ, »ein Lebenswunsch«, habe er zu Fassbinder gesagt. Worauf dieser verneint habe: »Länge, nee, wozu?« Einzig die Fülle zähle. Ob denn nicht vielleicht doch beides ginge, habe Mueller-Stahl eingewandt. Fassbinder sei 1982 im Alter von sechsunddreißig Jahren gestorben. Und er, so Mueller-Stahl sei immer noch da, warum auch immer das so sei. Wer auch immer dies bestimme:

Es ginge doch wohl beides, gab er an diesem Abend Gefeierte zu bedenken: Fülle und Länge. »Da herrschte Stille im Saal«, heißt es in dem Bericht.[200]

Mit Blick auf das Ende ist Heimat für Mueller-Stahl heute sehr stark »das Gefühl von Geborgensein«. In einer Sprache, einer Landschaft. »Und Heimat, das sind für mich meine Frau, unser Sohn, unsere Enkeltochter, und das sind auch die Freunde und Menschen, die man mag. Punkt.« Heimat ist natürlich auch das Erreichte, das bei allen Enttäuschungen und Rückschlägen geschaffene Gesamtkunstwerk. Das, was von einem bleibt. Und zu dem, was bleibt, dazu gehört zum Beispiel auch die Enkeltochter. »Wir wünschen ihr, dass sie behütet aufwächst. Sie soll spielen lernen, Natur lernen, sich austoben. Sie soll ein glücklicher Mensch werden. Der Christian ist wirklich ein wunderbarer Vater. Ich wäre nicht so ein guter Vater wie er. Und es wäre schön, wenn sie gleichzeitig ein Instrument lernt. Klavier vielleicht. Es ist ein ›Harmonieinstrument‹, das nicht so schwer ist wie Geige. Es ist für das spätere Leben so wichtig, sich mit einem Instrument auseinanderzusetzen. Schöne Musik verlängert das Leben. Ich bin so froh, dass ich meine Geige habe, dass sie mich als Freundin durchs Leben begleitet hat. Immer mehr spiele ich sie wieder, jetzt im Alter. Ich sehe nur, dass ich relativ wenig geschäftstüchtig aufgewachsen bin. Ich bin also keiner dieser Vermarktungskünstler. Hat mich nie so sehr interessiert. Da habe ich viele, viele Fehler in meinem Leben gemacht. Hätte besser laufen können in verschiedenen Punkten. Generell ist das Fundament des Lebens ein Gefühl für Gerechtigkeit zu entwickeln und anständig durchs Leben zu kommen. Mehr kann man nicht erwarten. Wenn sie ein zufriedener Mensch wird, haben wir alles erreicht, was wir erreichen können. Zufriedenheit ist die höchste Stufe.«

Doch Zufriedenheit hat für ihn auch mit kultureller Identität zu tun. Und da sieht er eine besorgniserregende Entwicklung: »Es ist ein kleiner zusammengeschmolzener Teil der Bevölkerung, der die Kultur liebt. Der braucht die Musik, der braucht die Malerei, der braucht die Künste, der braucht das Theater, der braucht das Orchester, der braucht die Philharmonie, der liebt die Oper. Aber dann guck dir den Fußball an. Dann siehst du dort fünfzigtausend Leute. Und eine Milliarde Menschen sehen sich das Fußballendspiel an. Dann kriegst du ein Gefühl für die Größenunterschiede. Ich möchte es einmal erleben, dass im Fernsehen die Ansage kommt: Leider können wir jetzt die Fußballweltmeisterschaft aus technischen Gründen nicht übertragen. Wir übertragen stattdessen die Schachweltmeisterschaft. Oder ein Konzert der Berliner Philharmoniker. So ist aber die Welt nicht. Die Welt ist laut geworden, verstänkert, gemein, niederträchtig. Es sind nicht mehr die Natur und die Kultur, die die Menschen verbinden, es ist die Niedertracht, die Gemeinheit der Menschen. Leider.«

In diesem Sinne war er, wie der Titel seiner autobiographischen Aufzeichnungen aus dem Jahre 1997 verrät, zeit seines Lebens »*Unterwegs nach Hause*«. »Ich musste immer weggehen«, verriet er einmal in einem seiner vielen Interviews. »Dabei bin ich von Natur aus eher sesshaft. Ich wäre gern ein Baum geworden. Denn ich bin wie alle Ostpreußen. Wenn die Geschichte nicht dazwischengekommen wäre, würde ich sicherlich noch heute dort leben. Das würde meinem Charakter am ehesten entsprechen.«[201] Auf diesen Wegen ging natürlich immer wieder vieles, was er liebte und mochte, verloren, wurde verraten, wurde ihm genommen, starb weg oder veränderte sich zur Unerträglichkeit und Enttäuschung. Aber dieser Weg war auch reich an Erkenntnis, und er wurde auch immer wieder weitergetragen vom Glück, das ihm in der Summe sein Leben lang treu blieb. Und so wurde aus ihm ein vorbildlicher »Weltbürger«, der bei allem Ruhm, den er sich erarbeitet hat, immer bodenständig blieb. Einer, auf den die Exilantennachbarn in Los Angeles stolz gewesen wären und dessen bescheidene Ansprüche sich kaum irgendwo deutlicher spiegeln, als in seinem ihn seit Jahrzehnten durchs Leben begleitenden, von ihm in Bezug auf die Jahreszahl immer wieder gerne aktualisierten und rezitierten Gedicht über sich als »Gaukler«:

Ick bin schon Gaukler über sechzich Jahr
Bin Tragöde bin der Narr
Bin der Bettler bin der Keenij
Und ick weene ma een wenij
Doch ick lache wie een Kind
Wenn de Leute jlücklich sind

Kann nich leiden wenn Leute kieken
Wenn ick ma einkoofen jeh
Und ick valleicht noch unrasiert bin
Und een Fleck uff meiner Hose seh

Und denn sajt son janz sensibler
Im Film hat der doch dicket Haar
Da kannste nu ma sehn
Im Kintopp is nischt wahr

Ick bin schon Gaukler über sechzich Jahr
Bin Tragöde bin der Narr
Bin der Bettler bin der Keenij
Und ick weene ma een wenij
Doch ick lache wie een Kind
Wenn de Leute jlücklich sind

Neulich sajt zu mir die Postfrau
Ja, sie ham ja een juten Ruf
Doch sajn sie mal ehrlich
Wat machen sie so von Beruf?

Samstags sonntags ja det weess ick
Bringen sie die Leut zum lachen
Nee ick meine wochentags
Wat sie da so richtiget machen

Ick bin schon Gaukler über sechzich Jahr
Bin Tragöde bin der Narr
Bin der Bettler bin der Keenij
Und ick weene ma een wenij
Doch ick lache wie een Kind
Wenn de Leute jlücklich sind

Jestern steh ick uffm Alex
Sajt ne Frau ach bitte ham
Se vielleicht fuer meine Tochter
Son hübschet Autojramm?

Und schon steh ick wieder jrader
Jerader als ick vor et hatte
Schieb in meine rechte Schulter
Die nach links verrutschte watte

Kiekt der Mann uf seine frau
Dan uff mir mit kühlem blick
Is det nich der Marlon Brandow
Is doch fast jenau so dick

Nee sajt sie een Doppelname
Hab vajessen wie der heesst
Wat willste denn een Autojramm
Wenn de nich den Namen weesst

Und ick denke an die Sseiten
Wo denn keener mehr vielleicht kiekt
Und ick denke obs ma innen
Doch am Ende etwas piekt?

Kann dann in der Nase bohren
So wie jeder andre Mann
Keiner zeijt mehr mit'm Finger
Ob ick das dann leiden kann?

Ick bin schon Gaukler über sechzich Jahr
Bin Tragöde bin der Narr
Bin der Bettler bin der Keenij
Und ick weene ma een wenij
Doch ick lache wie een Kind
Wenn de Leute jlücklich sind

ANHANG

VITA

17.12.1930	Geburt in Tilsit/Ostpreußen. Armin Mueller-Stahl ist das dritte von insgesamt fünf Kindern des Bankangestellten Alfred Mueller-Stahl und seiner Frau Editha geb. Maass
1936	Die Mutter schenkt ihm seine erste Geige und den ersten Unterricht
1938	Übersiedlung mit der Familie nach Prenzlau (Brüssowerstraße 2)
1941–43	Lebt bei weitläufigen Verwandten der Familie auf Gut Groß Pankow an der Prignitz
1945	Prenzlau wird bombardiert, die Familie flüchtet auf das Gut Goorstorf bei Rostock und wartet auf den Vater, der als Soldat im Krieg ist
1.5.1945	Todestag des Vaters bei Schönberg nahe Lübeck (von seinem Tod erfährt die Familie aber erst 1970 durch das Rote Kreuz)
1945	nach Kriegsende Rückkehr nach Prenzlau
25.11.1946	Todestag seines fünf Jahre älteren Bruders Roland
1948	Verlässt die Oberschule und geht nach Westberlin (Steglitz, Elisenstraße 1)
	Wird nach seinem Vorspiel von der Staatlichen Musikhochschule abgelehnt
1948	Privater Geigenunterricht bei dem Musikprofessor Hans Mahlke
	Öffentliche Violinkonzerte mit Mozart und Beethoven-Sonaten
1949	Beginn des Musikstudiums am Stern'schen Konservatorium
April 1951	Beginn des Schauspielunterrichts
	Parallel zur Schauspielerei beginnt er mit dem Malen
August 1951	Verweis von der Staatlichen Schauspielschule wegen »Mangel an Begabung«
1952	Beginn des Engagements am Theater am Schiffbauerdamm unter dem Intendanten Fritz Wisten
	Erste Rollen: Prinz in *Aschenbrödel* (Theater)
	Der Arme Konrad (Theater)
	Nimmt privaten Schauspielunterricht

1952–56	Malt das Bild »Die Skatrunde« (Öl auf Pappe)
1953	Abschluss des Musikstudiums
	Übernahme in das Ensemble der Volksbühne
1954	*Ein Sommernachtstraum* (Theater)
1956	Bruder Martin in Bernhard Shaws *Heilige Johanna* (Theater)
1956	Erste Spielfilmrolle in *Heimliche Ehen* (Kino)
1957	*Die Weber* (Theater)
1958	*Ich selbst und kein Engel* (Theater)
1959	*Begegnung 57* (Theater)
	Macbeth (Theater)
	Zwei Ärzte (Theater)
	Abschied vier Uhr früh (Theater)
1959/60	*Fünf Patronenhülsen* (Kino)
1960	*Die Flucht aus der Hölle* (Fernsehen)
	Cherubin in *Beaumarchais oder die Geburt des Figaro* (Theater)
	Menschen von Budapest (Theater)
1961	Narr in *Was ihr wollt* (Theater)
	Ravensbrücker Ballade (Theater)
	Negerlyrik – Negermusik (Theater)
	… und deine Liebe auch (Kino)
1961/62	*Königskinder* (Kino)
1962	Prinz in *Emilia Galotti* (Theater)
	Nackt unter Wölfen (Kino)
1963	*Preludio 11* (Kino)
	Schreibt seinen ersten Song (zum Film *Preludio 11*)
	Kunstpreis der DDR
	Mercutio in *Romeo und Julia* (Theater)
	Alaskafüchse (Kino)
1964/65	*Wolf unter Wölfen* (Fernsehen, Vierteiler)
	Silberner Lorbeer des Deutschen Fernsehfunks für die Rolle des Wolfgang Pagel in *Wolf unter Wölfen*
1966	*Columbus 64 (Fernsehen)*
1966/67	*Ein Lord am Alexanderplatz* (Kino)
1967	»Wurm« in *Kabale und Liebe* (Theater)
	Musikalische Auftritte in Westberlin und im Ausland (Helsinki, Oslo, Algerien) mit selbstgeschriebenen Liedern und Versen, begleitet von Werner Pauli (Gitarre) und Günther Fischer (Klavier)
	Don Carlos (Theater)

	Konzertreisen nach Kopenhagen, Wien, Warschau, Kairo, Westberlin (bis 1976 regelmäßige Konzertauftritte in DDR-Städten)
1968	Heirat mit und Scheidung (nach wenigen Wochen) von Monika Gabriel
	Lernt in einem Studentenclub in der Linienstraße in Ostberlin Mitte die 20-jährige Medizinstudentin Gabriele Scholz aus Vacha in Thüringen kennen
1969	Menelaos in *V wie Vietnam* (Theater)
	Tödlicher Irrtum (Kino)
	Orpheus (Theater)
1971	*Die Verschworenen* (Fernsehen, Vierteiler)
1972	*Die schöne Helena* (Theater)
	Nationalpreis zweiter Klasse der DDR für die Darstellung des Kurt Lindow in dem Fernsehmehrteiler *Die Verschworenen*
1972–1976	*Das unsichtbare Visier (Fernsehserie)*
1973	Heirat mit Gabriele Scholz, angehende Hautärztin
1974	Oscar-Nominierung (»bester fremdsprachiger Film«) für *Jakob der Lügner* (Kino)
1975	Theodor-Körner-Preis für seine Rolle als Stasiagent in *Das unsichtbare Visier* (im Kollektiv)
1975/76	*Nelken in Aspik* (Kino)
1976	Eigene Musikfernsehshow *Ich kauf dir eine Blume*
	Unterzeichnung der Biermann-Petition
1976/77	*Die Flucht* (Kino)
	Arbeit an seinem Roman *Verordneter Sonntag*
	Geschlossene Gesellschaft (Fernsehen)
1978	Die Mutter stirbt im Alter von 75 Jahren in Traunstein/Oberbayern
Herbst 1979	Ausreise aus der DDR, Dreharbeiten in Westdeutschland: *Die längste Sekunde*
1980	Übersiedlung der Familie nach Westberlin (Zehlendorf)
	Veröffentlichung des ersten Romans *Verordneter Sonntag*
	Die längste Sekunde (Fernsehen)
	Ich möchte fliehen (Fernsehen)
	Ich werde warten (Fernsehen)
	Lola (Kino)
	Collin (Fernsehzweiteiler)
	Der Westen leuchtet (Kino)
1981/82	*Die Sehnsucht der Veronika Voss* (Kino)

1982	Bundesfilmpreis (Filmband in Gold) für seine Rolle als Baude-zernent von Bohm in *Lola*
1983	*L'homme blessé/Der verführte Mann (Kino)*
	Eine Liebe in Deutschland (Kino)
	Rita Ritter (Kino)
	Deutscher Darstellerpreis: Chaplin-Schuh
1984	*Bittere Ernte* (Kino), Oscar-Nominierung 1985 (»bester fremd-sprachiger Film«)
	Oberst Redl (Kino), Oscar-Nominierung 1985 (»bester fremd-sprachiger Film«)
	Umzug von Berlin an die Neustädter Bucht bei Lübeck
	Der Angriff der Gegenwart auf die übrige Zeit (Kino)
1985	Darstellerpreis der Internationalen Filmfestspiele von Montreal für die Rolle des Bauern Leon in *Bittere Ernte*
	Bundesfilmpreis (Filmband in Gold) für *Oberst Redl*
	Brief des Hollywood-Agenten Paul Kohner
1985/86	*Momo* (Kino)
1986	*Abenteuer in Bangkok* (Fernsehepisodenfilm)
1986/87	*Amerika* (US-Fernsehserie)
	Jokehnen (Fernsehen, Dreiteiler)
1989	*Music Box* (Kino)
	Anmietung eines Apartments in Marina del Rey, Los Angeles/ USA
	Das Spinnennetz (Kino)
	Avalon (Kino)
	Bundesfilmpreis für den Film *Das Spinnennetz*
	Bundesverdienstkreuz 1. *Klasse*
16.1.1991	Übermalung und Fertigstellung des Bildes »Die Skatrunde«, neuer Titel: »The war just started« in Anspielung auf den 1. Irakkrieg
1991	Veröffentlichung seines Buches *Drehtage – Music Box und Avalon*
	Night on Earth (Kino)
	Utz (Kino)
	Kafka (Kino)
1992	Silberner Bär für die Darstellung des Baron Kasper von Utz in *Utz*
	Durchsicht seiner Stasiakten in der Gauck-Behörde in Berlin
1993	Lässt sich fest in den USA nieder (Marina del Rey)
	Das Geisterhaus (Kino)
	Der Kinoerzähler (Kino)

	Taxandria (Kino)
	The Last Good Time (Kino)
1996	*Der Unhold* (Kino)
	Shine (Kino)
	Gespräch mit dem Biest (Kino)
	Golden Satellite für die Verkörperung des Peter Helfgott in *Shine*
	Australischer Filmpreis für die beste Nebenrolle in *Shine*
1997	Veröffentlichung des Erinnerungbuches *Unterwegs nach Hause*
	Die zwölf Geschworenen (Kino)
	The Game (Kino)
	Oscar-Nominierung für die Rolle des Peter Helfgott in *Shine*
	Verleihung der Berlinale-Kamera für sein Lebenswerk
	Umzug in Los Angeles von Marina del Rey nach Pacific Palisades
1998	Veröffentlichung seiner mit eigenen Bildern illustrierten Liebesgeschichte *In Gedanken an Marie Louise*
	The X-Files (Kino)
	Ehrendoktor des Spertus Institute of Jewish Studies in Chicago
1999	*Jakob der Lügner* (Kino)
	The Third Miracle (Kino)
	The Thirteenth Floor (Kino)
2000	Dezember: erste Ausstellung einer Auswahl seiner Bilder im Filmmuseum Potsdam
	The Long Run (Kino)
	Die Manns – Ein Jahrhundertroman (Fernsehen, Dreiteiler)
2001	Ausstellung im Buddenbrookhaus und Kulturforum Lübeck, dazu erscheint ein Katalog zu seiner Malerei und Zeichnung sowie sein Buch Rollenspiel, ein Tagebuch mit Texten und Malerei, entstanden während der Dreharbeiten zu *Die Manns*
2002	Grimme-Preis mit Gold für die Darstellung des Thomas Mann in *Die Manns – Ein Jahrhundertroman*
	Grimme-Preis mit Gold für den Film *Die Manns*
	Bayerischer Filmpreis für die Darstellung des Thomas Mann
	Emmy-Award (US-»Oscar« für Fernsehserien für *Die Manns*) in New York
	»Hamlet in Amerika« (2001/2002), 13 Lithographien zu einem Drehbuchmanuskript Armin Mueller-Stahls
	Bundesverdienstkreuz
	Ausstellung im Kunsthaus Lübeck
2003	»Der Urfaust«, 20 großformatige Lithographien

»Night on Earth – Day on Earth«, Zyklus mit 21 Lithographien zu Jim Jarmuschs Film *Night on Earth* (1991)

2004   *The West Wing* (US-Fernsehen), Mitwirkung in vier Episoden einer im Weißen Haus spielenden amerikanischen Fernsehserie in der Rolle des israelischen Premierministers
Ausstellung auf Schloss Gottorf in Schleswig-Holstein
Ausstellung in der Casa di Goethe in Rom

2005   Norddeutscher Kulturpreis, gestiftet von der HSH-Nordbank
Preis der DEFA-Stiftung für Verdienste um den Deutschen Film
Venice – Ein amerikanisches Tagebuch erscheint im Aufbau-Verlag
Große Ausstellung seiner Malereien in der Municipal Art Gallery im Barnsdell Art Park in Hollywood, Los Angeles
Ausstellung in der Herzog August Bibliothek Wolfenbüttel

2006   *Local Color* (Kino)
Verleihung der Carl-Zuckmayer-Medaille des Landes Rheinland-Pfalz
Das Buch *Porträts – Malerei und Zeichnung* mit einem Essay von Klaus Honnef erscheint im Aufbau-Verlag
Ausstellung im Museum der bildenden Künste in Leipzig

2007   Verleihung des Deutschen Filmpreises für sein Lebenswerk
Tödliche Versprechen (Eastern Promises) (Kino)
Das Drehbuch zu *Utz* mit Übermalungen des Drehbuches zum gleichnamigen Film (1992) erscheint im Braus-Verlag
Gestaltung der Künstlerausgabe des Brockhaus-Lexikons
Ausstellung im Museum für Kunst und Gewerbe in Hamburg
BILD-OSGAR, Medienpreis Leipzig

2008   *Die Buddenbrooks* (Kino und Fernsehen)
Parallel dazu erscheint *Die Buddenbrooks – Übermalungen eines Drehbuchs* im Henschel-Verlag in Verbindung einer großen Ausstellung im Schleswig-Holsteinischen Landesmuseum Schloss Gottorf
Ausstellung in der städtischen Galerie anlässlich der Filmfestspiele in Karlovy Vary (Karlsbad), Tschechien
»Genie-Award« der kanadischen Film- und Fernsehakademie (kanadischer Oscar) als bester Nebendarsteller in *Tödliche Versprechen (Eastern Promises)*

2008/2009   Gemäldezyklus »Abschied«

2009   *The International* (Kino)
Illuminati (Angels and Demons) (Kino)

Leningrad (Kino)

Gemäldezyklen zu den Filmen *Kinder des Olymp* und *Illuminati* sowie zum Thema »Mauer«

Ausstellungen im Städtischen Museum Göttingen und im NRW-Forum Düsseldorf

2010   Ausstellungen in der Städtischen Galerie »Leerer Beutel« in Regensburg, im Ostholstein-Museum in Eutin, in der Kunsthalle Schloss Seefeld (bei München) und im Historischen Reitstadel, Neumarkt/Oberpfalz

Ehrenbürger von Schleswig Holstein

Buch und CD *Die Jahre werden schneller. Lieder und Gedichte*

Werkmonographie *Malerei und Zeichnungen, Edition Braus*

Stern für Armin Mueller-Stahl auf dem Boulevard der Stars in Berlin

2011   Ehrenbürger seiner Geburtsstadt Tilsit

Goldener Bär der Berlinale für das Lebenswerk

Goldene Kamera für das Lebenswerk

Bambi für das Lebenswerk

2013   Platin-Romy für das Lebenswerk, Wien

Europäischer Kulturpreis Pro Arte

Europäischer Kunst- und Filmbiennale-Preis Worpswede

2014   Ehrenpreis des Ministerpräsidenten des Bayerischen Filmpreises

Ehrenleopard für das Lebenswerk, 67. Internationales Filmfestival Locarno/CH

Lifetime Achievement Award German Film Festival

Askania Award

2015   *Knights Cup* (Kino)

Bei den in der Vita genannten Kino- und Fernsehfilmen sowie Theaterstücken handelt es sich um eine Auswahl der wichtigsten Produktionen und Inszenierungen. Eine komplette Filmographie finden Sie an anderer Stelle des Anhangs. In der Regel hat Armin Mueller-Stahl bis 2010 pro Jahr in sechs bis acht Produktionen mitgewirkt. Während der Jahre in Ostdeutschland hat er für Theater, Kino und Fernsehen gearbeitet, nach seiner Übersiedlung in den Westen ist er nicht mehr zur Bühne zurückgekehrt.

Auch bei den Ausstellungen seiner Malereien konnte für die Vita nur eine Auswahl getroffen werden. Ein zusammenfassendes Ausstellungsverzeichnis finden Sie ebenfalls an anderer Stelle dieses Anhangs.

AUSZEICHNUNGEN

1963	Kunstpreis der DDR (Erich-Weinert-Medaille)
1964	Silberner Lorbeer des Deutschen Fernsehfunks für seine Verkörperung des Wolfgang Pagel in *Wolf unter Wölfen*
1968	Banner der Arbeit für *Wege übers Land*
1972	Nationalpreis zweiter Klasse der DDR *für die Darstellung des Lindow in dem Fernsehmehrteiler Die Verschworenen*
1974	Oscar-Nominierung von *Jakob der Lügner als bester ausländischer Film*
1975	Theodor-Körner-Preis für seine Rolle als Stasiagent Achim Detjen in *Das unsichtbare Visier* (im Kollektiv)
	Fernsehkünstler des Jahres
1982	Bundesfilmpreis (Filmband in Gold) für seine Verkörperung des von Bohm in Rainer Werner Fassbinders *Lola*
1983	Deutscher Darstellerpreis: Chaplin-Schuh
1985	Darstellerpreis der Internationalen Filmfestspiele von Montreal für die Rolle des Bauern Leon Wolny in *Bittere Ernte*
	Bundesfilmpreis (Filmband in Gold) für den Film *Oberst Redl*
	Goldener Gong für *Hautnah, gemeinsam mit Regisseur Peter Schulze-Rohr*
1989	Bundesverdienstkreuz 1. Klasse
1990	Bundesfilmpreis für den Film *Das Spinnennetz*
1992	Silberner Bär bei der Berlinale für die Darstellung des Baron Kasper von Utz in *Utz*
	Goldene Kamera
1993	Berliner Bär (BZ-Kulturpreis)
1996	Golden Satellite für die Verkörperung des Peter Helfgott in *Shine*
	Australischer Filmpreis für die Rolle in *Shine*
	Preis der San Diego Gesellschaft für Filmkritik für die Rolle in *Shine*
1997	Oscar-Nominierung für die Rolle des Peter Helfgott in *Shine*
	Verleihung der Berlinale-Kamera für das Lebenswerk

1998	Ehrendoktor des Spertus Institute of Jewish Studies in Chicago
2002	Grimme-Preis mit Gold für die Darstellung des Thomas Mann in *Die Manns – Ein Jahrhundertroman*
	International Emmy-Award (bedeutendster Fernsehpreis der USA) *für Die Manns*
	Jupiter-Preis der Zeitschrift Cinema für die Rolle des Thomas Mann
	Großes Bundesverdienstkreuz
	Bayerischer Filmpreis für die Darstellung des Thomas Mann
2003	Quadriga des Vereins Werkstatt Deutschland zusammen mit Norman Foster, Jean-Claude Juncker
2005	Norddeutscher Kulturpreis des Landeskulturverbandes Schleswig-Holstein
	Bremer Hansepreis für Völkerverständigung: Preis für das Lebenswerk
	eDIT Filmmaker's Festival: Festival Honors für Schauspiel
	Preis der DEFA-Stiftung für Verdienste um den Deutschen Film
2006	Carl-Zuckmayer-Medaille, Literaturpreis des Landes Rheinland-Pfalz
	Schleswig-Holstein-Filmpreis für besondere Leistungen
2007	Deutscher Filmpreis: Ehrenpreis für das Lebenswerk und die Verdienste um den deutschen Film
	BILD-OSGAR, Medienpreis der Bild-Zeitung
	Bambi-Medienpreis der Hubert Burda Media
2008	Genie-Award der Kanadischen Film- und Fernsehakademie (Kanadischer Oscar) als bester Nebendarsteller in *Tödliche Versprechen* (Film wurde mit insgesamt sieben Genie-Awards ausgezeichnet)
	Goldene Feder für die schauspielerischen Leistungen in den letzten Jahrzehnten, Bauer Media Group
	Ehrenpreis des internationalen Filmfestivals von Karlovy Vary
	Großes Bundesverdienstkreuz mit Stern
2009	Leipziger Mendelssohn-Preis der Felix-Mendelssohn-Bartholdy-Stiftung, in der Kategorie Bildende Kunst
	Filmfestival Türkei/Deutschland, Ehrenpreis
	Bremer Stadtmusikantenpreis
	Artist Award für das Lebenswerk, Entertainment Media Verlag
	Video Champion der Video Night 2009, Lifetime Achievement Award

2010	Verdienstorden des Landes Nordrhein-Westfalen
	Ehrenbürger von Schleswig Holstein
	Steiger Award, Ruhr 2010
	Stern auf dem Boulevard der Stars in Berlin
2011	Ehrenbürger seiner Geburtstadt Tilsit (heute: Sovetsk)
	Ehrenstipendiat für Malerei der Villa Massimo, Rom
	Goldene Kamera für das Lebenswerk
	Bambi für das Lebenswerk
	Goldener Bär der Berlinale-Filmfestspiele Berlin
2013	Platin-Romy des Österreichischen Film- und Fernsehpreises für das Lebenswerk, Wien
	Europäischer Kulturpreis Pro Arte
	Europäischer Kunst- und Filmbiennale-Preis Worpswede
2014	35. Bayerischer Filmpreis: Ehrenpreis des Bayerischen Ministerpräsidenten
	»Ehrenleopard« für das Lebenswerk, 67. Internationales Filmfestival Locarno
	Askania-Award 2014

FILMOGRAPHIE

DDR:

Heimliche Ehen (DDR 1955)
Regie: Gustav von Wangenheim
Buch: Gustav von Wangenheim
Darsteller: Armin Mueller-Stahl,
Eduard von Winterstein, Franz
Kutschera, Helga Jordan, Paul
Heidemann u. a.

Das Stacheltier – Der Querkopf
(DDR 1956)
Regie: Kurt Jung-Alsen
Buch: Hans-Otto Kilz, Stacheltier-
kollektiv
Darsteller: Armin Mueller-Stahl,
Gerhard Bienert, Albert Garbe,
Ernst Kahler, Regine Lutz u. a.

Rose Bernd (DDR 1958, Fern-
sehen)
Regie: Paul Lewitt
Buch: Gerhart Hauptmann
Darsteller: Ruth-Maria Kubitschek,
Paul Zeidler, Armin Mueller-Stahl
u. a.

Wenn die Nacht kein Ende nimmt
(DDR 1959, Fernsehen)
Regie: Wilhelm Gröhl
Buch: Karl Georg Külb, Hermann
Rodigast
Darsteller: Christel Bodenstein,

Hans-Joachim Hanisch, Manfred
Krug, Armin Mueller-Stahl u. a.

Menschen von Budapest (DDR 1959,
Fernsehen)
Regie: Fritz Wisten
Buch: Lajos Mesterházi
Darsteller: Marion van de Kamp,
Otto Tausig, Armin Mueller-Stahl
u. a.

Flucht aus der Hölle (DDR 1960,
Fernsehen)
Regie: Hans-Erich Korbschmitt
Buch: Hans-Jürgen Brandt, Gott-
fried Grohmann
Darsteller: Armin Mueller-Stahl,
Mohand Ali-Yahia, Hans-Joachim
Amlung, Paul Berndt, Gerd Biewer
u. a.

Fünf Patronenhülsen (DDR
1959/60)
Regie: Frank Beyer
Buch: Walter Gorrish
Darsteller: Erwin Geschonneck,
A. P. Hoffmann, Manfred Krug,
Edwin Marian, Armin Mueller-
Stahl, Ulrich Thein, Ernst Georg
Schwill u. a.

Der Raub der Sabinerinnen (DDR
1960, Fernsehen)
Regie: Hans-Joachim Martens
Buch: Franz von Schönthan
Darsteller: Peter Sturm, Ellinor
Vogel, Armin Mueller-Stahl u. a.

Königskinder (DDR 1961/62)
Regie: Frank Beyer
Buch: Edith Gorrish, Walter
Gorrish
Darsteller: Annekathrin Bürger,
Armin Mueller-Stahl, Ulrich Thein,
Marga Legal, Charlotte Küter u. a.

Das Mädchen ohne Mitgift (DDR
1962, Fernsehen)
Regie: Lothar Bellag
Buch: Aleksandr Ostrovskij
Darsteller: Erika Pelikowsky,
Gudrun Ritter, Armin Mueller-
Stahl u. a.

Nackt unter Wölfen (DDR 1962)
Regie: Frank Beyer
Buch: Bruno Apitz, Alfred
Hirschmeier
Darsteller: Erwin Geschonneck,
Gerry Wolff, Armin Mueller-Stahl,
Krystyn Wójcik u. a.

Die letzte Chance (DDR 1962,
Fernsehen)
Regie: Hans-Joachim Kasprzik
Buch: Hans Oliva
Darsteller: Armin Mueller-Stahl,
Raimund Schelcher, Harald Hal-
gardt, Hilmar Thate

… und deine Liebe auch (DDR 1962)
Regie: Frank Vogel
Buch: Paul Wiens

Darsteller: Armin Mueller-Stahl,
Kati Székely, Ulrich Thein, Alfonso
Arau u. a.

Der Andere neben dir (DDR 1963,
Fernsehen)
Regie: Ulrich Thein
Buch: Ulrich Thein
Darsteller: Erwin Geschonneck,
Inge Keller, Erik S. Klein, Jana
Brejchová, Manfred Krug, Armin
Mueller-Stahl u. a.

Rauhreif (DDR, 1963, Fernsehen)
Regie: Hans-Erich Korbschmitt
Buch: Hans-Erich Korbschmitt,
Bernhard Seeger
Darsteller: Annekathrin Bürger,
Armin Mueller-Stahl, Manja
Behrens, Martin Flörchinger u. a.

Christine (DDR, 1963)
Regie: Slátan Dudow
Buch: Slátan Dudow
Darsteller: Annette Roth,
Günther Haack, Horst Schulze,
Armin Mueller-Stahl, Günter
Schubert u. a.

Preludio 11 (DDR 1963)
Regie: Kurt Maetzig
Buch: Wolfgang Schreyer (auch
Buchvorlage)
Darsteller: Armin Mueller-Stahl,
Aurora Depestre, Roberto Blanco,
Günther Simon, Gerry Wolff

Wolf unter Wölfen (DDR 1964,
Fernsehserie)
Regie: Hans-Joachim Kasprzik
Buch: Hans Fallada
Darsteller: Armin Mueller-Stahl,

Wolfgang Langhoff, Inge Keller, Eva-Maria Hagen, Annekathrin Bürger u. a.

Alaskafüchse (DDR 1964)
Regie: Werner W. Wallroth
Buch: Egon Günther
Darsteller: Friederike Sturm, Wolf Kaiser, Hans-Peter Minetti, Armin Mueller-Stahl u. a.

Columbus 64 (DDR 1966, Fernsehvierteiler)
Regie: Ulrich Thein
Buch: Ulrich Thein
Darsteller: Armin Mueller-Stahl, Josef (Sepp) Wenig, Teri Tordai, Otmar Richter u. a.

Ein Lord am Alexanderplatz (DDR 1966/67)
Regie: Günter Reisch
Buch: Günter Reisch, Kurt Belicke
Darsteller: Erwin Geschonneck, Angelica Domröse, Armin Mueller-Stahl, Monika Gabriel u. a.

Emilia Galotti (DDR 1967, Fernsehen)
Regie: Kurt Jung-Alsen
Buch: Gotthold Ephraim Lessing
Darsteller: Angelica Domröse, Martin Flörchinger, Helga Göring, Armin Mueller-Stahl, Hans-Peter Minetti u. a.

Wege übers Land (DDR 1968, Fernsehserie)
Regie: Martin Eckermann
Buch: Helmut Sakowski, Martin Eckermann
Darsteller: Ursula Karusseit, Christa

Lehmann, Armin Mueller-Stahl, Angelica Domröse, Manfred Krug u. a.

Die Dame aus Genua (DDR 1969, Fernsehen)
Regie: Kurt Jung-Alsen
Buch: Kurt Jung-Alsen
Darsteller: Volkmar Kleinert, Hans-Peter Minetti, Armin Mueller-Stahl, Martin Flörchinger u. a.

Tödlicher Irrtum (DDR 1969)
Regie: Konrad Petzold
Buch: Günter Karl
Darsteller: Gojko Mitić, Annekathrin Bürger, Rolf Hoppe, Armin Mueller-Stahl u. a.

Kein Mann für Camp Derrick (DDR 1970, Fernsehen)
Regie: Ingrid Sander
Buch: Ingrid Sander, Harry Thürk
Darsteller: Horst Drinda, Christine Schorn, Annekathrin Bürger, Armin Mueller-Stahl u. a.

Der Arzt wider Willen (DDR 1971, Fernsehen)
Regie: Benno Besson
Buch: Benno Besson, Molière
Darsteller: Carmen-Maja Antoni, Erich Brauer, Angelica Domröse, Ursula Karusseit, Armin Mueller-Stahl u. a.

Die Verschworenen (DDR 1971, Fernsehserie)
Regie: Martin Eckermann
Buch: Martin Eckermann, Helmut Sakowski

Darsteller: Armin Mueller-Stahl, Manfred Krug, Hans-Peter Minetti u. a.

Januskopf (DDR 1971/72)
Regie: Kurt Maetzig
Buch: Helfried Schreiter
Darsteller: Katja Paryla, Norbert Christian, Armin Mueller-Stahl u. a.

Der Dritte (DDR 1971)
Regie: Egon Günther
Buch: Egon Günther, Eberhard Panik (Buchvorlage)
Darsteller: Jutta Hoffmann, Barbara Dittus, Armin Mueller-Stahl, Rolf Ludwig, Peter Köhncke u. a.

Weil es mir Spaß macht (DDR 1972, Fernsehen)
Regie: Sabine Schwill
Buch: Sabine Schwill, Wolfgang Spender
Darsteller: Armin Mueller-Stahl, Jutta Hoffmann

Die Hosen des Ritters von Bredow (DDR 1972/73)
Regie: Konrad Petzold
Buch: Günter Kaltofen
Darsteller: Kati Bus, Rolf Hoppe, Armin Mueller-Stahl, Lissy Tempelhof, Petr Skarke u. a.

Die sieben Affären der Doña Juanita (DDR 1973, Fernsehen)
Regie: Frank Beyer
Buch: Frank Beyer, Eberhard Panitz
Darsteller: Renate Blume, Winfried Glatzeder, Armin Mueller-Stahl, Dieter Mann, Regine Albrecht u. a.

Das unsichtbare Visier (DDR 1973 ff., Fernsehserie)
Regie: Peter Hagen
Buch: Herbert Schauer, Otto Bonhoff
Darsteller: Armin Mueller-Stahl, Wolfgang Greese, Jessy Rameik, Helmut Schellhardt, Alfred Struwe, Annekathrin Bürger, Thomas Langhoff u. a.

Stülpner-Legende (DDR 1973, Fernsehserie)
Regie: Walter Beck
Buch: Walter Beck, Gerhard Branstner, Claus-Ulrich Wiesner
Darsteller: Manfred Krug, Agnes Kraus, Peter Sodann, Thomas Langhoff, Armin Mueller-Stahl, u. a.

Die eigene Haut (DDR 1974, Fernsehen)
Regie: Celino Bleiweiß
Buch: Celino Bleiweiß, Dieter Scharfenberg
Darsteller: Klaus Brasch, Monika Woytowicz, Armin Mueller-Stahl, Dieter Mann, Katrin Martin u. a.

Kit & Co – Lockruf des Goldes (DDR 1974)
Regie: Konrad Petzold
Buch: Günter Karl, Jack London (Buchvorlage)
Darsteller: Dean Reed, Renate Blume, Manfred Krug, Armin Mueller-Stahl

Jakob der Lügner (DDR 1974)
Regie: Frank Beyer
Buch: Frank Beyer, Jurek Becker
(Buchvorlage)
Darsteller: Vlastimil Brodský, Erwin
Geschonneck, Henry Hübchen,
Manuela Simon, Armin Mueller-
Stahl u. a.

Nelken in Aspik (DDR 1975/76)
Regie: Günter Reisch
Buch: Kurt Belicke
Darsteller: Armin Mueller-Stahl,
Helga Sasse, Erik S. Klein, Eva-
Maria Hagen, Winfried Glatzeder
u. a.

Die Flucht (DDR 1976/77)
Regie: Roland Gräf
Buch: Hannes Hüttner, Roland Gräf
Darsteller: Jenny Gröllmann, Armin
Mueller-Stahl, Erika Pelikowsky,
Wilhelm Koch-Hooge, Karin Gre-
gorek u. a.

Geschlossene Gesellschaft (DDR
1978, Fernsehen)
Regie: Frank Beyer
Buch: Klaus Poche
Darsteller: Jutta Hoffmann, Armin
Mueller-Stahl, Walter Plathe, Sigfrit
Steiner u. a.

Bundesrepublik

Ich möchte fliehen (Ja und Nein)
(BRD 1980, Fernsehen)
Regie: Tom Toelle
Buch: Leo Lehmann
Darsteller: Ulli Philipp, Hans-
Günter Martens, Anneliese Römer,
Armin Mueller-Stahl u. a.

Die längste Sekunde (BRD 1980,
Fernsehen)
Regie: Kristian Kühn
Buch: Kristian Kühn
Darsteller: Christian Ostermayer,
Kristina van Eyck, Hans Korte,
Heinz Meier, Niklaus Schilling,
Armin Mueller-Stahl u. a.

Ich werde warten (BRD 1980, Fern-
sehen)
Regie: Stanislav Barabáš
Buch: Stanislav Barabáš, Raymond
Chandler (Buchvorlage)

Darsteller: Monica Bleibtreu, Franz-
Xaver Kroetz, Armin Mueller-Stahl,
Kurt Raab u. a.

Lola (BRD 1981)
Regie: Rainer Werner Fassbinder
Buch: Peter Märthesheimer, Pea
Fröhlich
Darsteller: Barbara Sukowa, Armin
Mueller-Stahl, Mario Adorf,
Matthias Fuchs, Helga Feddersen,
Karin Baal, Ivan Desny u. a.

Collin (BRD 1981, Fernsehen)
Regie: Peter Schulze-Rohr
Buch: Klaus Poche, Stefan Heym
Darsteller: Curd Jürgens, Margot
Werner, Armin Mueller-Stahl,
Hannes Messemer, Hans Christian
Blech u. a.

*Sonderdezernat K*1 – Die Rache
eines V-Mannes (BRD 1981, Fern-
sehen)
Regie: Peter Schulze-Rohr, Alfred
Weidenmann u. a.
Buch: Harald Vock, Horst Vocks
Darsteller: Gert Günther Hoff-
mann, Volker Lechtenbrink, Judy
Winter, Claus-Theo Gärtner, Armin
Mueller-Stahl

Der Westen leuchtet (BRD 1981)
Regie: Niklaus Schilling
Buch: Niklaus Schilling
Darsteller: Armin Mueller-Stahl,
Beatrice Kessler, Melanie Tressler,
Gunther Malzacher, Harry Baer u. a.

Die Sehnsucht der Veronika Voss
(BRD 1981/82)
Regie: Rainer Werner Fassbinder
Buch: Peter Märtesheimer, Pea
Fröhlich
Darsteller: Rosel Zech, Hilmar
Thate, Cornelia Froboess, Anne-
marie Düringer, Armin Mueller-
Stahl u. a.

Eugenie Marlitt und die Gartenlaube
(BRD 1982, Fernsehen)
Regie: Herbert Ballmann
Buch: Traute Hellberg
Darsteller: Cordula Trantow,
Gerhard Wollner, Ursela Monn,
Armin Mueller-Stahl u. a.

Ausgestoßen (BRD 1982, Fernsehen)
Regie: Axel Corti
Darsteller: Karl Friedrich, Armin
Mueller-Stahl u. a.

An uns glaubt Gott nicht mehr
(BRD 1982, Fernsehen)
Regie: Axel Corti
Buch: Georg Stefan Troller
Darsteller: Johannes Silberschneider,
Barbara Petritsch, Fritz Muliar,
Armin Mueller-Stahl u. a.

Der Fall Sylvester Matuska
(BRD/USA 1982, Fernsehen)
Regie: Sándor Simó
Buch: Egon Eis
Darsteller: Armin Mueller-Stahl,
Michael Sarrazin, Towje Kleiner,
Herlinde Latzko, Constanze Engel-
brecht u. a.

Zwei Profis steigen aus (FR 1983)
Regie: Michel Vianey
Buch: Andrew Coburn, Michel
Vianey
Darsteller: Victor Lanoux, Jean
Rochefort, Barbara Sukowa, Armin
Mueller-Stahl u. a.

Flucht aus Pommern (BRD 1982,
Fernsehen)
Regie: Eberhard Schubert
Buch: Eberhard Schubert
Darsteller: Edith Behleit, Marie-
Charlott Schüler, Klaus Höhne,
Armin Mueller-Stahl u. a.

Ruhe sanft, Bruno (BRD 1982,
Fernsehen)
Regie: Hajo Gies
Buch: Walter Kempley
Darsteller: Armin Mueller-Stahl,
Wolf-Dietrich Sprenger, Christina
Amun, Branko Samarovski, Harry
Wolff u. a.

Die Flügel der Nacht (BRD 1982)
Regie: Hans Noever
Buch: Hans Noever, Ursula Jeshel
Darsteller: Christine Boisson,
Armin Mueller-Stahl, Michael
König, Laurens Straub, Reinhart
Firchow u. a.

Trauma (BRD 1982/83)
Regie: Gabi Kubach
Buch: Gabi Kubach
Darsteller: Lou Castel, Birgit Doll,
Hanne Wieder, Eva-Maria Hagen,
Armin Mueller-Stahl u. a.

Rita Ritter (BRD 1984)
Regie: Herbert Achternbusch
Buch: Herbert Achternbusch
Darsteller: Herbert Achtern-
busch, Judith Achternbusch, Josef
Bierbichler, Annamirl Bierbichler,
Armin Mueller-Stahl u. a.

Glut (BRD/Schweiz 1983)
Regie: Thomas Koerfer
Buch: Thomas Koerfer, Dieter
Feldhausen
Darsteller: Matthias Habich,
Thomas Lücking, Armin Mueller-
Stahl, Sigfrit Steiner, Katharina
Thalbach u. a.

Eine Liebe in Deutschland (BRD
1983)
Regie: Andrzej Wajda
Buch: Agnieszka Holland, Rolf
Hochhuth (Buchvorlage)
Darsteller: Hanna Schygulla, Piotr
Lysak, Armin Mueller-Stahl, Ralf
Wolter, Daniel Olbrychski, Bern-
hard Wicki, u. a.

Die Mitläufer (BRD 1983/84)
Regie: Eberhard Itzenplitz, Erwin
Leiser
Buch: Oliver Storz
Darsteller: Karin Baal, Horst
Bollmann, Gottfried John, Therese
Lohner, Armin Mueller-Stahl u. a.

Tausend Augen (BRD 1983/84)
Regie: Hans-Christoph Blumenberg
Buch: Hans-Christoph Blumenberg
Darsteller: Barbara Rudnik, Armin
Mueller-Stahl, Peter Kraus, Han-
nelore Hoger, Wim Wenders, Vera
Tschechowa u. a.

Ein Fall für Zwei (BRD, Fernsehserie)
Regie: Michael Mackenroth
Buch: Balthasar von Weymarn
Darsteller: Armin Mueller-Stahl (in
2 Episoden), Claus-Theo Gärtner
u. a.

Derrick – Stellen Sie sich vor,
man hat Dr. Prestel erschossen
(BRD, Fernsehen)
Regie: Alfred Vohrer u. a.
Buch: Herbert Reinecker
Darsteller: Horst Tappert, Fritz
Wepper, Armin Mueller-Stahl u. a.

Bittere Ernte (BRD 1984)
Regie: Agnieszka Holland
Buch: Agnieszka Holland, Paul
Hengge, Hermann H. Field und Sta-
nislaw Mierzeński (Buchvorlage)
Darsteller: Armin Mueller-Stahl,
Elisabeth Trissenaar, Käte Jaenicke,
Hans Beerhenke u. a.

Oberst Redl (BRD/Österreich/
Ungarn 1984)
Regie: István Szabó
Buch: István Szabó, Péter Dobai
Darsteller: Klaus Maria Brandauer,
Hans Christian Blech, Armin
Mueller-Stahl, Gudrun Landgrebe
u. a.

Freiwild (BRD 1984, Fernsehen)
Regie: Wolfgang Staudte
Buch: Heinz-Dieter Ziesing
Darsteller: Volker Brandt, Helmut
Gauß, Hans Peter Hallwachs, Tilly
Lauenstein, Armin Mueller-Stahl
u. a.

*Der Angriff der Gegenwart auf die
übrige Zeit / Vermischte Nachrichten*
(BRD 1984)
Regie: Alexander Kluge
Buch: Martin Weinmann und
Alexander Kluge
Darsteller: Jutta Hoffmann, Armin
Mueller-Stahl, Rosel Zech, Alfred
Edel, Peter Roggisch, Hans-Michael
Rehberg, Edgar M. Böhlke, Rose-
marie Fendel, Maria Slatinaru
u. a.

Vergeßt Mozart (BRD 1985)
Regie: Miloslav Luther
Buch: Zdeněk Mahler
Darsteller: Armin Mueller-Stahl,
Max Tidof, Wolfgang Preiss, Uwe
Ochsenknecht u. a.

Hautnah (BRD 1985, Fernsehen)
Regie: Peter Schulze-Rohr
Buch: Norbert Ehry
Darsteller: Armin Mueller-Stahl,

Wolf-Dietrich Berg, Brigitte Karner,
Wilfried Baasner, Walter Tschernich
u. a.

Gauner im Paradies (BRD 1985,
Fernsehen)
Regie: Thomas Fantl
Buch: Maria Matray
Darsteller: Helmut Förnbacher,
Walo Lüönd, Armin Mueller-Stahl,
Jutta Speidel, Gerhard Friedrich u. a.

Auf den Tag genau (BRD 1985/86,
Fernsehen)
Regie: Michael Lähn
Buch: Michael Lähn
Darsteller: Ivan Desny, Günther
Maria Halmer, Werner Kreindl,
Günter Mack, Armin Mueller-Stahl
u. a.

Momo (BRD 1985/86)
Regie: Johannes Schaaf
Buch: Johannes Schaaf, Marcello
Coscia, Rosemarie Fendel, Michael
Ende (Buchvorlage)
Darsteller: Radost Bokel, Mario
Adorf, Armin Mueller-Stahl,
Sylvester Groth u. a.

*Jokehnen oder Wie lange fährt man
von Ostpreußen nach Deutschland?*
(BRD 1987, Fernsehdreiteiler)
Regie: Michael Lähn
Buch: Claus Hubalek, Arno
Surminski
Darsteller: Armin Mueller-Stahl,
Ursela Monn, Christian Mueller-
Stahl, Monica Bleibtreu u. a.

Der Fall Franza (BRD 1987, Fernsehen)
Regie: Xaver Schwarzenberger
Buch: Rolf Basedow, Ingeborg Bachmann (Buchvorlage)
Darsteller: Gabriel Barylli, Sky Dumont, Armin Mueller-Stahl, Elisabeth Trissenaar, Gottfried John u. a.

L'heure Simenon (BRD/Frankreich/Schweiz/Österreich/Niederlande 1987, Fernsehserie)
Regie: Milo Dor, Jan Keja, Josef Rusnak
Buch: Don Englander, Jean-Charles Tacchella
Darsteller: Pierre Frag, Armin Mueller-Stahl u. a.

Der Joker (BRD 1987)
Regie: Peter Patzak
Buch: Peter Patzak, Jonathan Carroll
Darsteller: Peter Maffay, Tahnee Welch, Elliot Gould, Michael York, Armin Mueller-Stahl u. a.

Tagebuch für einen Mörder (BRD 1988, Fernsehen)
Regie: Franz Josef Gottlieb
Buch: Dorothee Dhan, Francis Durbridge (Buchvorlage)
Darsteller: Armin Mueller-Stahl, Iris Berben, Monika Woytowicz, Sigmar Solbach, Bernd Stephan, Christian Wolff u. a.

Midnight Cop / Killing Blue (BRD 1988)
Regie: Peter Patzak
Buch: Julia Kent, Paul Nicholas
Darsteller: Armin Mueller-Stahl, Morgan Fairchild, Frank Stallone, Monica Bleibtreu u. a.

Das Spinnennetz (BRD 1989)
Regie: Bernhard Wicki
Buch: Bernhard Wicki, Wolfgang Kirchner
Darsteller: Klaus Maria Brandauer, Elisabeth Endriss, Armin Mueller-Stahl, Ulrich Mühe, Andrea Jonasson, Corinna Kirchhoff, Alfred Hrdlicka u. a.

Schweinegeld (BRD 1989)
Regie: Norbert Kückelmann
Buch: Michael Juncker, Dagmar Kekulé
Darsteller: Armin Mueller-Stahl, Claudia Messner, Rolf Zacher u. a.

Bronsteins Kinder (BRD 1990)
Regie: Jerzy Kawalerowicz
Buch: Jerzy Kawalerowicz, Jurek Becker (auch Buchvorlage)
Darsteller: Armin Mueller-Stahl, Matthias Paul, Angela Winkler, Rolf Hoppe u. a.

Le Gorille (BRD/Frankreich/Italien 1990, Fernsehserie)
Regie: Peter Patzak
Buch: Antoine-Louis Dominique u. a.
Darsteller: Karim Allaoui, Françoise Périer, Sophie Michaud, Armin Mueller-Stahl u. a.

Utz (BRD/I/GB 1991)
Regie: George Sluizer
Buch: Hugh Whitemore, Bruce Chatwin (Buchvorlage)
Darsteller: Armin Mueller-Stahl, Brenda Fricker, Peter Riegert, Paul Scofield, Christian Mueller-Stahl u. a.

Far from Berlin (BRD/F 1992)
Regie: Keith McNally
Buch: Keith McNally
Darsteller: Tatjana Blacher, Armin Mueller-Stahl, Werner Stocker u. a.

Das Geisterhaus (BRD 1993)
Regie: Bille August
Buch: Bille August, Isabel Allende (Buchvorlage)
Darsteller: Meryl Streep, Jeremy Irons, Vanessa Redgrave, Armin Mueller-Stahl u. a.

Der Kinoerzähler (BRD 1993)
Regie: Bernhard Sinkel
Buch: Bernhard Sinkel, Gert Hofmann (Buchvorlage)
Darsteller: Armin Mueller-Stahl, Martin Benrath, Andrej Jautze, Tina Engel, Udo Samel, Eva Mattes, Katharina Tanner u. a.

Der Unhold (BRD 1996)
Regie: Volker Schlöndorff
Buch: Jean-Claude Carrière, Michel Tournier (Buchvorlage)
Darsteller: John Malkovich, Armin Mueller-Stahl, Gottfried John, Marianne Sägebrecht, Volker Spengler, Heino Ferch, Dieter Laser u. a.

Gespräch mit dem Biest (BRD 1996)
Regie: Armin Mueller-Stahl
Buch: Armin Mueller-Stahl, Tom Abrams
Darsteller: Bob Balaban, Hark Bohm, Katharina Böhm, Harald Juhnke, Dieter Laser, Armin Mueller-Stahl, Dietmar Mues, Otto Sander u. a.

Taxandria (BEL/BRD/F 1996)
Regie: Raoul Servais
Buch: Frank Daniel, Raoul Servais, Alain Robbe-Grillet
Darsteller: Armin Mueller-Stahl, Julien Schoenaerts, Daniel Emilfork, Katja Studt u. a.

Tanger – Legende einer Stadt (BRD/F 1997/98)
Regie: Peter Goedel
Buch: Alfred Hackensberger, Roberto de Hollanda, Peter Goedel, Yves Pasquier
Darsteller: Martin Kluge, Armin Mueller-Stahl, Lisa Martino, Ulrich Klaus Günther, Mohammed Mrabet u. a.

Die Bibel – Jesus (Italien/BRD 1999, Fernsehen)
Regie: Roger Young
Buch: Suzette Couture, Roger Young
Darsteller: Jeremy Sisto, Jacqueline Bisset, Armin Mueller-Stahl, Luca Zingaretti, Debra Messing, Gary Oldman, David O'Hara, Jeroen Krabbé, G. W. Bailey

Die Manns – Ein Jahrhundertroman
(BRD 2001, Fernsehen)
Regie: Heinrich Breloer
Buch: Heinrich Breloer, Horst
Königstein
Darsteller: Armin Mueller-Stahl,
Jürgen Hentsch, Monica Bleibtreu,
Veronica Ferres, Sebastian Koch,
Sophie Rois, Philipp Hochmair,
Stefanie Stappenbeck u. a.

Crusaders (BRD/Italien 2001)
Regie: Dominique Othenin-Girard
Buch: Andrea Porporati
Darsteller: Alessandro Gass-
man, Uwe Ochsenknecht, Armin
Mueller-Stahl, Franco Nero u. a.

Die Macht des Wissens (BRD 2005,
Fernsehreihe)
Regie: Janosch Orlowsky (Reihe)
Buch: Lutz Pehnert, Marina
Farschid, Daniel Gerlach u. a.
Präsentation: Armin Mueller-Stahl

Ich bin die Andere (BRD 2006)
Regie: Margarethe von Trotta
Buch: Pia Fröhlich, Peter Märthes-
heimer
Darsteller: Katja Riemann, Armin
Mueller-Stahl, Karin Dor, August
Diehl, Barbara Auer u. a.

Buddenbrooks (BRD 2008)
Regie: Heinrich Breloer
Buch: Heinrich Breloer, Thomas
Mann
Darsteller: Armin Mueller-Stahl,
Iris Berben, Jessica Schwarz, August
Diehl, Justus von Dohnányi, Nina
Proll u. a.

Die Treuhänderin (BRD 2009)
Regie: Horst Königstein
Buch: Horst Königstein, Jan Bonny
Erzähler: Armin Mueller-Stahl

USA/International:

*Der verführte Mann –
L'Homme blessé* (F 1983)
Buch: Patrice Chéreau, Hervé
Guibert
Regie: Patrice Chéreau
Darsteller: Jean-Hugues Anglade,
Vittorio Mezzogiorno, Roland
Bertin, Lisa Kreuzer, Armin
Mueller-Stahl u. a.

Amerika (USA 1986, Fernseh-
siebenteiler)
Regie: Donald Wrye

Buch: Donald Wrye
Darsteller: Robert Urich, Wendy
Hughes, Sam Neill, Armin Mueller-
Stahl u. a.

A hecc (Ungarn 1989)
Regie: Péter Gardós
Buch: Péter Gardós, András Osvát
Darsteller: Gábor Reviczky,
László Sinkó, Armin Mueller-Stahl
u. a.

Music Box (USA 1989)
Regie: Constantin Costa-Gavras
Buch: Joe Eszterhas
Darsteller: Jessica Lange, Armin
Mueller-Stahl, Frederic Forrest,
Donald Moffat, Lukas Haas, u. a.

Avalon (USA 1990)
Regie: Barry Levinson
Buch: Barry Levinson
Darsteller: Leo Fuchs, Eve Gordon,
Lou Jacobi, Armin Mueller-Stahl,
Elizabeth Perkins, Joan Plowright,
Kevin Pollak, Aidan Quinn, Israel
Rubinek, Elijah Wood, Grant Gelt
u. a.

Kafka (USA 1991)
Regie: Steven Soderbergh
Buch: Lem Dobbs
Darsteller: Jeremy Irons, Theresa
Russell, Joel Grey, Ian Holm, Jeroen
Krabbé, Armin Mueller-Stahl, Alec
Guinness u. a.

Night on Earth (USA 1991)
Regie: Jim Jarmusch
Buch: Jim Jarmusch
Darsteller: Gena Rowlands, Winona
Ryder, Béatrice Dall, Roberto
Benigni, Armin Mueller-Stahl u. a.

The Power of One (USA 1992)
Regie: John G. Avildsen
Buch: Robert Mark Kamen, Bryce
Courtenay (Buchvorlage)
Darsteller: Stephen Dorff, John
Gielgud, Morgan Freeman, Armin
Mueller-Stahl u. a.

Red Hot (Südkorea 1993)
Regie: Paul Haggis
Buch: Paul Haggis, Michael Maurer
Darsteller: Balthazar Getty, Carla
Gugino, Jan Niklas, Armin Mueller-
Stahl, Donald Sutherland u. a.

The Last Good Time (USA 1994)
Regie: Bob Balaban
Buch: Bob Balaban, John McLaugh-
lin
Darsteller: Armin Mueller-Stahl,
Maureen Stapleton, Lionel Stander,
Olivia d'Abo u. a.

Holy Matrimony (Holy Days)
(USA 1994)
Regie: Leonard Nimoy
Buch: David Weisberg, Douglas
Cook
Darsteller: Patricia Arquette, Joseph
Gordon-Levitt, Armin Mueller-
Stahl u. a.

Theodore Rex (USA1995)
Regie: Jonathan R. Betuel
Buch: Jonathan R. Betuel
Darsteller: Whoopi Goldberg,
Armin Mueller-Stahl, Pons Maar,
Richard Roundtree u. a.

A Pyromaniac's Love Story (USA
1995)
Regie: Joshua Brand
Buch: Morgan Ward
Darsteller: William Baldwin, John
Leguizamo, Sadie Frost, Erika
Eleniak, Joan Plowright, Armin
Mueller-Stahl u. a.

In the Presence of Mine Enemies
(USA 1996, Fernsehen)
Regie: Joan Micklin Silver
Buch: Rod Serling
Darsteller: Armin Mueller-Stahl,
Charles Dance, Elina Löwen-
sohn, Chad Lowe, Don McKellar
u. a.

Shine (Australien 1996)
Regie: Scott Hicks
Buch: Jan Sardi
Darsteller: Geoffrey Rush, Noah
Taylor, Alex Rafalowicz, Lynn
Redgrave, Armin Mueller-Stahl, Sir
John Gielgud u. a.

The Game (USA 1997)
Regie: David Fincher
Buch: John Branco, Michael Ferres
Darsteller: Michael Douglas, Sean
Penn, Deborah Unger, James Reb-
horn, Armin Mueller-Stahl u. a.

The Assistant (GB/Kanada 1997)
Regie: Daniel Petrie
Buch: Daniel Petrie, Bernard
Malamud (Buchvorlage)
Darsteller: Kate Greenhouse, Gil
Bellows, Armin Mueller-Stahl, Joan
Plowright, Jaimz Woolvett, Frank
Moore, Darlene Mignacco, Alon
Nashman u. a.

Twelve Angry Men (USA 1997)
Regie: William Friedkin
Buch: Reginald Rose, Augie Hess
Darsteller: Courtney B. Vance,
Ossie Davis, George C. Scott,
Armin Mueller-Stahl, Dorian

Harewood, Jack Lemmon, Edward
James Olmos, William Petersen,
Mary McDonnell u. a.

The Peacemaker (USA 1997)
Regie: Mimi Leder
Buch: Michael Schiffer
Darsteller: George Clooney, Nicole
Kidman, Aleksander Baluev, Armin
Mueller-Stahl u. a.

The X-Files (USA 1998)
Regie: Rob Bowman
Buch: Chris Carter
Darsteller: David Duchovny,
Gillian Anderson, John Neville,
Martin Landau, Armin Mueller-
Stahl u. a.

The Commissioner
(BRD/B/GB 1998)
Regie: George Sluizer
Buch: Christina Kallas, George
Sluizer, Stanley Johnson (Buch-
vorlage)
Darsteller: John Hurt, Rosana
Pastor, Alice Krige, Armin Mueller-
Stahl u. a.

Jakob the Liar (USA 1999)
Regie: Peter Kassovitz
Buch: Peter Kassovitz, Didier
Decoin
Darsteller: Robin Williams,
Hannah Taylor Gordon, Justus von
Dohnányi, Bob Balaban, Armin
Mueller-Stahl, u. a.

The Third Miracle (USA 1999)
Regie: Agnieszka Holland
Buch: John Romano, Richard
Vetere

Darsteller: Ed Harris, Anne Heche, Caterina Scorsone, Michael Rispoli, Charles Haid, Armin Mueller-Stahl u. a.

The Thirteenth Floor (USA/BRD 1999)
Regie: Josef Rusnak
Buch: Josef Rusnak, Ravel Centeno-Rodriguez, Daniel F. Galouye (Buchvorlage)
Darsteller: Craig Bierko, Armin Mueller-Stahl, Gretchen Mol, Vincent D'Onofrio, Dennis Haysbert u. a.

The Long Run (Südafrika 2000)
Regie: Jean Stewart
Buch: Johann Potgieter
Darsteller: Nthati Moshesh, Joseph Paterson, Sepula Sebogodi, Armin Mueller-Stahl u. a.

Mission to Mars (USA 2000)
Regie: Brian de Palma
Buch: Jim Thomas, John Thomas, Graham Yost
Darsteller: Gary Sinise, Tim Robbins, Don Cheadle, Connie Nielsen, Jerry O'Connell, Peter Outerbridge, Elise Neal, Kim Delaney, Armin Mueller-Stahl u. a.

Pilgrim (Kanada/Großbritannien/ Mexiko 2000)
Regie: Harley Cokeliss
Buch: Harley Cokeliss, Peter Milligan
Darsteller: Ray Liotta, Gloria Reuben, Armin Mueller-Stahl, Daniel Kash u. a.

The Story of an African Farm (Südafrika 2004)
Regie: David Lister
Buch: Thandi Brewer, Bonnie Rodini
Darsteller: Richard E. Grant, Armin Mueller-Stahl, Karin van der Laag, Kasha Kropinski u. a.

The Dust Factory (USA 2004)
Regie: Eric Small
Buch: Eric Small
Darsteller: Armin Mueller-Stahl, Hayden Panetierre, Ryan Kelley, Michael Angarano u. a.

The West Wing (USA 2004)(TV-Serie)
Regie: Chris Misiano
Buch: Aaron Sorki, Eli Attie
Darsteller: Martin Sheen, Stockard Channing, John Spencer, Joshua Malina, Richard E. Grant, Armin Mueller-Stahl (Mitwirkung in vier Episoden) u. a.

Bustin' Bonaparte (USA 2005)
Regie: David Lister
Buch: David Lister
Darsteller: Luke Gallant, Richard E. Grant, Armin Mueller-Stahl, Kasha Kropinski, Karin van der Laag u. a.

Local Color (Die Farben des Herbstes) (USA 2006)
Regie: George Gallo
Buch: George Gallo
Darsteller: Trevor Morgan, Ray Liotta, Armin Mueller-Stahl, Samantha Mathis, Ron Perlman u. a.

Eastern Promises (Tödliche Versprechen) (USA/Kanada/Groß-
britannien 2007)
Regie: David Cronenberg
Buch: Steven Knight
Darsteller: Armin Mueller-Stahl,
Naomi Watts, Viggo Mortensen,
Vincent Cassel, Josef Altin u. a.

10 000 B. C. (USA 2008)
Regie: Roland Emmerich
Buch: Roland Emmerich, Harald
Kloser
Darsteller: Armin Mueller-Stahl
(Deutsche Synchronstimme für
Omar Sharif als Erzähler) u. a.

The International (USA/Groß-
britannien/BRD 2009)
Regie: Tom Tykwer
Buch: Eric Singer
Darsteller: Clive Owen, Naomi
Watts, Armin Mueller-Stahl, Ulrich
Thomsen, Alessandro Fabrizi, Jack
McGee u. a.

Illuminati (Angels & Demons) (USA
2009)
Regie: Ron Howard
Buch: David Koepp, Akiva Golds-
man, Dan Brown
Darsteller: Tom Hanks, Ewan
McGregor, Armin Mueller-Stahl,
Stellan Skarsgård u. a.

Leningrad (Russland/Groß-
britannien 2009)
Regie: Aleksandr Buravskiy
Buch: Aleksandr Buravskiy
Darsteller: Gabriel Byrne, Mira
Sorvino, Armin Mueller-Stahl,
Vladimir Ilyin u. a.

Knight of Cups (USA 2015)
Regie: Terrence Malick
Buch: Terrence Malick
Darsteller: Joe Manganiello, Natalie
Portman, Christian Bale, Kate
Blanchett, Armin Mueller Stahl u. a.

AUSSTELLUNGEN

2000	Erste Ausstellung von Malerei und Zeichnung im Filmmuseum, Potsdam
2001	Buddenbrookhaus und Kulturforum Museum Burgkloster, Lübeck – mit Katalog
	Büchergilde Gutenberg, Bremen
2002	Kunsthaus Lübeck
2003	Kulturhistorisches Museum, Stralsund
	Galerie Börges, Bremerhaven
	Stadt- und Industriemuseum und Galerie am Dom, Wetzlar
	Rathaus Wallenhorst
	Festival Mitte Europa, Städtische Galerie e.o. Plauen, Plauen
	Saarländisches Künstlerhaus Saarbrücken
	Bürgerhaus, München-Unterschleißheim
	Schloss Schönfeld bei Dresden
	Rathaus-Galerie Attendorn
	Galerie im Alten Sudhaus, Kelheim/Donau
	GEK-Galerie, Schwäbisch Gmünd
2004	Kunstraum Akademie, Stuttgart
	Casa di Goethe, Rom
	Wenzel Hablik Museum, Itzehoe
	Landesmuseum für Kunst- und Kulturgeschichte Schloss Gottorf, Schleswig
	Kulturbund Altenburger Land, Altenburg
	Galerie Abrahams, Hamburg
	Heidelberger Kunstverein
2005	Municipal Art Gallery, Barnsdell Art Park, Los Angeles – mit Katalog
	Manus Presse, Stuttgart
	Herzog August Bibliothek, Wolfenbüttel
	Ostholstein-Museum, Eutin
	Kunsthalle Kühlungsborn

2006	»Zyklus Urfaust« Museum der bildenden Künste, Leipzig
	Kunstverein »Talstraße« e. V., Halle
	Museen der Stadt Meiningen – mit Katalog
	Graphische Zyklen Kunsthaus Lübeck
	Museum Schloss Güstrow – mit Katalog
2007	Museum für Kunst und Gewerbe, Hamburg zum Buch *Utz*
	Kunsthalle Mannheim
	Theatergalerie Bremen – mit Katalog
	Kunstforum Altes Rathaus, Potsdam – mit Katalog
2008	Städtische »Galerie umeni Karlovy Vary«, Karlsbad (Tschechien) – mit Katalog
	Kunststation Klein Sassen, Hofbieber-Kleinsassen/Rhön – mit Katalog
	Landesmuseum Schloss Gottorf (Internationaler Museumstag)
	Kunstverein Wasgau, Dahn
	Frank-Loebsches-Haus, Landau in der Pfalz – mit Katalog
	Art Karlsruhe One-artist-show, Kunsthaus Lübeck
2009	Museum Schloss Burgk
	Weidener Kulturtage
	Landesmuseum für Kunst- und Kulturgeschichte Schloss Gottorf, Schleswig
	Kunstverein Geldern
	Städtisches Museum, Göttingen
	NRW-Forum Düsseldorf
	Horst-Janssen-Museum, Oldenburg
	Galerie Ketterer, München
	Sparkassenstiftung Schleswig-Holstein, Kiel – mit Katalog
	Ars borealis
2010	Baden-Württembergische Bank, Stuttgart
	Art-Karlsruhe One-artist-show, Kunsthaus Lübeck
	Ostholstein-Museum, Eutin – mit Katalog
	Städtische Galerie »Leerer Beutel«, Regensburg – mit Katalog
	Schloss Wackerbarth, Radebeul
	Historisches Museum der Stadt Sovetsk (Tilsit)
	Kunsthalle Ammersee, Seefeld
	»spinart« One-artist-show Malerei, Kunsthaus Lübeck in der Baumwollspinnerei Leipzig
	Stadt Neumarkt i.d.Obpf. und Galerie Herrmann
	Kunsthalle Kühlungsborn

2011	Ausstellung im Schleswig-Holsteinischen Landtag
	Galerie am Dom, Wetzlar
	Kunstverein Villa Böhm, Neustadt an der Weinstraße – mit Katalog
	Galerie der Braunschweigischen Landessparkasse, Braunschweig
	Galerie Thomas Kaphammel, Braunschweig
	Kunstverein Dissen
	Art Karlsruhe One-artist-show, Kunsthaus Lübeck
	Kunstraum Potsdam/Filmmuseum Potsdam (Doppelausstellung mit Jürgen Böttcher-Strawalde) – mit Katalog
2012	Stiftung Burg Kniphausen, Burg Kniphausen, Wilhelmshaven – mit Katalog
	VW-Forum unter den Linden, Berlin – mit Katalog
	Art Karlsruhe One-artist-show, Kunsthaus Lübeck
	Christian Hohmann Fine Art, Palm Desert, Paintings, Works on Paper and Fine Prints
	Galerie Noah, Augsburg
	Kunstmuseum Solingen
	Marktkirche Goslar
	Galerie Anders, Lünen
2013	Kulturkirche St. Marien, Neuruppin – mit Katalog
	Art Karlsruhe One-artist-show, Kunsthaus Lübeck
	Kunsthaus Hänisch, Kappeln
	»Ballenlager« im Kulturzentrum Greven
	Hanse-Office Brüssel (gemeinsame Vertretung der Freien und Hansestadt Hamburg und des Landes Schleswig-Holstein bei der EU)
	Bruckner-Haus Linz – mit Katalog
	Kunststation Kleinsassen
2014	Art Karlsruhe One-artist-show Kunsthaus Lübeck/Kunsthalle
	Schloss Seefeld, Bayern
	Galerie Herrmann und im Kulturhaus Reitstadl, Neumarkt
	Bikini-Haus Berlin Gallery Weekend mit Hatje Cantz Verlag
	Galerie Kersten, Brunnthal bei München
	Schloss Achberg, Ravensburg: Gemeinschaftsausstellung mit Margarita Broich, Günter Grass, Udo Lindenberg und Alissa Walser – mit Katalog
	Kulturzentrum Kolvenburg Billerbeck, Kreis Coesfeld
	Stadtmuseum Siegburg

Kunsthalle Kühlungsborn
Galerie im Taschenbergpalais, Dresden
Galerie Bäumler, Regensburg
Art.Fair Köln One-artist-show

2015   Art Karlsruhe One-artist-show Kunsthaus Lübeck
Art Karlsruhe One-artist-show Kunsthalle Schloss Seefeld, Bayern
Kunsthalle Brennabor, Brandenburg an der Havel – mit Katalog
Gemeinschaftsausstellung Stadtmuseum Siegburg
Galerie Richter, Lütjenburg
Galerie Peters-Barenbrock, Ahrenshoop
Stiftung Fürst-Pückler-Park Bad Muskau, Neues Schloss Bad Muskau
Fabrik der Künste, Hamburg
Schlewig-Holstein-Haus, Schwerin
Ostholstein-Museum, Eutin – mit Katalog

BIBLIOGRAPHIE

Filme mit Armin Mueller-Stahl:

Siehe Filmographie.

Eine Auswahl von Filmen mit Armin Mueller-Stahl auf DVD ist in der Regel in öffentlichen Bibliotheken erhältlich. Ferner sind diese Filme auch über Buchhandlungen und Filmvertriebe im Internet zu beziehen. Nicht lieferbare Titel auf Videokassette werden im Internet bisweilen noch antiquarisch angeboten. Einige amerikanische bzw. internationale Filme sind mitunter nur im internationalen Internet-Buch- und Filmhandel erhältlich. Oftmals ist das Abspiel-Format dieser DVDs allerdings nicht mit dem deutschen resp. europäischen PAL-System der Abspielgeräte kompatibel. Diese DVDs können aber meist auf Computern abgespielt werden. Es wird empfohlen, sich vor dem Kauf entsprechend zu informieren.

Bücher von Armin Mueller-Stahl:

Verordneter Sonntag
Roman. Verlag Severin und Siedler, Berlin 1980

Verordneter Sonntag (Taschenbuch)
Roman. Aufbau-Verlag, Berlin 2010

Unterwegs nach Hause.
Erinnerungen
Autobiographie. Marion von Schröder Verlag, Düsseldorf 1997

Unterwegs nach Hause.
Erinnerungen (überarb.)
Autobiographie. Aufbau-Verlag, Berlin 2006

Drehtage. »Music Box« und »Avalon«
Tagebuch. Luchterhand Literaturverlag, München 1991

In Gedanken an Marie Louise. Eine Liebesgeschichte
Roman. List, München 1998

In Gedanken an Marie Louise. Eine Liebesgeschichte (Taschenbuch)
Roman. Econ TB Vlg., München 2000

Rollenspiel. Ein Tagebuch während der Dreharbeiten für den Film »Die Manns«
Mit einem Vorwort von Volker Skierka. J. Strauss Verlag, Potsdam 2001

Hannah
Erzählung. Aufbau-Verlag, Berlin 2004

Venice. Ein amerikanisches Tagebuch
Aufbau-Verlag, Berlin 2005

Venice. Ein amerikanisches Tagebuch
Aufbau-Verlag, Berlin 2007

Kettenkarussell
Erzählungen. Aufbau-Verlag, Berlin 2006

Hannah
Erzählung. Aufbau-Verlag, Berlin 2007

Die Jahre werden schneller
Lieder und Gedichte. Aufbau-Verlag, Berlin 2010

Dreimal Deutschland und zurück
Aufgeschrieben von Andreas Hallaschka. Hoffmann und Campe Verlag, Hamburg 2014

Hörbücher und CDs von und mit Armin Mueller-Stahl:

Der Zauberer
Armin Mueller-Stahl liest Vladimir Nabokov
Rowohlt Taschenbuch-Verlag, Reinbek 2000

Roger Willemsen im Gespräch mit Armin Mueller-Stahl
Live aus dem Deutschen Schauspielhaus in Hamburg
Hoffmann und Campe Verlag, Hamburg 2001

Hannah
Roman
Der Audio Verlag, Berlin 2004, Autorenlesung

Kettenkarussell
Jubiläumsausgabe
Der Audio Verlag, Berlin 2009, Autorenlesung

Es gibt tage … Lieder und Texte.
Armin Mueller-Stahl mit Günther Fischer und Tobias Morgenstern (Akkordeon)
1 CD und 1 DVD
Universal Music 2010

Bildkünstlerische Publikationen –
Werkmonographien und Ausstellungskataloge:

Armin Mueller-Stahl. Malerei und Zeichnung
Katalog zu den Ausstellungen im Buddenbrookhaus und im Kulturforum Burgkloster Lübeck. Mit Beiträgen von Volker Skierka und Hans-Dieter Sommer. Verlag Kunsthaus Lübeck, Lübeck 2001

Armin Mueller-Stahl. Urfaust
Katalog zum Mappenwerk 20 Original-Lithographien zu Johann Wolfgang Goethes Urfaust. Mit einem Essay von Hans Wißkirchen. Verlag Kunsthaus Lübeck, Lübeck 2003

Night on Earth – Day on Earth
Katalog zur Ausstellung in der Los Angeles Municipal Art Gallery in Barnsdall Art Park, Hollywood, Los Angeles. Mit einem Essay von Hans-Dieter Sommer. Verlag Kunsthaus Lübeck, Lübeck 2005

Portraits. Malerei und Zeichnung
Mit einem Essay von Klaus Honnef (zweisprachig englisch und deutsch), Aufbau-Verlag, Berlin 2006

Menschenbilder
Katalog zur Ausstellung in der Galerie im Schloss Güstrow 2006. Mit einem Essay von Herwig Guratzsch. Verlag Kunsthaus Lübeck, Lübeck 2006

Armin Mueller-Stahl: Lebenswelten
Katalog zur Ausstellung im Alten Rathaus Potsdam. Mit einem Essay von Klaus Honnef. Strauss-Edition im Keyser Verlag, Potsdam 2007

Das Drehbuch zu »Utz«
Text- und Bildband. Mit Aufsätzen von Christine Maiwald, Armin Mueller-Stahl und Wilhelm Hornbostel. Edition Braus, Heidelberg 2007

Die Buddenbrooks. Übermalungen eines Drehbuchs
Text- und Bildband. Mit Beiträgen von Herwig Guratzsch und Heinrich Breloer. Henschel-Verlag, Berlin 2008

Menschenbilder
Ausstellung in der Städtischen Galerie umění Karlovy Vary (Karlsbad), Tschechien, Kunstgalerie Karlovy Vary, Karlovy Vary 2008

Armin Mueller-Stahl
Ars Borealis – Edition zur Zeitgenössischen Kunst im Norden, Ausg. 23. Mit einem Essay von Herwig Guratzsch. Sparkassenstiftung Schleswig-Holstein, Kiel 2009

Alle Kunst will Musik werden – Malerei, Zeichnung, Grafik
Ausstellung in der Städtischen Galerie »Leerer Beutel« Regensburg, Museen der Stadt Regensburg, Regensburg 2010

Armin Mueller-Stahl – Lithographien
Kunsthaus Lübeck 2010

Armin Mueller-Stahl. Malerei und Arbeiten auf Papier. Faust und Menschenbilder
Katalog zur Ausstellung in der Kulturkirche Neuruppin. Mit einem Beitrag von Eckehard Binas. Kick the Flame Verlag, Leipzig 2013

Armin Mueller-Stahl. Malerei und Arbeiten auf Papier
Katalog zur Ausstellung im Ostholstein Museum Eutin. Mit einem Beitrag von Björn Engholm. Verlag Kunsthaus Lübeck, Lübeck 2010

Armin Mueller-Stahl. Werkmonographie Malerei und Zeichnungen
Herausgegeben von Frank-Thomas Gaulin, mit Texten von Herwig Guratzsch und Rainer Meyer, Edition Braus Berlin 2011

Armin Mueller-Stahl. Malerei Zeichnung Grafik
Katalog zur Ausstellung der Stadt Neustadt an der Weinstraße in der Villa Böhm. Mit einem Beitrag von Björn Engholm. Kunstverein Neustadt an der Weinstraße 2011

Armin Mueller-Stahl. Malerei und Arbeiten auf Papier. Neue Arbeiten
Katalog zur Ausstellung im Ahnensaal der Burg Kniphausen Wilhelmshaven. Mit einem Essay von Klaus Honnef. Stiftung Burg Kniphausen Wilhelmshaven 2012

Armin Mueller-Stahl. Menschenbilder – Künstlerbilder
Katalog zur Ausstellung im Brucknerhaus Linz/Österreich, Brucknerhaus/LIVA Linz 2013

Armin Mueller-Stahl. Neue Bilder. Radierung Lithografie Siebdruck
Katalog zur Ausstellung in der »Weinkammer« in Maikammer/Rheinland-Pfalz, Ortsgemeinde Maikammer 2015

Armin Mueller-Stahl. Druckgraphik
Kunsthaus Lübeck, Lübeck 2015

Armin Mueller-Stahl. Menschenbilder. Malerei und Arbeiten auf Papier
Katalog zur Ausstellung in der Kunsthalle Brennabor in Brandenburg an der Havel. Mit einem Grußwort von Bundesaußenminister Frank-Walter Steinmeier. Kunsthalle Brennabor Brandenburg 2015

Armin Mueller-Stahl. Arbeiten auf Papier
Mit Beiträgen von Björn Engholm und Andreas Hallaschka, Hatje Cantz Ostfildern 2015

Malerei und Zeichnungen von Armin Mueller-Stahl sind über das Kunsthaus Lübeck zu beziehen, das Armin Mueller-Stahls bildkünstlerisches Gesamtwerk vertritt. Informationen – auch zur Organisation von Ausstellungen – unter www.kunsthaus-luebeck.de

Bücher über Armin Mueller-Stahl:

Hölzl, Gebhard und Lassonczyk, Thomas: *Armin Mueller-Stahl. Seine Filme – sein Leben*
Heyne, München (1992)

Michel, Gabriele: *Armin Mueller-Stahl. Die Biographie*
List Verlag, München 2000

Skierka, Volker: *Armin Mueller-Stahl. Begegnungen*
Knesebeck-Verlag, München 2002

Skierka, Volker: *Armin Mueller-Stahl. Die Biographie*
Verlag LangenMüller, München 2010

Michel, Gabriele: *Armin Mueller-Stahl. Die Biographie* (Taschenbuch)
Aufbau-Verlag, Berlin 2010

Skierka, Volker: *Armin Mueller-Stahl. Die Biographie*
Hoffmann und Campe Verlag, Hamburg 2015

Filmdokumentationen über Armin Mueller-Stahl (Auswahl):

Görner, Eberhard und Hungerland, Enno: *Armin Mueller-Stahl – Das Leben ist kein Film*. ARD-Dokumentarfilm, WDR 2001

Kalmbach, Ilona und Jainski, Sabine: *Geiger, Gaukler, Gentleman – Armin Mueller-Stahl*. ARD-Dokumentarfilm, WDR 2001

Kluge, Alexander: *Zweite Heimat Hollywood. Armin Mueller-Stahl im Gespräch mit Alexander Kluge*
dctp, Düsseldorf 2002

Hoferichter, Matthias: *Armin Mueller-Stahl. Aus dem Leben eines Gauklers.*
Filmdokumentation. Hoferichter und Jacobs, 2006

Engel, Lilly: *Armin Mueller-Stahl – höchstpersönlich!*
Dokumentation, Radio Bremen 2007

Wolfram, Inga: *Deutschland, deine Künstler: Armin Mueller-Stahl.*
ARD-Dokumentation, SWR/WDR 2008

Boehm, Gero von: *begegnet … Armin Mueller-Stahl.*
Gespräch, 3sat 2008

Bittner, Thomas: *Seine erste CD. Armin Mueller-Stahl singt alte Lieder neu.*
Fernseh-Reportage; rbb, tagesschau.de, online-Video 2010

DANK

Armin Mueller-Stahl. Der Schauspieler. Der Musiker. Der Autor. Der Maler. Der Mensch. Eine Biographie und Lebensbeschreibung über einen künstlerischen Fünfkämpfer zu verfassen und herauszugeben und dabei alle Disziplinen einigermaßen ausgewogen miteinander zu verknüpfen, ist ohne die Hilfe und Mitwirkung des Porträtierten sowie zahlreicher Helfer im Hintergrund nicht möglich. Daher sei in erster Linie Armin Mueller-Stahl und seiner Frau Gabi für die unendliche Geduld und Mühe gedankt, mit der sie über die Jahre das immer wieder aktualisierte Projekt unterstützten und begleiteten. Viele Tage und Stunden saßen wir in ihren Häusern an der Ostsee und in Los Angeles zusammen, zeichneten Gespräche auf, gingen Fotos und Dokumente durch, fügten Jahreszahlen und Ereignisse zusammen, spazierten in Venice den Strand entlang, gingen in ihren Stammrestaurants essen oder blickten von der Terrasse übers Meer wechselweise auf die Ostsee oder über den Pazifik.

Danken möchte ich dem Hoffmann und Campe Verlag für die Herausgabe dieses Buches, das am Ende umfangreicher geworden ist, als geplant, denn der »Gaukler« Armin Mueller-Stahl lebte und lebt mehr als nur ein Künstlerleben. Dank gebührt auch dem aufmerksamen Lektorat von Meike Stegkemper sowie den anderen Mitarbeiterinnen und Mitarbeitern im Verlag, die an der Gestaltung und Herstellung des Bandes mitgewirkt haben.

Besonderer Dank gebührt Frank-Thomas Gaulin vom Kunsthaus Lübeck, der das bildkünstlerische Gesamtwerk von Armin Mueller-Stahl als Galerist vertritt. Er war mit Rat und Tat insbesondere auch bei der Fortschreibung der Biographie um viele Details des Malers und Zeichners Mueller-Stahl dabei. Ihm ist auch für die technische Unterstützung zu danken, die es uns ermöglichte, eine Auswahl an Reproduktionen von Bildern Mueller-Stahls für dieses Buch zu verwenden. Abgesehen davon ist es immer ein großes Vergnügen, sich mit diesem unermüdlichen »Aficionado« in Sachen Kunst – nicht nur – über Mueller-Stahl zu unterhalten.

Eine große Freude für mich ist es, dass der von mir hoch geschätzte, aber eben vor allem auch von Armin Mueller-Stahl gleichermaßen verehrte Fotograf Jim Rakete uns für das Titelbild des Bandes ein Foto zur Verfügung stellen konnte, das bei einem gemeinsamen Treffen mit Armin Mueller-Stahl für einen Zeitschriftenartikel in der Lübecker Altstadt aufgenommen wurde. Wir verbrachten damals für das Interview und Shooting einen sehr entspannten Vormittag an der Trave.

Danken möchte ich auch dem verstorbenen Freund Horst Königstein vom Norddeutschen Rundfunk (NDR), der als Redakteur, Mitautor, Co-Regisseur und Schnittmeister im Hintergrund für den mit ihm seit Jahrzehnten befreundeten Heinrich Breloer an den *Manns* und den *Buddenbrooks* mitwirkte und mir viele schöne Mueller-Stahl-Geschichten von den Dreharbeiten erzählte.

Und schließlich möche ich ganz besonders herzlich Jürgen Flimm, dem Intendanten der Deutschen Staatsoper Berlin, für die Genehmigung des Abdrucks seines Textes »Engel über Tilsit« danken, der diesem Buch vorangestellt ist.

Habe ich zu Beginn die gute Kooperation von Gabi und Armin Mueller-Stahl hervorgehoben, so möchte ich abschließend meiner Frau Annette, danken, die auch diese Fortschreibung des Projektes mit ihrem Rat und hilfreichen Kommentaren begleiten konnte.

Nicht nur, weil auch sie die Mueller-Stahls schon seit 1988 kennt, sondern weil wir über all die Jahre manch gemeinsamen Nachmittag oder Abend mit ihnen verbracht haben und weil sie sich Gabi Mueller-Stahl auch als Ärztekollegin verbunden fühlt.

Volker Skierka

ANMERKUNGEN

Alle Zitate Armin Mueller-Stahls sowie Frank-Thomas Gaulins, die keinen Quellennachweis tragen, wurden bei verschiedenen Gesprächen mit dem Autor in den Jahren zwischen 2001 und 2015 aufgezeichnet.

1 Paul Kohner: Brief an Armin Mueller-Stahl. 16.10.1985.
2 Klaus Harpprecht: *Arletty und ihr deutscher Offizier*. Frankfurt 2011.
3 *DIE ZEIT* 08/2006, 16. Februar 2006.
4 Interview mit Stefan Georg Troller. In: *Playboy*, März 1991.
5 Gabriele Michel: *Armin Mueller-Stahl. Die Biografie*. München 2000, S. 12.
6 Christoph Scheuring: *Die Gesichter des Armin Mueller-Stahl*. In: *Stern-TV-Magazin*, Hamburg 1987.
7 Björn Engholm: *Ein besonderes Geschenk des Himmels*. In: *Armin Mueller-Stahl – Alle Kunst will Musik werden*. Museen der Stadt Regensburg 2010, S. 52.
8 *Venice* 12/1996.
9 Brief von Fritz Wisten an Armin Mueller-Stahl vom 18. Dezember 1952, Archiv Mueller-Stahl.
10 Armin Mueller-Stahl mit Andreas Hallaschka: *Dreimal Deutschland und zurück*. Hamburg 2014, S. 69.
11 Roland Seeberg-Elverfeldt in einem Brief an Armin Mueller-Stahl, 11. Juli 1988.
12 Armin Mueller-Stahl: *Unterwegs nach Hause, Erinnerungen*. Düsseldorf 1997, S. 110 f.
13 Ebd., S. 101 f.
14 Ebd., S. 101 f.
15 Mueller-Stahl/Hallaschka: *Dreimal Deutschland und zurück*, S. 24.
16 Ebd., S. 43.
17 Mueller-Stahl, *Unterwegs nach Hause*, S. 52 f.
18 Ebd., S. 54.

19 Interview mit Stefan Georg Troller. In: *Playboy*, März 1991.

20 Mueller-Stahl/Hallaschka: *Dreimal Deutschland und zurück*, S. 46.

21 Mueller-Stahl: *Unterwegs nach Hause*, S. 48.

22 Mueller-Stahl/Hallaschka: *Dreimal Deutschland und zurück*, S. 52.

23 Frank Beyer: *Wenn der Wind sich dreht. Meine Filme, mein Leben.* München 2001, S. 96.

24 Mueller-Stahl: *Unterwegs nach Hause*, S. 190.

25 *BZ am Abend*, 28. 12. 1956.

26 *DIE WELT*, Dezember 1958, o. D., Archiv Mueller-Stahl.

27 *Die Tagebücher des Joseph Goebbels*: Bd. 4, S. 286 (18. Sept. 1940).

28 Mueller-Stahl/Hallaschka: *Dreimal Deutschland und zurück*, S. 87.

29 *National-Zeitung*, Ostberlin, 13. Mai 1959.

30 *Neues Deutschland*, Ostberlin, 17. 3. 1962.

31 *Neue Zeit*, Ostberlin, 6. 10. 1964.

32 *Tribüne*, Ostberlin, 4. 7. 67.

33 *Berliner Zeitung*, Ostberlin, 4. 7. 1967.

34 *Die Weltbühne*, Ostberlin, 8. 8. 1972.

35 Mueller-Stahl/Hallaschka: *Dreimal Deutschland und zurück*, S. 89.

36 *Der Morgen*, Ostberlin, 5. 3. 1972.

37 *Freie Erde*, Neustrelitz, 16. 5. 1967.

38 *Der Morgen*, Ostberlin, 5. 3. 1972.

39 *FF Dabei*, Ostberlin, 4. 9. 1972.

40 Michel: *Armin Mueller-Stahl*, S. 58.

41 Mueller-Stahl: *Unterwegs nach Hause*, S. 192.

42 »*Ich wollte einfach fliegen*«. Armin Mueller-Stahl im Interview mit Giovanni di Lorenzo. In: *DIE ZEIT*, 10. April 2014, S. 53 f.

43 Ebd., S. 53 f.

44 Mueller-Stahl/Hallaschka: *Dreimal Deutschland und zurück*, S. 105.

45 www.wikipedia.org.

46 Mueller-Stahl/Hallaschka: *Dreimal Deutschland und zurück*, S. 75 f.

47 Ebd., S. 75 f.

48 Ebd., S. 105.

49 Interview mit Stefan Georg Troller. In: *Playboy*, März 1991.

50 Michel: *Armin Mueller-Stahl*, S. 80.

51 *Berliner Zeitung*, Ostberlin, 5. 6. 1963.

52 Michel: *Armin Mueller-Stahl*, S. 78.

53 Mueller-Stahl: *Unterwegs nach Hause*, S. 45.

54 Ebd., S. 90.

55 Mueller-Stahl/Hallaschka: *Dreimal Deutschland und zurück*, S. 132.

56 *DIE WELT*, Hamburg/Westberlin, 18.6.1970.

57 Mueller-Stahl/Hallaschka: *Dreimal Deutschland und zurück*, S. 121 f.

58 *Neues Deutschland*, 1976, Archiv Mueller-Stahl, o. Datum.

59 *Neue Berliner Illustrierte*, Ausgabe 52/1974.

60 Holger Teschke: *Jenseits von Hollywood.* In: *Armin Mueller-Stahl: Venice – Ein amerikanisches Tagebuch.* Berlin 2005, S. 162.

61 Mueller-Stahl: *Unterwegs nach Hause*, S. 61.

62 Mueller-Stahl/Hallaschka: *Dreimal Deutschland und zurück*, S. 147.

63 Ebd., S. 147.

64 Ebd., S. 148.

65 Michel: *Armin Mueller-Stahl*, S. 99.

66 Zitty, Berlin, 10/1982.

67 Armin Mueller-Stahl: *Verordneter Sonntag.* Berlin 1981, S. 156.

68 Ebd., S. 158.

69 Mueller-Stahl/Hallaschka: *Dreimal Deutschland und zurück*, S. 55 f.

70 *Der Tagesspiegel*, Westberlin, 4.12.1978.

71 Zitiert in: Michel: *Armin Mueller-Stahl*, S. 108.

72 Holger Teschke: *Jenseits von Hollywood*, S. 162 f.

73 Ebd., S. 163.

74 In Auszügen zitiert nach: Michel: *Armin Mueller-Stahl*, S. 113 f.

75 Ebd., S. 115 ff.

76 *DIE ZEIT*, 26.10.1979.

77 *Abendpost* – Nachtausgabe, Frankfurt, Januar 1980, Archiv Mueller-Stahl (o. Datum).

78 Michel: *Armin Mueller-Stahl*, S. 334.

79 *Zitty*, Berlin, 10/1982.

80 Hans-Christoph Blumenberg. In: *DIE ZEIT* 9/1997.

81 *ZEIT-Magazin.* Zitiert in: Michel: *Armin Mueller-Stahl*, S. 138.

82 *Berliner Zeitung*, Ostberlin, 5.6.1963.

83 *Zitty*, Berlin, 10/1982.

84 *DIE ZEIT* 9/1997.

85 *DIE ZEIT* 08/2006, 16. Februar 2006.

86 Mueller-Stahl/Hallaschka: *Dreimal Deutschland und zurück*, S. 161.

87 Ebd., S. 162.

88 Artur Brauner: Brief an Armin Mueller-Stahl. 16. Februar 2011, Archiv Mueller-Stahl.

89 Michel: *Armin Mueller-Stahl*, S. 172.

90 Ebd., S. 173.

91 Ebd., S. 159 f.

92 Armin Mueller-Stahl: *Unterwegs nach Hause*, S. 109.

93 *LA Village View*, April 1–7, 1994.

94 *Los Angeles Times*, 1. April 1994.

95 Armin Mueller-Stahl: *Drehtage »Music Box« und »Avalon«*. Frankfurt 1991, S. 57 ff.

96 Ebd., S. 57 ff.

97 Ebd., S. 57 ff.

98 *DER SPIEGEL*, Nr. 10/1991.

99 *Entertainment Weekly*, October 19, 1990.

100 Mueller-Stahl: *Drehtage*, S. 52.

101 Ebd., S. 52.

102 Ebd., S. 33.

103 Ebd., S. 33 f.

104 Ebd., S. 34.

105 Ebd., S. 60.

106 *Los Angeles Times*, December 25, 1989.

107 *Frankfurter Allgemeine Zeitung*, 13. Februar 1990.

108 *Cinema*, März 1991.

109 Michael Walsh: *A star is reborn*. Premiere, November 1990.

110 Ebd.

111 Reviews, Quotes and Features: Informationsmaterial der Tri-Star-Pictures-Produktion vom Oktober 1990.

112 *Brigitte*, 6. März 1991.

113 *Frankfurter Allgemeine Zeitung*, 11. März 1991.

114 *Wenn das Geheimnis Wurzeln schlägt*. In: *Frankfurter Allgemeine Zeitung*, 16. Dezember 2000.

115 *Armin Mueller-Stahl*. In: Wilhelm Hornbostel und Frank-Thomas Gaulin (Hrsg.): *Armin Mueller-Stahl – Das Drehbuch zu »Utz«*. Heidelberg, 2007, S. 143.

116 Ebd., S. 143.

117 Ebd., S. 10.

118 *Kunst in Not*. In: *DER SPIEGEL* 47/1993.

119 zitiert in: Michel: *Armin Mueller-Stahl*, S. 246.

120 Hans-Dieter Seidel: *Hohe Kunst des Einfachen*. In: *Frankfurter Allgemeine Zeitung*, 23. Januar 1993.

121 Mueller-Stahl/Hallaschka: *Dreimal Deutschland und zurück*, S. 184.

122 Jochen von Lang: *Erich Mielke. Eine deutsche Karriere*. Reinbek 1991.

123 Mueller-Stahl/Hallaschka: *Dreimal Deutschland und zurück*, S. 187 f.

124 Ebd., S. 152.

125 Ebd., S. 141 f.

126 Ebd., S. 148.

127 Ebd., S. 189.

128 Mueller-Stahl: *Unterwegs nach Hause,* S. 190.

129 Ebd., S. 59.

130 *Opa Adolf.* In: *DER SPIEGEL,* Nr. 8, 17. 02. 1997, S. 203.

131 Jürgen Kesting: *Der deutsche Untote.* In: *Die Woche,* 21. 2. 1997.

132 Hans-Christoph Blumenberg: *Der Frühling des Patriarchen.* In: *DIE ZEIT,* 21. 2. 1997.

133 zitiert nach: Michel: *Armin Mueller-Stahl,* S. 255.

134 zitiert nach: Michel: *Armin Mueller-Stahl,* S. 280 f.

135 Armin Mueller-Stahl in einem Interview mit Alexander Kluge in: *10 vor 11 – Zweite Heimat Hollywood,* dtcp.

136 zitiert nach: Michel: *Armin Mueller-Stahl,* S. 186.

137 Jordan Mejias: *Armin Mueller-Stahl – Mit der Seelenruhe des Clowns spielt der Solist die Erste Geige.* In: *FAZ-Magazin,* 11. März 1994, S. 10 – 16.

138 Armin Mueller-Stahl: *Venice – Ein amerikanisches Tagebuch.* Berlin, 2005.

139 Ebd., S. 165.

140 Armin Mueller-Stahl: *Night on Earth – Day on Earth.* Lübeck 2005, S. 10.

141 Mejias: *Armin Mueller-Stahl,* S. 10 – 16.

142 Ebd., S. 10 – 16.

143 Mueller-Stahl: *Unterwegs nach Hause,* S. 154 f.

144 *DIE ZEIT,* 16. Februar 2006.

145 Zitiert nach: Heinrich Breloer: *Der Blick des Gauklers.* In: Armin Mueller-Stahl: *Die Buddenbrooks – Übermalungen eines Drehbuchs.* Gottorf/Berlin, 2008, S. 14.

146 Ebd., S. 15.

147 Ebd., S. 14.

148 Klaus Harpprecht: *Eine strapaziöse Sippschaft.* In: *DIE ZEIT,* 30. 11. 2001.

149 Nikolaus von Festenberg: *Kinder des Olymp.* In: *DER SPIEGEL,* 51/2001, 17. 12. 2001.

150 Armin Mueller-Stahl: *Rollenspiel – Ein Tagebuch während der Dreharbeiten für den Film Die Manns.* Potsdam 2001, S. 70.

151 Ebd., S. 206.

152 Ebd., S. 90.

153 Nikolaus von Festenberg: *Es bleibt in der Familie.* In: *DER SPIEGEL,* 51/2008 vom 15. 08. 2008, S. 148.

154 Jens Jessen: *Der Untergang der Buddenbrooks.* In: *DIE ZEIT,* 23. 12. 2008.

155 Herwig Guratzsch: *Das gezeichnete Drehbuch.* In: *Armin Mueller-Stahl: Die Buddenbrooks – Übermalungen eines Drehbuchs,* Gottorf/Berlin, 2008, S. 6 f.

156 *New York Times,* 14. September 2007.

157 *Variety,* 8. September 2007.

158 *Rolling Stone,* 14. September 2007.

159 *DIE WELT,* Welt Online, 9. Mai 2009.

160 *die tageszeitung,* 6. Februar 2009.

161 *Rolling Stone,* February 13th, 2009.

162 *New York Times,* February 13th, 2009.

163 *USA Today,* February 13th, 2009.

164 *DIE ZEIT,* 11. Februar 2009.

165 *DIE ZEIT,* 16. Februar 2006.

166 *DIE WELT,* Welt Online, 9. Mai 2009.

167 *Der Tagesspiegel,* 14. Mai 2009.

168 Ebd.

169 Ebd.

170 *Süddeutsche Zeitung,* 13. Mai 2009.

171 *New York Times,* May 15th, 2009.

172 *DER SPIEGEL,* 12. Mai 2009.

173 *Bild am Sonntag.* Zitiert nach: sueddeutsche.de, 30. September 2006.

174 http://www.critic.de/film/ich-bin-die-andere-649/.

175 *Süddeutsche Zeitung,* 31. Januar/1. Februar 2009.

176 Ebd.

177 *Berner Zeitung,* 21. Januar 2015.

178 http://www.bundespraesident.de/SharedDocs/Pressemitteilungen/DE/2011/01/20110111_Meldung.html.

179 *Armin Mueller-Stahl:* In: Wilhelm Hornbostel und Frank-Thomas Gaulin (Hrsg.): *Armin Mueller-Stahl: Das Drehbuch zu »Utz«.* Heidelberg, 2007, S. 142.

180 Klaus Honnef: *Die Kunst des Augenblicks.* In: *Armin Mueller-Stahl: Portraits – Malerei und Zeichnung.* Berlin 2006.

181 http://www.auswaertiges-amt.de/DE/Infoservice/Presse/Reden/2015/150321-BM_Ausstellung_Mueller_Stahl.html.

182 Björn Engholm: *Von der Poesie des Realen.* In: *Armin Mueller-Stahl. Arbeiten auf Papier/Works on paper.* Ostfildern 2015, S. 7 f.

183 Armin Mueller-Stahl: *Werkmonographie Malerei und Zeichnung.* Berlin 2011.

184 Klaus Honnef: *Ein Künstler vieler Realitäten.* In: *Armin Mueller-Stahl.*

Malerei und Arbeiten auf Papier – Neue Arbeiten. Katalog der Stiftung Kniphausen 2012.

185 Rainer Meyer: *Aufgezeichnetes Leben. Das Werk des Malers und Zeichners Armin Mueller Stahl.* In: *Armin Mueller-Stahl.* Edition Braus Berlin 2011, S. 12.

186 Ebd., S. 12.

187 Herwig Guratzsch: *Der Bildkünstler Armin Mueller-Stahl.* In: *Armin Mueller-Stahl.* Edition Braus Berlin 2011, S. 8.

188 *Frankfurter Rundschau.* 1. März 2012.

189 Rainer Meyer: »*Alle Kunst will Musik werden*«. In: *Armin Mueller-Stahl – »Alle Kunst will Musik werden«.* Museen der Stadt Regensburg, 2010, S. 7 ff.

190 Mueller-Stahl: *Unterwegs nach Hause,* S. 153.

191 Ebd., S. 155.

192 Meyer: »*Alle Kunst will Musik werden*«, S. 9.

193 Mueller-Stahl: *Unterwegs nach Hause,* S. 7.

194 Ebd., S. 61

195 *Frankfurter Rundschau,* 1. März 2012.

196 Mueller-Stahl/Hallaschka: *Dreimal Deutschland und zurück,* S. 218 f.

197 Mueller-Stahl: *Unterwegs nach Hause,* S. 7.

198 Ebd., S. 47.

199 Armin Mueller-Stahl: *Die Jahre werden schneller.* Berlin 2010.

200 *Frankfurter Allgemeine Zeitung,* 20. Januar 2014, S. 29.

201 Armin Mueller-Stahl: *Ich bin wie ein Gummibaum. Gespräch mit Gunter Göckenjan.* Sammlung Mueller-Stahl, ohne nähere Angaben.

PERSONENREGISTER

312

BILDNACHWEIS